古田武彦
歴史への探究
2

史料批判のまなざし

古田武彦［著］
古田武彦と古代史を研究する会［編］

ミネルヴァ書房

「論理の導くところ」――新しいシリーズに寄せて

青年の日、わたしは聞いた。「論理の導くところへ行こうではないか。たとえそれがいかなるところに到ろうとも。」と。この一言がわたしの生涯を決定した。

ところは、広島。あの原爆投下の前、一九四三年（昭和十八）、皆実町の旧制広島高校の教室の中である。岡田甫《はじめ》先生はこの一言を、黒板一杯に大きく書かれた。そしてコツコツと生徒の席の間をゆっくりと歩いてゆき、わたしたちに問いかけた。「この中で、一番大事なところはどこか、分るかい。」みんな、沈黙していた。先生は、その沈黙を見定めるようにして言葉を継がれた。「たとえそれがいかなるところに到ろうとも、だよ。」と。そのときは、もとの教壇へ帰っていた。その黒板の最後には、「ソクラテス」と書かれている。

後日、調べてみたけれど、プラトン全集には、直接このままの表現はなかった。先生が全集の中の師弟の対話篇の中から、その真髄を趣意されたのである。それはどこか。もちろん、あの『ソクラテスの弁明』だ。わたしの生涯の、無上の愛読書である。

だから、一冊の本から「抜き書き」して引用したのではない。己がいのちを懸けて、真実を未来の人類に向けて静かに語りかけて、ためらうことなく死刑の判決を受け入れて死んでいった、そのソクラテスの精神を、右の一言として表現したのであった。

やがて広島を襲った、一九四五年の原爆も、この一言から脱れることはできなかった。誰が投下したのか。誰が被害を受けたのか。彼等が人類の悠大な歴史の中で下される、真実の審判は何か。ソクラテスはすでにそれを見通していた。未来の人類に警告したのだ。

それはわたしの生涯をも決定した。学問のありかたをハッキリとしめしたのである。いかなる地上の権力も、「時」の前では空しいのである。それは倫理（「道義」と改称）の一時間の教育、忘れることができない。

二〇一三年一月

古田武彦

はしがき

二つの史料批判がある。

第一は、最古の写本ないし版本を「原本」とし、後代の写本ないし版本に対しては、その「改定」の根拠を突きとめること、そして必要にして十分な理由なきものには従わない。この立場である。

第二は、論者（学者ないし研究者）が自己のイデオロギーを根拠とする「ストーリー」を抱き、各写本・各版本の中から、それに合致するものを採り、合致しないものを捨て、これを「史料批判」と称するのである。

信じがたいことだが、わが国の活字本（岩波の古典文学大系と日本思想大系の古事記、同じく、古典文学大系の日本書紀等）は、右の第二の「史料批判」に拠って作製されている。(1)

たとえば、日本書紀巻九の神功紀において北野本・熱田本・伊勢本の「皇居」は「皇后」と「改定」されている。別述するように、これは重大な「問題点の異同」につながっている。

たとえば、新訂増補、国史大系の「続日本紀前篇」（吉川弘文館）の文武天皇紀、その冒頭から「宣長の説に據りて補す」「宣長の説に據りて改む」等の注記が上欄に頻出している。別に「古事記伝――本居宣長批判」（『九州王朝の歴史学』復刊本、「日本の生きた歴史（十六）」参照）で詳述したように、本居宣長は自家の「美学」によって諸写本・諸版本を「取捨」して、「定本」を作製したのである。そのような宣長の「取捨」を根拠として、この国史大系本の活字本は〝作製〟されているのだ。

だから、真の史料批判の第一の立場から、これらの古典（古事記・日本書紀・続日本紀・風土記等）は〝再検証〟されねばならない。真の史料批判は、これからはじまらねばならないのである。

わたしがこのような立場へと進んできた経緯が、本書には展開されている。

平成二十四年十一月三十日

古田武彦

注

（1） 岩波古典文学大系「古事記」六〇六ページ参照。

史料批判のまなざし　目次

第五篇　歴史は足で知るべし……283

第一篇　東洋に学ぶ

泰山の夢

一

鶯が鳴いた。ゴールデン・ウイーク明けの五月七日の朝だった。いつものように三月から鳴きつづける、といった年ではなかった。何か物足りなかった。それが、やっと鳴いた。安心した。代って、と言うべきか、今年［二〇〇一年］は竹林の一角で茗荷が〝満開〟だ。思わず、こんな、似つかわしからぬ言葉を使ってみたくなるほど、一面に、競うように伸び立っている。わたしの大好きな、茗荷のシーズンが到来するのも、もう遠くはない。

二

竹林の間の山道をたどりながら、いつか思い出していた。あの泰山の夜明けを。九日間に及ぶ研究旅行、各大学や各研究所の歴訪の中で、一つの変った経験、それが泰山上の一泊だった。そこから山頂へ八分、そこで日の出を見たのだった。荘厳というより、荘麗と言いたい一瞬だった――。四月十五日（日曜日）。

山頂にはおびただしい中国人たちが、〝鈴なり〟のように岩盤に腰かけ、暗闇の中で日の出を待っていた。寒気の中で、皆重装備をしていた。日本人の一団も、そうだった。ホテルで借りた「軍装」をしていた。わたしは一見、来るときと同じ軽装だったけれど、中には着こんでいた。

やがて、東が徐々に、長い時を刻みつつ、明けはじめた。そして「もや」の上に、ついに日輪の上辺が姿を見せた。人々はどよめいた。夜明けが来た。

三

ここは「魯」の国。孔子の故郷、曲阜も、もちろんこの国に属している。

「おそらく、少年時代の孔子も、この泰山へ登っただろうな。」

坂道をホテル（神憩賓館）の方へ降りながら、そう考えた。親切な、通訳の葛金生さんが、先導して下さっている。

足をふみしめつつ、降りながら、先ほど山頂で、今回のプランナーにして総括者の下山昌孝さん（「多元的古代研究会」事務局長〈当時〉）と交わした会話を思い出していた。

「あの日の出は、山東半島の方ですかね。」

「いや、それよりもっと南寄りだと思います。さっき、磁石で確かめてみましたが。」

さすが、実証的だ。

「とすると、その先は海ですね。」

「そうです。まあ、地平線だと思います。その先は、東シナ海というわけですね。」

「なるほど。」

空は、見事に晴れあがってきたけれど、下方には「もや」がかかっている。その向こうには、海がある。海から出た「日の出」なのである。そのとき、わたしの脳裏に電撃が走った。

四

孔子は言った。

「甚だしきかな、吾の衰えたるや。久しきかな、吾復《また》夢に周公を見ざること。」（論語、第七、述而篇）

有名な言葉だ。彼は周公ファンだった。若い頃から、いつも「周公の夢」を見ていた、というのである。ところが、最近はその夢を見なくなった。おれも、いよいよ衰えたか。苦笑まじりに、そう述懐しているのである。

この述懐を裏がえせば、中・壮年期はもとより、青少年時代の彼は、いつも「周公の夢」を見つづけていた。そういうこととなろう。では、その「夢」とはどんな夢だったか。

まさか、周公の「人相書き」めいた肖像画だけが「夢」に現われていたわけではあるまい。当然、「周公を語るストーリー」であり、「周公をめぐる挿話」だったであろう。そのストーリーとは、何か。

孔子（前五五一～前四七九）にとって、周公（前一一〇〇頃）は約五～六百年前の人物だ。ちょうど、わたしたちにとっての織田信長（一五三四～一五八二）や足利尊氏（一三〇五～一三五八）などの「時期」だ。

彼等の「伝承」は、文献によらずとも、今に伝えられている。

たとえば、信長が築城のさい、石仏を破壊し、石垣の基礎として使った。京雀の間には、そういう「口承」が残されていた。ところが、京都市内の地下鉄建設のさい、次々とその石仏が発見された。腕が落されたり、肩が欠けたり、〝いたましい〟姿だった。今それは、わたしの家にも近い竹林公園（京都市）の竹と竹の間に再び「安住の地」をえている。ほほえましい。やはり、信長に関する、京雀の「口承」は本当だったのである。

孔子の場合も、そうだ。少年時代の彼は、周公にまつわる挿話を大人たちから聞かされ、心をときめかせていたのであろう。たとえば、

「周公は、この道から泰山へ苦労して登った。そして、こう言った。」

という風に。わたしはそのような思いを抱きつつ、ようやくホテルへ辿りついたのである。

五

もう一つは。当然、文献だ。周公についての文献、その筆頭はもちろん「尚書」（書経）である。いわゆる「四書五経」は、孔子を先頭とする、儒家必携書であるから、その中心をなす「尚書」が、「孔子推薦書」であること、疑いがない。その「尚書」は、いわば「周公言行録」の形をとっている。堯・舜・禹から説きはじめながら、中心は、何といっても「周公」だ。

孔子の抱いた「周公のイメージ」、それを語るものが、この「尚書」であること、それは当然。いわば〝言うにや及ぶ〟のことなのである。

六

「海隅、日を出だす。率俾せざるはなし」（尚書、巻一六）

周公が晩年にもらした「満足の言」だ。彼は兄の武王（周朝、第一代）の死のまぎわの依嘱に応じ、兄の子の成王を補佐した。「摂政」である。その長期間の努力の結果、ようやく「海の隅の、日の出る処」から「率俾」（使節団を送ってくる）してくるようになったことを喜んでいるのである（「率俾」を通説がすべて〝臣服〟の意とするのは、あやまり。この語の原義には「上下関係」はない）。

これは何か。もちろん、倭人だ。

「周の時、天下太平、越裳白雉を献じ、倭人鬯《ちょう》草を貢す」（論衡、巻八、儒増篇）

「成王の時、越常、雄を献じ、倭人暢を貢す」（論衡、巻一九、恢国篇）

すでに何回も、引用した（たとえば『邪馬一国への道標』角川文庫）。

かつては、この「献」や「貢」を、文字通り「上下関係」と解したけれど、今はちがう。これは「漢代の国家意識」の反映であり、周代（日本の縄文時代）は、先にものべたように、基本的には「（相互間の）交流」と考えている（もちろん、三国志の魏志倭人伝の場合は、明白な「上下関係」である）。

ともあれ、「尚書」で周公の語った喜びの言葉が、このような「倭人来交」の事件にあったこと、これを疑うことができない。後漢の王充（論衡の著者）が「周→後漢」の伝承（「口承」或は文献）によって、これをくりかえし書きつけたのである。

七

現在のわたしたちにとって、「周」というのは、まぎれもなき、中国の偉大な王朝だけれど、当時（周初）は、そうではなかった。シルクロードの周辺にあって、匈奴や鮮卑の圧迫に苦しみ、殷に亡命を求めた。殷はこれを認め、今の西安近辺への〝居住〟を許したのである。

しかるに、殷末の紂《ちゅう》王のとき、その混乱に乗じて周の武王は「反乱」をおこした。大恩ある殷朝を斃し、新王朝の樹立を宣言したのである。

しかし、この事情を知る、周辺の諸国、諸部族は、周の「天子」を認めなかった。容易に「国交」を結ぼうとはしなかったのである。

そのような苦渋と難渋のつづいた後、ある日ついに「倭人の使節団」の来訪を迎えたのである。それが永年の腐心の当事者であった、周公に与えた、その喜びは、いかに。右の「尚書」の文言はこれを率直に語っていたのである。

少年孔子は、このような周公の「苦渋譚」「成功譚」を聞いた。そして読んだ。

そして彼は、泰山の一角から、海の彼方からの「日の出」を見た。胸を躍らせた。夢に見た。少年の日も、青年の日も、そして中・壮年の日も、そのような「夢」を見つづけていたのである。わたしはそう思った。

八

もう一つの、有名な逸話がある。

「道行われず、桴（いかだ）に乗りて海に浮かばん。我に従う者は、それ由か。」（論語、第五、公冶長篇）

〝こんなに中国で『道』が行われないなら、もういっそいかだに乗って、海に出よう。〟と言い、門弟の由（子路）に呼びかけている。

なぜ「いかだ」なのか。なぜ「海」なのか。もちろん、「海の中の漂流」そのものが目的ではない。目的は、その海の向うの国、そして人なのだ。

もちろん、そこには朝鮮半島もある。しかし、そこは中国と〝地つづき〟だから、何も、いきなり「海」に浮ぶ必要はない。やはり〝目ざす〟ところは「島国」だ。海の中の国、そして人である。――それは「倭人」だ。

周公が、生涯の喜びとしたところ、それは「海隅、日の出ず（づ）る処」の人々の来訪であった。

これが、少年孔子の「夢」みたところ、泰山の一角から「海」の彼方を望み見つつ、その故事に胸躍らせた挿話だったのではあるまいか。

九

論語に〝収録〟された、孔子の言葉。それは実際に発せられた孔子の言葉、門弟が聞いた孔子の言葉、その「全体」からすれば、「一部」だ。当然のことである。

従って、ここに〝収録〟されたもの以外は、カットされたこととなろう。そのカットされた部分に、実は次の一節があったのではなかろうか。

「わたしは少年時代以来、泰山に登り、東、『日の出ずる』海の彼方を見た。そこに住むという倭人が、周公のもとへと使節を送ってきた。礼節の使者だ。あの周公の故事を思って胸を躍らせていた。それがわたしの夢の中の周公、その生涯の中での喜びの時の姿だった。」

このような一節があれば、イキナリ「海へ浮ぶ」という発想があれほど〝唐突〟には見えなかったのではあるまいか。

なぜ、この一節が「カット」されたのか。中華思想を「中心のイデオロギー」とした、論語の編者たちは「平常いつも東夷の倭人への憧憬を語る、孔子」というイメージには〝我慢〟ならなかったのか。——それは不明だ。

しかしわたしは、泰山の頂上でそのような論語の「伝えられざる一章」を確かに、この目に見たように思ったのである。

最初、あまり乗り気ではなかった。今回の「泰山行」だ。十回を越える中国旅行でも、何回もこの案は出ていた。だが〝見送って〟きた。なぜなら当地の「観光化」を、あまりにも噂に聞きすぎていたからである。

来てみると、噂通り、いや噂以上だった。二つのケーブルカーが設置されていた。上がると、中腹に延々とつづく観光者用の商店街。その上にホテルがある。わたしたちの泊ったホテルの、さらに上の山頂にも、ホテルがあった。

だが、やっぱり、来てよかった。それがわたしの実感だった。日輪は、孔子の時代と変らず、海の彼方から姿を現わした。そして少年孔子の夢が、惻々《そくそく》とわたしに伝わってきたのである。

当時は「観光化」されず、むしろ泰山の頂上は「聖地化」されていたであろう。今は泰安市の博物館前におかれている「扶桑石」も、当時はこの泰山の中に存在していたものであろう。

少年孔子は、わたしたちのように「山頂」から「日の出」を見ることは許されなかったのであろう。山頂近い、その一角から、海の彼方を、ひとり熱い思いで見つめていたであろう。

後世、秦の始皇帝がこの地において「天子の封禅の儀」を、道教の方士の進言によって催行した、という。それに「賛」しなかった「儒者」が穴埋めされたことも著名である。

後漢の光武帝も、ここにおいて「王朝の始祖」としての盛儀を行った。もとより、自己の「反乱」の正当化をこの地における「封禅の儀」に求めたのである（その間に、前漢の武帝）。

それぞれ、その権力者の実際におかれていた「時代的位置」、そして「権力の正当化」の必要性、それを物語っている。物語ってはいるけれど、基本的に、わたしには関心がなかった。わたしの歴史的関心を引くようなテーマではなかったのである。

しかし、わたしは不明だった。この泰山の曙の光明の中に「少年孔子の夢」がそのまま、光の中に「凍結」されていて、わたしの心の底に呼びかけてこようとは。不明にも、それまで夢にも思わなかったのである。

これは一人の少年の「夢」に宿った、古代日中交流史への〝まぼろし〟だったのではあるまいか。彼の生涯を通じての、見果てぬ夢だったのであろう。

わたしの愛読書『論語』の中の、隠された「一章」に対して、わたしの目ははじめて開かれた。七十四歳にして遭った幸せである。

わたしはこの「少年の夢」を大切にしたい。自分の「目」のように大事に扱い、残り少なき生涯にもちつづけ、伝えつづけたいと思う。

収穫のあまりにも大きかった今回の旅行の中でも、ピカリと光る、珠玉の体験となった。同行して下さった方々、いろんな部面で支えて下さった添乗員の長谷川徹さんや通訳などの方々、それらの人々に対して厚い感謝をささげたい。

二〇〇一年五月十四日夕方　記了

（「閑中月記」第一三回、『東京古田会ニュース』第八〇号）

中国往来

一

中国から帰ってきた。

今年［二〇〇二年］の十月十六日から二十一日まで、山東半島の画像石群や仏教遺跡を巡った。いずれも、時間が足りぬほど、数々の見聞に恵まれたのである。

なかでも、出発前から、わたしの関心の中心は曲阜だった。孔子やその門弟、顔回の生地だ。今は、儒教の、というより中国文明の聖地である。

二

論語の雍也篇に、孔子が顔回について述べた有名な言葉がある。

「賢なるかな回や。一簞《たん》の食《し》、一瓢《ぴょう》の飲、陋巷《ろうこう》に在り。人は其の憂いに堪えず、回や其の楽しみを改めず。賢なるかな回や。」

これに対する岩波文庫の訳（金谷治訳注）は次のようだ。

「えらいものだね、回は。竹のわりご一杯のめしと、ひさごのお椀一杯の飲みもので、せまい路地のくらしだ。他人ならそのつらさにたえられないだろうが、回は〔そうした貧窮の中でも〕自分の楽しみを改めようとはしない。えらいものだね、回は。」

問題の一句、それは「陋巷に在り。」である。通例は、右のように「せまい路地のくらし」といった形で理解されている。四書集註（朱熹著）などに収載された歴代の注釈類、また近年、中国旅行のさい、北京や上海、また曲阜などで買ってきた、論語の注釈類を見ても、大体、例外はない。

わたしが、新たな視点をもったのは諸橋轍次《もろはしてつじ》氏の『如是我聞、孔子伝（上・下）』（大修館書店刊）を読んだときだった。

「この辺は陋巷街という、正しく孔子の弟子の顔回が一簞の食、一瓢の飲、陋巷に在ってその楽しみを改めなかったという陋巷そのものであります。」（八ページ）

右のように、諸橋さんは曲阜で「陋巷街」を見ているのだ。だとすれば、この陋巷、論語の中の「陋巷」も、固有名詞ではないか。つまり、地名ではないか。そう考えたのだ。

もちろん、紀元前六～五世紀の地名が現在にまでつづいている、という保証はない。そんなこと、分り切っている。むしろ、現在地名が〝論語に基づいて、呼ばれている〟という可能性も、当然無視できない。

けれども、問題の本質は次の一点にある。

「陋巷に住んでいたのは、陋巷に住むにふさわしい身分の人だったのではないか。」

これだ。現代なら、永井荷風《かふう》のように「江東のちまた」に身を隠し、夜な夜なバーやカフェに姿を現わし、それらの店の「遊女」と言葉を交わす。心を結び合わせる。そういう風流人も、ありえよう。そんなインテリもあったかもしれぬ。

しかし、あの周の春秋時代魯の曲阜において、果してそんな光景が見られただろうか。そんな「住み人」があっただろうか。わたしには信じられない。

三

かつて、京都へ来た。神戸をはなれ、洛南の地、洛陽高校の教師となった。そこは南区、唐橋近辺にあった。京都市内では西南の〝はし〟に当っていた。住居は、逆。京都大学の東、あの吉田山と東山連峰との間、真如町《しんにょ》にあった。

赴任直後、同輩の教師から聞かれた。

「どちらにお住まいですか。」

「はい、真如町です。」

「それは、それは。結構なところにお住まいですねえ。」

わたしは、変な気がした。自分が探し当てた神楽岡荘という名のアパートは、今にも崩れそうな、ぶっそうな建物だった。だから、家賃も安かった。その上、何よりも〝京大に近い。〟〝大学の図書館にも、近い。〟そういった理由で、探し当てた部屋だったからである。

「あの、安アパートが。なぜ。」そう思うと、可笑しかった。相手の方の「結構な」という口調が、何とも似つかわしくなかったからである。

しかし、これは誤解だった。わたしの錯覚だったのである。その方は、見もしない、わたしの安アパートを褒めてくれたのではなかった。土地を褒めておられたのである。「左京区」という場所、そして「真如町」という土地に対して、「結構な」を連発されたのであった。

やがて、知った。京都の土地の人の中の「土地差別」。その〝理屈抜き〟の基本感覚を。

上京区や左京区など、「上（かみ）」の名は〝品格の高い〟土地であり、下京区や南区など、「下（しも）」の方は〝卑しい〟地域なのである。この理解から、あの芭蕉とその門弟たちの「下京や雪積む上の夜の雨」など、一連の俳句のもつ意義、その真相が解けてきた。その経緯については、『失われた日本』（原書房刊）にすでに書いた。この「土地差別」問題こそ、右の句、特に芭蕉が「下京や」という「かむり（第一句）」以上のものがもしあれば、以後二度と、俳句を語らない、と、凡兆や去来などの門弟に決然と告げたこと、その真の背景がこれだったのである。

二十一世紀の日本にさえ遺存する、この「土地差別」、これは果して春秋時代の曲阜には存在しなかったのだろうか。

貴族でも、士大夫でも、その人の趣味次第で「陋巷に住む」、そんな社会だったのだろうか。やはり、わたしには信じられない。

諸橋の大漢和辞典に

陋宗《ろうそう》――いやしい家柄

とあり、

伊諶陋宗、昔遘嘉恵。〔盧諶、贈二劉琨一詩〕

〈注〉向曰、陋宗、謂㆓卑陋之姓㆒。

とされている。すなわち、

「いやしい家柄の者（陋宗）が、陋巷に住んでいた。」

そう考えては、いけないのだろうか。もし、そうだとすれば、

「顔回は、いやしい身分の出だった。」

そういう帰結となろう。

これが、顔回理解の「根本」である。

四

論語の全篇において、「顔回」の占める位置は、各門弟中、抜群、出色である。

顔回が死んであと、すでに、門弟中に「学を好む者を見ず」（雍也篇）と言い、門弟（子貢）と同じく、自分（孔子）自身も、「顔回に及ばず」と言っている一節（公冶長篇）なども、著名である。

その顔回は夭折した。そのさい、孔子が歎いた言葉は、あまりにも痛ましい。

「顔淵死す、子曰く、『噫《ああ》、天予《われ》を喪《ほろ》ぼせり、天予を喪ぼせり。』」（先進篇）

この時、孔子は悲歎のあまり、自己を見失ったのだろうか。認識を狂わせたのだろうか。なぜなら、「孔子の道」とされた儒教は、漢の「国教」として再生したのみか、その後も、朱子学や陽明学、さらには日本においても、江戸時代の荻生徂徠《おぎゅうそらい》や伊藤仁斎《じんさい》をはじめ、陸続と後継者が出た。

今日でも、「儒教」や「孔子」の名を知らぬ人とて、ない。

では、あのときの歎きは、一体何か。孔子の一時の感情の高ぶり、一片の錯覚だったのだろうか。次回は、これについてゆっくりとのべたい〔「顔回」参照〕。

（曲阜で入手した、顔回に関する論作の冒頭を、末尾にかかげる。「孔子文化大全」と銘打ち、『孔門弟子研究』と題する。山東省の斉魯書社出版発行、待望の一書だった。福永晋三さんの御労訳に厚く感謝したい。）

五

第四日（十月十九日〈土曜日〉）、曲阜をあとにして済南市に向かった。山東省博物館を見学した。これも、待望の北朝系の石仏群の一端に接することができた。

歴城区の仏教遺跡を経て、有名な千仏山遺跡へ。さすがに、唐代などの石仏が〝生々しい〟と言いたいくらいの鮮やかさで見られ、さすがに、その威容に打たれた。

ただ、すばらしい通訳、名ガイドぶりを発揮された孫堅強さんが、

「『千仏』といっても、御覧のように、とても『千』はありません。ずっと、ずっと少ないです。中国では『千』というのは、その数だけある、という意味ではなく、『素晴らしい』という意味です。そう、誉め言葉ですね。」

と言われたのに対し、あとでわたしが、

「唐代など、各代にわたった廃仏毀釈でこわされつづけましたね。今あるのは、その残存したものじゃないでしょうか。」

と聞くと孫さんは素直にうなずき、「そうかも、しれません。」と言っておられた。

現に、最近の文革運動の中で破壊された遺跡も遺存していた。

また、博物館で見た隋朝の見事な仏像一体の光背には、百体近い仏像の姿が立派に残されていたのであるから、「千」も、必ずしも〝虚数〟ではないのかもしれぬ。処々の山容の間に、仏像が刻出されているのだ。岩壁がそれを〝待っていた〟ようにさえ見えた。

六

今回の旅行の圧巻は、何といっても、画像石遺跡だった。さらに、孫氏（兵法で有名な「孫子」とその一族）の竹簡群だった。漢墓竹簡博物館である。

棄てられかけた「廃竹」から、見事な「竹筒」を克明に復元した、その精密な労力、長期にわたる作業の成果に驚かされた。

画像石のおびただしさ、その微妙な画材のとりかたには、ただ「時間が少ない」ことを歎く他はなかった。もちろん、しっかりした資料集も出されているから、これらに取り組もうとする研究者には、不便はない。

七

画像石中に、面白い問題があった。例の「太陽」の中に「烏」が描かれている。そのこと自体には、不思議はない。太陽の黒点を〝黒い鳥〟である「烏」と見立てること、当然だからである（もちろん、ヨーロッパでも、そうしているわけではないから、やはりこれも「文化」だ)。

けれども、さらに「三本足の烏」となると、もう〝自然物〟ではない。人間の「観念」の所産だ。これは、何か。

すでに、わたしの探究してきたテーマがある。「三本足の烏の淵源」問題だ。

第一、沿海州のウリチ族に「射日神話」ならぬ「殺日神話」がある。弓矢ではなく、「石」を投げて「二つの太陽」を殺し、現在のような「一つの太陽」となった、という投石神話である。弓矢のあった「縄文」より以前の段階である。まだ「神」も生れていなかったから、「神」は現われず、人間のみが「登場」する。

第二、現在、千葉県近辺で行われている「オビシャ」(御歩射)。八日市場市椿の星神社の場合、「三つの太陽」をデザイン化した「三つの輪」の書かれた紙に「三本足」が描かれている。祭には小学一年生の子供が、「矢」を手に持ってすすみ、この「三本足の烏」に突き通す。それで終わりだ。右の「ウリチ族の投石神話」の系列である。弓矢の「矢」はあっても、射撃せず、「手で突く」のだ。素朴である。やはり「縄文以前」の姿なのだ。

第三、これに対して、中国のケース。有名な曽侯乙墓《そうこういつぼ》の帛《はく》や「春秋(緯)」などの周代末期や漢の画像石など(今回、見たものにあり)の画や文中に現われる「三本足の烏」がある。

これらはもちろん、「縄文以後」だ。「弓矢」も、当然出現している。「神々(伏義など)」も現われている。「神以後」の姿をしめしている。

第四、では両者の「交流関係」いかに。文献や画像石の「時代」から言えば、もちろん中国の方が早い。問題外だ。

だが、その実質内容を見ると、断然「逆」となろう。ウリチ族や関東人の方が、ことの「原型」を保存し、二十一世紀の「今」へと伝存してきていたのであった。

こう考えてみると、当然、

「ウリチ族→日本列島、関東人→中国文明」

という〝伝播経路〟となろう。そうならざるをえないのである。

「三つの太陽」は、天空を「レンズ」とした、反射現象であるが、——当然「六つ」や「九つ」もありうる——そのような天然現象が〝出やすい〟気候が、沿海州などの地帯なのである。

逆に、天空の明晰な日が（沿海州より）多い日本列島では、太陽の「黒点」は一層〝観察されやすい〟のではあるまいか。ここに、日本列島で、関東・和歌山・岡山等と「太陽の黒点」の形象化としての「烏」が〝人気〟を得た原因があるのではあるまいか（紀州の熊野神社、岡山中学の校章、そしてサッカー）。

けれども、それが「なぜ、三本足か」となれば、やはり、

「日本列島文明の一淵源、その底流としての沿海州文明」

というテーマへと辿り着かざるをえないのではあるまいか。

八

「中国文明はアジアや世界の中心。」

という、中華思想から見れば、右のテーマは〝とんでもない〟背理と見えることであろう。

しかし、それは、しょせん、いわば、

「浅薄なる中華主義」に過ぎぬ。

なぜなら、一個の「壮大なる文明世界」が成立するとき、必ず、それに先行する、周辺の諸文明の恩恵をうけ、それらを「吸収」して成立しえているのである。この道理に、例外はない。

とすれば、偉大なる中国文明の場合も、その一つ。そう考えて何が悪いだろう。それ以外の考え方は在りえないのである。

中国文明は単一の文明ではない。一大複合文明だ。A・B・C・D・E……といった、諸文明の「統合体」である。その「結合のキイ」、それが「漢字」だった。種々の文明の、種々の言語を〝結びつける〞役割をになって成立してきたのである。

その一つ、例えば「A」に沿海州文明があり、その「B」に日本列島文明があったとしても、何の不思議もない。

「中国文明は、周辺に影響を与えても、周辺からの影響は受けない。」

もし、このような考えを持つ人があったとすれば、それが中国人であれ、日本人であれ、いうなれば、「中華・皇国史観」の持ち主にすぎぬのではあるまいか。ふりかえれば、日本という「島国」の中の皇国史観の「本場」は、中国にあった。論語の中にすら、「影」を投げ、「大わく」をなしている中華思想がそれである。

しかし、「中華思想」をもとに中国を見る人には、中国の姿は見えない。

これが歴史の真実であるようにわたしには見えるのである。

九

嵐山の紅葉も、深まりつつあるようだ。竹やぶに囲まれたわが家にも、その気配は濃い。朝夕の落ち葉も、日一日と、その色合いを増しているようだ。その落ち葉掃きをしつつ、今年の六月以来、あまりにも収穫の大きかった「時の暦」をめくり直してみよう。

追記

わたしたちのあと、同じ山東半島の中の旅行で、事故に遭遇された方々に対し、深い哀悼の意を捧げさせていただきたい。

福永晋三氏訳文

「孔子文化大全」（李啓謙著、斉魯書社、一九八八年七月）
『孔門弟子研究』（山東省出版総社組織出版）

（一）顔回（顔淵）

一、家柄経歴

顔回、姓は顔、名は回、字《あざな》は子淵。また顔淵と称す。春秋末年の魯国の人。紀元前五二一年に生まれ、紀元前四八一年に（孔子より三十歳若くして）死んだ。その家庭状況は、『論語・雍也』篇に言う、彼は「竹のわりご一杯のめしと、ひさごのお椀一杯の飲みもので、せまい路地のくらし、他人ならそのつらさにたえられないだろうが、回は〔そうした貧窮の中でも〕自分の楽しみを改めようとはしない。」のであった。生活はわりあい貧乏なものだ。

颜回，姓颜，名回，字子渊。亦称颜渊。春秋末年鲁国人。生于公元前 521 年，死于公元前 481 年（少孔子三十岁）。其家庭情况，《论语・雍也》篇说他是“一箪食，一瓢饮，在陋巷，人不堪其忧，回也不改其乐”。生活是比较贫寒的。不过，《史记・弟子传》记载，他和他父亲颜路是“父子尝各异时事孔子”。从他们父子有条件长时期都跟着孔子读书学习这一情况看，其家庭也决不会一无所有，其身份也决不会是奴隶。《庄子・让王》篇有段材料说：“孔子谓颜回曰：‘回，来！家贫居卑，胡不仕乎？’颜回对曰：‘不愿仕。回有郭外之田五十亩，足以给饦（zhan，音毡，厚粥）粥；郭内之田十亩，足以为丝麻…… 回不仕’。”如果此材料还有一定参考价值的话，那么，颜回的出身可能是有一定家产的自由民。其履历比较简单，可用两句话概括：终身没任官职；一直跟随着孔子学习和生活。直到死，基本上没离开过孔子。

在颜回的研究中，有如下几方面问题需要进行探求。

しかし、『史記・弟子列伝』は記載する、彼と父親の顔路とは「父子それぞれ別々の時に孔子に師事したことがある。」と。彼ら父子が長期間孔子と一緒に読書学習した状況から見ると、その家庭は決して一物だにないはずはなく、その身分も決して奴隷であるはずがない。

『荘子・譲王』篇の資料に言う、「回よ、そなたは家が貧しく地位も低い。どうだね、仕官してみたら。」顔回は答えた。「仕官などしたくありません。と申しますのが、わたくしには城《まち》の外に広さ五十畝の田圃《たんぼ》があり、それで粥ぐらいは作れます。また城の中には広さ十畝ほどの田圃があり、桑や麻を植えて糸ぐらいはつむげます。……わたくしは仕官などしたくありません。」

もしもこの資料がなおかなりの参考にする価値のある話なら、それでは、顔回の出身は一定の家の財産のある自由民であるかもしれない。

その経歴は比較的簡単で、二つの語句で概括できる。生涯仕官せず、ひたすら孔子に随って学習し生活した。死に到るまで、基本的には孔子から離れることはなかった。

顔回の研究においては、下のごとく幾方面の問題

があり探求を進めることが必要だ。（翻訳終わり）

『論語』は金谷治訳注（岩波文庫）、『荘子』は福永光司訳（中国古典選、朝日新聞社）に拠った。

二〇〇二年十一月十一日　記了

（「閑中月記」第二一回、『東京古田会ニュース』第八八号）

顔回

一

冷夏は子供たちを悲しませている。せっかくの海水浴や渓谷遊びも、雨にたたられてお手上げだ。だが、猛暑で三千人死亡というフランスの情報を聞くと、比較にもならない。地球全体では、バランスがとれているのだろうか。

今回は中心の主題に入る前に、前回〔第一巻『俾弥呼の真実』第一篇「吉山旧記」〕書き残したテーマにふれておきたい。「吉山旧記」の問題だ。

大善寺玉垂宮の「鬼夜」の火祭が終始「鬼面尊《きめんそん》」という御神体を中心に行われることはすでにのべた。正確には、本殿から鬼殿《おにどの》へと、この御神体の箱を移し奉ってから、当日のお祭が徐々にはじまり、夜の最高頂に達するのである。

ところが、この神社（久留米市）の北方に「鬼面（きのめん）」の地名がある。わたしがそれを「発見」したのは、例の「放射線測定」の問題について書いていたときであった（「『C14』の五月二十日」『多元』

第五六号)。わたしはこのC14の問題について、かつて「学問の鬼」ともいうべき方に出会ったことがある。九州大学の坂田武彦さんだ。工学部冶金学科の助手として生涯をこれに投入された。わたしと同名の、この方をお宅におたずねしたのは一九七七年の一月のことだった。

そのさい、「太宰府」や「水城」に関する調査結果を口頭でお聞きし、それを文書でしめして下さいとお願いすると、快諾してすぐ、お手紙を下さった。その筆頭が次の一文だった。

KURI(九州ラジオアイソトープの略号) KURI0005 筑紫郡大宰府町池田鬼面
古代製鉄登釜の木炭　一九五〇年より一五七〇年前±三〇年(RIの測定値は一九五〇年を基点とする
——古田注)　発掘者　福岡県教育委員会

(『ここに古代王朝ありき』朝日新聞社、一九七九年刊、三三一ページ収録)

わたしが今回、着目したのは、右の「小字《こあざ》」とおぼしき「鬼面」の地名だった。この「鬼面」と「鬼面尊」とは、関係があるのではないか。

この疑問だった。わたしの中からの「問」だったのである。

早速、問い合わせてみた。先ず、太宰府市(坂田さんは「大」と書いておられたが、「太」が正しい。町名として。——合併前であろう)そこでの結論は、「字、池田はあるけれど、その中の『鬼面』というのは見当らない。」とのことだった。ただ、隣の筑紫野市にあるのではないか、とのこと。そこで筑紫野市に聞いてみた。

「やはり、『鬼面』という字は、今はない。筑紫野市の紫《むらさき》の何丁目かになっているようだ。」

その「鬼面」というバス停と、先の太宰府市池田とは、直線距離はそれほど遠くはなれてはいないようであるから、関係がある（あるいは、同一地名）かもしれぬ。

ともあれ、わたしの中に生じた「仮説」は次のようだ。

「大善寺玉垂宮の御神体、『鬼面尊』の出生地は、この『鬼面』の地ではないか。」と。

もちろん、太宰府の天満宮の火祭にも「鬼」の存在は欠かせない。けれども、そこでは「鬼」は、いわば悪者であり、あくまで「征伐の対象」である。「討伐して、めでたし、めでたし」という、むしろ日本の祭では、通例のタイプである。

太宰府近辺では、「鬼」のついた小字名が少なくない。たとえば、「鬼掛《おにかけ》」など、鬼が討伐されて逃げるときのしぐさに当てて語られているようである（火祭）。

しかし、この「鬼」こそ、当の「天神様、以前」の支配者、古代文明の奉持者、ハッキリいえば、縄文人であり、弥生前期人たちとその統率者だったのではあるまいか。この疑問だ。

わたしは今度は、太宰府の火祭をじっくりと見たい。観察したい。そしてよく考えたい。その火の影から立ち現われる「古代の真実」、それが今から楽しみである。

この八月八日、わたしは七十七歳を迎えたのであるけれど、当の日まで生きていたい。よぼよぼでも歩きたい。「歴史は足にて知るべきものなり。」（秋田孝季）なのであるから。

二

今日の本筋は、論語である。何回にもわたり、ふれてきた。その要旨は次のようだ。

第一、論語は、孔子の門弟の各系列の「伝承」を含む。それぞれの流派の「主義・主張」（イデオロギー）が、「わたしの流派の祖（たとえば、「子張」など）は、孔子先生から、このように聞かれた。」という形で盛りこまれている。すなわち、A、B、C……Xの各流派の主張の「集大成」が論語である。従って「論語全体に一貫する立場」を求めることは、史料批判上、不可能である。

たとえば、為政第二・二十三の「子張伝承」と八佾《はちいつ》第三・九の「孔子曰」とは、全く別の「主張」が盛りこまれている。後者のような、「文献が不足であるから、夏や殷の礼を知ることは、わたしにはできない。」という、孔子の実証主義に対し、前者では「子張の伝承」として、孔子は「夏―殷―周の礼」のみか、「十世」でも「百世」でも知ることができる、という理念第一主義が宣布されている。

もちろん、両者を「両立」させるような弁証も不可能ではないであろうけれど、むしろ「子張の流派は、孔子先生の教えに従えば、過去の『十世』でも、未来の『百世』でも、見通し、かつ予知できる。」そして、いわゆる「儒教の偉大さ」「孔子先生の万能」をここに誇示しているのではあるまいか。

従って「本来の孔子の発言」は後者の方にあり、後代（孔子没後）、偉大化された儒教のイデオロギーが前者にあらわされている。――わたしはそう考えた。すなわち、

一、論語全体の立場は一貫している。――否

二、論語はしょせん、各門弟の各流派の主張の寄せ集めであり、「本来の孔子の立場」を求めることなど、到底不可能である。――否

三、わたしの立場は、次のようだ。

論語の中の、

A、本来の孔子の立場

B、後代（孔子没後）の各流派の主張（イデオロギー）の立場

右の両者が「共在」している。――そのように考えているのである。

三

右のような立場から、わたしが注目したのは顔回だ。

論語の中で、各門弟中、顔回の存在は質量ともに抜群である。たとえば、「子曰く、『如《し》かざるなり。吾れと女（なんじ、子貢）と如《し》かざるなり。』」（公冶長、第五）と、孔子が自分も、子貢も、顔回には及ばないことを言い、顔回が死んだとき、

「子曰く『噫《ああ》、天予《わ》れを喪《ほろ》ぼせり、天予れを喪ぼせり。』」（先進、第十一）

と言ったこと、有名である。それは果たして、孔子にとって「一片の感傷」だったのだろうか。この言葉がもし「正当」であったとすれば、漢代の「国教」となった儒教、漢代以降の代々の儒教とは、このような「孔子の目」から見たとき、一体何だったのであろうか。わたしはその「解決の鍵」を次の一節に見出した。

「子曰く『賢なるかな回や。一簞《たん》の食《し》、一瓢《ぴょう》の飲、陋巷《ろうこう》に在り。人はその憂いに堪えず、回やその楽しみを改めず。賢なるかな回や。』」（雍也、第六）

わたしは諸橋轍次氏の『孔子伝（上・下）』によって、「陋巷」が曲阜の中の固有名詞であることを知った。顔子廟のそばに、今も「陋巷街」のあることを知り、その地を直接たずねたのである（昨年十月）。

そして「陋宗《ろうそう》」という言葉が〝いやしい血筋の人々〟をしめす（諸橋、大漢和辞典）ことからも、顔回

はやはり「陋宗の出身」であるから、この陋巷の地に住んでいたのではないか。もちろん「奴隷」ではなく、「自由民」であろうけれど、半面、いわゆる「士大夫」といった階層に属しているのではなかったこと、この一点は疑えないのではあるまいか。

その点、孔子自身もまた〝例外〟ではなかった。「吾れ少《わか》くして賤《いや》し。故に鄙《ひ》事《じ》に多能なり。君子、多ならんや。多ならざるなり。」（子罕《かん》、第九）。孔子は、みずから「自分は生来、『賤』だった。」と言う。彼もまた、いわゆる「士大夫の徒」の出自ではなかったのである。

諸橋氏によれば、父親の祖先は「宋」の名家であったけれど、亡命して「魯」に来たという。八子をもうけたが、七子まで女であり、一子のみ男だったが、いわゆる〝知恵おくれ〟の人であった。ために、彼は新たに一女を得て子供を生ましめた。これが孔子である。

しかし、彼の母親は「卜者」であり、「賤」の出身であった。それゆえ司馬遷は史記の孔子伝において、それを「野合」と称している。

この孔子の父親についても〝士大夫の出身ならず。〟とする見地があるけれど、その場合は「野合」と称すること自体、無意義となるであろう。

思うに、孔子の母の場合「正規の結婚」ではなく、世間の目では「若い妾」のごとき存在であったため、右の司馬遷の評語が生まれたのではあるまいか。そのため、孔子の生まれて三年にして、父親が没したあと、〝賤しい身分の母親のもとで〟孔子は「賤人」として生きることとなったのであろう。

もとより、顔回の「陋宗の血筋」とは異なるものの、二人とも、レッキたる「士大夫」のような上層身分ではなかったこと、両者に共通した「階層」上の運命だったように思われる。

四

顔回が「仁」について孔子に問うたとき、孔子は次のように言った。

「(A)己れを克めて礼に復《かえ》るを仁と為《せ》す。(B)一日己れを克めて礼に復れば、天下仁に帰す。(C)仁を為すこと己れに由《よ》る。而《しか》して人に由らんや。」

右の(B)が「一日」という時限でのべられているように、「仁」とは決して〝長大な時間を要する〟ものとは考えられていないようである。けれども顔回はこの孔子の言葉に満足せず、「請《こ》う、其の目《もく》を問わん。」と言った。もっと〝具体的に〟しめしてほしい、というのである。これに応じて、孔子は言う。

「一、礼に非ざれば視ること勿《な》かれ、二、礼に非ざれば聴《き》くこと勿《な》かれ、三、礼に非ざれば言うこと勿《な》かれ、四、礼に非ざれば動くこと勿《な》かれ。」

この四箇条をあげたのである。これに対して、顔回は直ちに〝納得〟した。

「回、不敏《ふびん》なりと言えども、請う、斯《こ》の語を事《こと》とせん。」(顔淵、第十二)

では、なぜ。なぜ、右の四箇条は、容易に顔回を〝納得〟させえたのであろうか。どうしてこれが、具体的であり、かつ〝わかりやすい〟のであろうか。

ここで孔子の言う「礼」とは、わたしたちの通常聞いている「礼儀」などのことであるはずがない。なぜなら、「視・聴・言・動」すべて〝礼儀正しく〟する、というのでは、それこそ「息がつまる」のではなかろうか。わたしなど、まっぴら御免だ。では、この「礼」とは何か。孔子は「天体の秩序」を「地上の道徳」と比することを好んだ。譬えば「子曰く『政を為すに徳を以てすれば、譬えば北辰の其の所に居《い》て、衆星のこれに共するがごとし。』」(為政、第二)

カントが道徳律について語った有名な言葉と同じく、孔子もまた「天上に、歴然たる秩序(礼)のあるごとく、この地上にも、人間にとっての秩序(礼)がある。」そのように見なしていたのではあるまいか。すなわち、そのような「礼」(天然の道理)によって、あらゆる言動を行う。――これ以外に、人間の依拠すべき基準はない。孔子はこの一事を顔回に告げ、顔回は深くこれを「了解」しえたのではあるまいか。

論語に頻出する、もう一つの用語に「君子」の二字がある。この二字は「君主」もしくは「在位者」の意味で、古くから詩経や易経に出現している。

しかし、論語の場合、右とは異なる用語である。冒頭の「学びて時にこれを習う。」にはこの一節が「また君子ならずや。」の一語で総括されているように、自己の学習、知己の到来、内面の自信、これらをしめくくるキイ・ワードとして、この「君子」の二語が用いられている(学而、第一)。

すなわち、「君主」とか「在位者」とかに非ず、自己内部の修養こそ「君子に至る道」と見なされているのである。言いかえれば、「天の秩序」としての「礼」を、地上の人間の内部の秩序とする人、これこそが「君子」となりうる。

孔子はそのような立場に立って、説いた。そしてそれを正面から十二分にうけとめた者、それが顔回であった。

他の門弟の場合、必ずしも、このような孔子の心情を理解してはいなかった。その多くは、みずから「士大夫」であり、「士大夫としての教養」として、孔子の教えを〝聞く〟人も少なくなかった。むしろ、それが多くの門弟にとっての「常道」だったからである。

しかし、孔子にとって、「自分の説くところを完全に理解する人」を、「後生」たる顔回に見出した。それは「余人」には見出しがたかったのである。

そこに、その顔回の死にさいし、孔子が「天、予れを喪ぼせり。」と切言した、真の理由が存在したのである。

五

以上のような、わたしの理解からすれば、孔子の切言は、決して「いっときの感傷」ではなかった。顔回の死と共に、「孔子の教え」は、終わったのである。

他の士大夫などの門弟は、彼等の身分を飾る教養として、いわゆる「孔子の教え」を〝愛好する〟かもしれぬ。しかし、それは、それだけのことだ。「孔子の真の教え」は、すでに「喪《ほろ》」びているのである。

以上のような見地からすれば、漢代の「国教」としての儒教、それは果たして何物であろうか。「孔子その人の目」からは、いかに見えるのであろうか。

そこでは「忠君と両親への孝」を主柱として「儒教」が〝再建〟された。論語の中の、その種の「文例」が抜き出されたのである。「中庸」や「大学」という〝抜粋句集〟の成立の意義もそこにあろう。そこでは、まちがっても、（論語の）

「天、予れを喪ぼせり。」

などの類の句は「抜粋」されることはなかったのである。

なぜなら、洛陽の商家の出身の沛公を以て、「中心の絶対者―天子」とする立場、そのためのコンクリート的イデオロギーとしての役割こそ主要だった。儒教は、そのための、「喪びざる国教」でなければならなかったのであるから。

南宋の朱子学は、この「国学の伝統」を継承した。「南宋のナショナリズム」を加味しつつも、漢代の「国学」としての〝用途〟は、あやまることなく、うけつがれたのである。

さらにこの〝用途〟を日本の徳川幕府も継承した。「南宋の天子」ではなく、「江戸の将軍」に対する「忠君と親孝行」の教えを以て中核としたのであった。

それを、山鹿素行《やまがそこう》の『中朝事実』は、一変させ、〝換骨脱胎〟させた。「忠君」の対象を、「江戸の将軍」から、「京都の天皇」へと〝おきかえる〟という、思想上の一大転換を行ったのである。

これが、江戸末の吉田松陰や明治維新の中心指導理念に与えた影響については、日本思想史上すでによく知られている。これらはすべて「孔子の教え」そのものではなく、あの「漢代の国教」のコンクリート的イデオロギーの精神の伝統に立つものだったのである。

これに対し、孔子自身の説くところは異なっていた。再びこれを要約すれば、

第一、天には、天の秩序があり、それを「礼」と呼ぶ。

第二、地には、地の秩序があり、人間はこれによって生死する。これを「仁」と呼ぶ。
第三、この「仁」を身につけた人が「君子」である。
第四、それは、その人間の出自が「賤」であろうと、「陋」であろうと、一切関係がない。
第五、逆に「陋巷」に生きていた顔回のみが、孔子の説くところの真意を、あやまりなくうけとめ切っていた。

以上だ。右のような「孔子の教え」は、おそらく人類の全思想史上に輝く一大精華ではあるまいか。今後、人類全体の胸裏に、くりかえし熱くよみがえってくるであろう。それが、この地球の未来だ。孔子は顔回を以て「学を好む」者だ、と言った。そして顔回が死んだあとは、「学を好む」者を見ない、とすら言った。

「学を好む」とは、何か。単に〝勉強が好きだ〟というだけではないであろう。それなら、顔回以外にも、いないはずはない。いなかったはずはないのである。では、何か。

すでにのべてきたように、人間が「学ぶ」ということの無上の価値を知ること、そしてそれを愛することだ。たかだか、権力者への「忠誠の道」などを学ぶこと、それを「学を好む」などと、決して孔子は言いはしなかったのである。

真に「学を好む」者が、どう生きるか、何を突き抜けるか、それが人類をどう変えるか。それらの未来を、孔子は遠く見すえつつ、この「学を好む」という言葉を使ったのではないか。

とすれば、たとえ「生きていたときの孔子の目」には、それが顔回ひとりしかいなかった、としても、永い人類の歴史の中では、決してそうではない。決してそうなってはならないのである。

人間は、剣を発明し、銃を発明し、火薬を発明した。さらに次々と大量破壊兵器を発明した。それらの「殺戮」の対象は、他でもない人間自身だった。この「発明という名の一大愚行」の螺旋階段から、人間はぬけだすことができるか。地球は、それを静かに見つめていることであろう。

人間が滅び去ったあと、次の生物の目に映るのは、「賛美と惜別」か、それとも「嘲笑」か。——それが今から問われはじめているのではあるまいか。

もう、雨はあがった。暑熱の日々も、はや短い。わたしは日本海を渡り、ウラジオストクの地で、人間の歴史の痕跡をじっくりと見つめていたいと思う。

二〇〇三年八月十五日　記了

（「閑中月記」第二五回、『東京古田会ニュース』第九二号）

創刊『なかった』

一

昨年の秋の終りから忙しい日々だった。「古田武彦と『百問百答』[1]」（以下『百問百答』と略記）という貴重な〝宿題〟をいただき、これに取り組んできた。

分っていることに「分っている。」と答え、知らないことには「知らない。」と答える。それだけのこと、と割り切っていた。だから、何も困ることはない。そう思っていた。そうにはちがいないけれど、実際に当ってみると、なかなか。〝長い質問〟の場合は「イエス」か「ノー」か、かえって回答の簡単な場合も少なくなかったけれど、「何々について教えて下さい。」などと言われると、かえって改めて調べはじめる。場合によっては、問題の本（文献）を取り寄せる。そういうケースすら、あった。当然、わたしにも「勉強」になった。そういう点で多産な月日だった。

その上、もう一つの「未曾有の課題」に直面していた。言うまでもない、『新・古代学』の終刊（第八集）のあと、新たにミネルヴァ書房から創刊する雑誌『なかった——真実の歴史学』の直接編集である。「責任編集」という場合、出版社の編集部の人達に〝任せ〟て、その「責任」だけはとる、というケースもあるようだけれど（もちろん、個々別々、一概には言えないこと、当然だ）、わたしはやはり、直接タッチし、その任を正面から引き受けるつもりだった。

幸い、ミネルヴァ書房の方々はよくわたしを理解し、新東方史学会を支援する読者の会の方々も、大変な協力をして下さったけれど、やはり、わたしはわたしの責任を負う。当然ながら、その覚悟だった。ひとつ、一つ、当面する課題を解決していった。多くの方々のおかげだった。だが、時間とエネルギーを必要とした。八十歳を前にしたわたしにとって、人生の正念場だった。

二

そして意外にも、いや、必然のことかもしれないけれど、その間にめざましい研究上の進展があった。わたし自身にとって、予想外の新局面に次々と当面したのである。それは、あの『百問百答』内部の問題もあったけれど、それとは全く別の局面にも遭遇した。「よく、これまで気づかずに来たな。」そういう感慨すら再三覚える朝夕をすごしたのであった。

思うに、今まで怠惰だった、わたしの頭脳の働きが、いささか「刺激」をうけて動きはじめた。そういうことかもしれない。

どうせ、残り少ない余生、このような朝夕を迎えることができたのは、至上の幸せだった。

三

珍客があった。［二〇〇六年］四月八日のことである。田口利明さんだ。横浜の方である。東新ビルディング株式会社という会社の役員（常務取締役）だが、近年、日本の古代史の研究に打ちこんでおられる。大学（東大法学部）を昭和四十年に卒業されたというから、今は六十代前半の紳士である。

田口さんの論文に接したのは、昨年の秋、『学士会会報』の二〇〇五—Ⅴ、八五四号だった。『隋書俀《つい》国伝』から見える九州王朝」である。そこには「九州王朝」の用語があり、その立場から隋書の俀国伝を分析している。当然、わたしの立論と〝重層〟しているが、全篇わたしの名前も、著書もなかった。

けれども、学士会の事務局にお聞きして御本人にお電話すると、悪びれず、「わたしが歴史に興味をもったのは、古田さんの本にふれたからです」とのこと。「最初、提出した論文には、古田さんの名前も、著書も引用してあったのですが、約半分に分量の縮少を求められたさい、今の形になったのです。」とのこと。

その後、事務局との折衝の結果、今年の冒頭、編集局の「おわび」が掲載され（二〇〇六年一月）、次の号（Ⅱ、八五七号）にわたしの論文「九州王朝の史料批判」が掲載された。本会誌の前号に転載させていただいた。編集局の厚意ある対応に感謝したい。

その点、田口さんも同じだった。昨年の十一月十二・三日に行われた、大学セミナーハウス（第一日）にも来て、今年の一月には長編の原稿を送ってこられた。

先述のように、わたしは二つの要務に追われていたから対応できず、やっとこの四月の八日、お出でいただいたのである。奇縁であった。

四

田口さんとお話しする中で、面白い問題が出てきた。

第一に「俀」の訓《よ》み。わたしは「タイ」と訓んできたが、田口さんは「ツイ」と訓んでおられる。お聞きすると、「「漢音」では『タイ』だが、呉音系列では『ツイ』。九州王朝は南朝系だから『ツイ』と訓んだ。」とのこと。なるほど、一つの筋道だ。

だが、わたしはお答えした。

「問題は、この『俀』という文字を〝使った〟のが、九州王朝側か、それとも隋書を作った『唐』の側か、という点です。

この『俀』という字には『よわい』という意味しかありません（諸橋、大漢和辞典）。そんな字を、九州王朝自身が〝使って〟外国（隋か唐）への国書を送るものか。有名な『日出ずる処の天子』を自称するほど、誇りに満ちた王朝ですからね。」

わたしは言葉を次いだ。

「ですから、わたしの考えでは、九州王朝側は『大倭』（タイヰ）と国書に書いたのではないか、と思うのです。

『倭』は、魏や西晋など、洛陽・西安滅亡の『四一六』、南北朝成立以前には『wi』です。右の北朝、つまり北魏（鮮卑）の黄河流域征圧以後、『wa』の音が成立してきた、と思います。

この魏・西晋と親交を結んできた九州王朝は右のように『倭』は『wi』と発音していた。というより、より正確には倭国側の「ゐ（「井」か）」を、中国側が『委』（金印）や『倭』と表記した。そういうことではないでしょうか。

それで『大倭』は『タイヰ』と発音していたはずです。ところが、隋や唐側は、これを〝面白く〟思わなかった。『大隋』というのは、隋自身の〝誇称〟ですからね。『天子』を自称する倭国側には当然でも、隋には『不愉快』。いわんや唐にとっては、〝許しうる国号〟ではありません。ですからこれを『弱い』という意味の『俀』に〝取り変え〟て表記したのではないでしょうか。

ちょうど、三国志に出てくるように、新の王莽が高句麗を敵視して『下句麗』と書き改めたという、あれと同じです。文字の国独自の〝やり口〟ですね。」

わたしはそのように語った。

「まかりまちがっても、倭国側が自分でわざわざ『弱い』という意味の文字を使うはずはありませんからね。」

と。わたしにとっても、永年の模索の結論だったのである。

五

次は「犬を跨《また》ぐ」問題。

隋書俀国伝に次の一節がある。

「婦、夫の家に入るや、必ず犬〔火〕を跨ぎ、乃ち夫と相見《まみ》ゆ。」（岩波文庫）

原文は「跨犬」である（岩波文庫の写真版等）。これを「火のあやまり」と見なしたのが、右の〔 〕の付加なのである。

田口さんも、この通説に従って「火を跨ぐ」説に立って論述しておられる。

「次に、花嫁が花婿の家へ入る時、まず火（原文の文字が犬のように見えるのは火の間違いと思う）を跨ぐ習俗について、『婚姻の民族』の中で、江守五夫氏は、概要次のとおり、言っている。花嫁に関する色々な火の儀礼が、福岡、佐賀県など九州北部にアルタイ系文化として見出される。とりわけ、火を跨ぐ儀礼は福岡などかなり広い領域で伝承されてきた。そして、こうした北方の火の儀礼文化の流入口は、玄界灘地方、新潟県下越地方や秋田県男鹿半島などであったとしている。『倭国伝』は、新潟下越地方や秋田男鹿半島は全く関係がないので、『倭国伝』の『火跨ぎ習俗』は、正に、玄界灘、福岡などの九州のことを言っていると判断する。」

けれども、この問題については、わたしはすでに書いていた。『九州王朝の論理』（明石書店、二〇〇〇年五月刊）の読み下し（一七七ページ）に、

「必ず犬（「玄」か）を跨ぎ」

としている。その「玄」について、

「『玄』（『ケン・ゲン』）は『くろい』の意。『玄室』は〝暗黒の部屋〟或は〝墓室〟を言う。

〈A〉本来『玄（くらき）を跨ぎ』であった（『隋書』は、唐初――七世紀前半――の成立）。これが「原型」である。

〈B〉八世紀の玄宗（七一二～七五六）以後、『玄』字を『忌避』し、同音ないし類音で『卑字』の『犬』

が〝代置〟された。これが「現型」である。（下略）」

この問題のポイントは次の点だ。

第一、隋書を作ったのは中国（唐）人、すなわち「文字を知る、技術者」である。その「文字を知る」人が、「犬を跨ぎ」などという、変な「文面」を、果して見のがすだろうか。

中国の廿四史百衲本、三国志では、各ページごとに、印刷技術者（責任者）の名前がきざまれている。もし、過誤があれば、当人の責任。こういう立場の表明である。そのような「刻名」のない場合にも、全体について、印刷技術者とそのリーダーが「責任」をとらされる。そういうのが〝すじ〟なのである。

天子に関わる「帝紀」の場合はもちろん列伝でも、いずれも「天子の配下」であるから、右のような「責任体系」の存在は当然なのである。この点、現代のように、毎年、毎月、単行本・新聞・雑誌が各出版社から「量産」される時代とは、およそ「感覚」がちがうのである。日本でも、

「校正、おそるべし。」

の名言があるけれども、右の場合はまさに、本当の「首がかかっている」責任なのである。

もちろん、中国でも、時代により、官・公・私家の各版でそれぞれ異同はあるけれども、その基本において右のような「印刷の責任体系」の存在すること、看過すべきではないのである。

右のような状況から見れば、わたしは「火を跨ぐ」を「犬を跨ぐ」と〝見まちが〟い、印刷技術者もその「上司」も、これに気づかない。このような事態は考えられないのである。

六

ではなぜ、ここに「犬を跨ぎ」とあるのか。この問題だ。

これは右にのべたように、本来「玄を跨ぎ」だったのではないか。花嫁が婚家にはじめて入るとき、正面からは入らず、台所の「暗い部屋」の方から入る。この風習は現代の日本でも、各地方に残されている。その風習をのべているのではあるまいか。台所の〝暗いしきい〟をまたいで入る、のである。

ところが、唐の中葉、玄宗皇帝以後の時代になると、「玄を跨ぎ」という〝言い方〟は失礼である。「天子の威厳を侵す」などという「難くせ」をつけられると「アウト」。どうしようもない。「弁解」がきかないのである。いわゆる「忌避」字は、時代によって「天子のいみな」「皇子のいみな」「皇后のいみな」など各種各様だけれど、「『玄宗』は〝いみな〟ではないから。」などと、「弁解」しても、〝通る〟とは限らないのだ。日本でも、有名な、家康の「国家安康」問題がある。「家康」の名を分断した、という「難くせ」で、豊臣家滅亡の口実とされたのだ。「いや、そういうつもりではない。」などと言ってみても、およそはじまらないのである。

七

旧唐書日本国伝に次の一文がある。

「開元の初、また使を遣わして来朝す。（中略）乃ち玄黙に闊幅布を遺り、以て束修の礼となす。題し

ていう、白亀元年の調の布と。」（岩波文庫、三七ページ）

右の「白亀元年」に対してつぎのように注記されている。

「霊亀元年（開元三年、七一五）の誤りか。わが国に「白亀」の年号はない。」（三八ページ注5）

しかしこれは「誤り」などではない。やはり、「霊帝（後漢）」など、天子の「おくり名」に用いられている「霊」字を〝避け〟たのではあるまいか。

この文の直後、有名な阿倍仲麻呂のことが書かれている。

「その偏使朝臣仲満、中国の風を慕い、因って留まりて去らず。姓名を改めて朝衡となし、仕えて左補闕・儀王友を歴たり。衡、京師に留まること五十年、書籍を好み、放ちて郷に帰らしめしも、逗留して去らず。」

滞唐五十年の仲麻呂がいた当時であるから、「霊亀」を「白亀」などと、〝みっともないミステイク〟と予想するのは、あまりにも「失礼」にすぎるのではあるまいか。やはり、「いみな」でなくても、「追号」でも、中国の天子の名号を、夷蛮の「年号」などに、という「配慮」なのではあるまいか。ことに「霊亀」というのは、〝天子にともなう、神聖な動物（亀）〟というイメージだったのであろう。

唐はすでに新羅の「年号」そのものを〝廃止〟せしめた実績をもつ（三国史記）。それに比すれば、ここではひどく〝物分りよく〟なった。あるいはそのように言うことができるのかもしれない。

八

さらに、隋書俀国伝の中の「冠位十二階」の問題についても、新たな発展があった。これと日本書紀の推古紀に記された「冠位十二階」とはちがっている。

この問題については、田口さんは、
（A）隋書俀国伝——九州王朝の冠位
（B）推古紀——大和朝廷の冠位
の立場である。わたし自身もかつてはそうだった。あるいは、それに近かった。

しかし今回、四月のはじめ、この問題を考えてみると、全く新たな「歴史像」が見えてきた。

（α）隋書俀国伝——九州王朝の（旧）冠位（七世紀初頭）

（β）推古紀——九州王朝の（新）冠位（右以降）

という理解である。改めてこれについて詳しく述べる機会をえたい。

田口さんを京都駅へと送り、時間いっぱい、問い、話しつづけ倦《う》むことがなかった。よき春の一日、今年はややおそく、咲きほこる桜の名所へといざなうべき暇《いとま》もなかったのであった。

九

もう、五月二十日も近い。『なかった』の創刊予定日である。すでに二校まですみ、最後の第三校は、わたしがミネルヴァ書房へと（弁当もちで）かけつけ、朝から夜まで目をさらし尽くす。そうお約束していたら、この老体を哀れんでか、明日はわが家におとどけ下さるという。幸せである。じっくりと、一字、一字見て見抜きたいと思う。それでもふとどきな「見のがし」あれば、乞う、万責をこの身に加えられんことを。

――明日から、ゴールデンウイークに入る、夕。

注

（1）「古田武彦と『百問百答』」は十二分野一三一問に対して個々に回答するもの。東京古田会編集・発行、二〇〇六年一〇月刊行。

補

昨年来、多くの方々から新東方史学会への寄付をいただき、予想外の多大な研究上の収穫をえることができた。厚く感謝したい。

新雑誌『なかった』は第六号で当面終了。

二〇〇六年四月二十八日　記了

（「閑中月記」第四一回、『東京古田会ニュース』第一〇八号）

第二篇　西洋に学ぶ

ローマ法王

一

今日は三月十五日、もう、春の到来を告げる奈良のお水取りはすんだけれど、まわりの竹林からは鶯の声はまだ聞えない。やがてそれが聞えるまで、ゆっくりと新しい仕事にとりかかろう。

そう思っていた一昨日の朝、東京から電話があった。講演会でもしばしばお目にかかっていた方である（足立寛道さん）。

「さっき、テレビで見て、あっと思ったんです。古田さんの言った通りになった、とね。」

その日の夕刊や昨日（十四日）の朝刊で、ことの輪郭が明らかとなった。

「〈ローマ、十三日共同〉ローマ法王ヨハネ・パウロ二世は十二日、サンピエトロ寺院でカトリック教会の歴史的な罪の許しを求める特別ミサを主宰した。

「罪と許し」はキリスト生誕二千年祭の主要テーマの一つで、教会としての過去の過ちを総括して許しを請うのは史上初めて。

ミサでは、カトリックと東方正教、新教各派などへのキリスト教会の分裂、異端審問、十字軍、異教徒への改宗強制に際しての暴力、ユダヤ人や女性、先住民に対する差別や抑圧などが罪として挙げられ、法王が神に許しを求める言葉を述べたが、個別の具体的事例には触れなかった。（下略）」（京都新聞、三月十三日、月曜日、夕刊）

新聞によって、ちがいがある。「共同」系の産経（「先住民」欠）、そして毎日は右のようだが、朝日・読売・日経は「女性・先住民に対する差別」が欠落していた。

二

わたしの論点は、次のような論文でのべられている。

「宗教の壁と人間の未来――序説」「近代法の論理と宗教の運命――〝信教の自由〟の批判的考察」、は『神の運命』（明石書店、一九九六年刊）所収。キリスト教の異端審問や魔女裁判、ユダヤ人差別や女性差別を論じた。

また「累代の真実――和田家文書研究の本領」（『新・古代学』第一集所収）では、秋田孝季、寸鉄の名言を引文して「キリスト教による、先住民への支配と抑圧」を明示した。

「先民を無益の風土に追ひやり侵領民は猶以て人種を異にして先住民を奴隷として重労に處して反《そむ》く者を彼らの知合に造りたる法律にて断圧せる行為は必ず神の報復を招く行為なり神と信仰を以て従がはざれば戦に以て是を強制せるは尚然《しか》なり」（同書五七～五八ページ）

明らかに、キリスト教徒による、「神と信仰」を名とする先住民抑圧に対する、大胆率直な批判である。勇断だ。

だが、日本の学界や論壇の諸士は、いわゆる「偽書論者」たちの中傷攻撃に〝怖れ〟をなし、右の一文のもつ、重大な思想史的意義に対して反応する、一士をも、日本列島中に見出すことができなかった。軟弱である。

これに対し、今回のローマ法王自身による、勇敢の一言を見る。これこそ真の人間だ。神の前に立つ、一人の人間の声なのである。

右の孝季の記した「千古の名文」は、いまだに未刊、いわゆる「未公開」のままとなっている。「北鑑」など、和田家文書中の未刊文書に属しているからだ。もちろん、わたしのところには、質量ともに豊富な「写本（コピー）」が蔵されている。和田喜八郎さんの委託によった。

カトリック教徒と伝え聞く、曽野綾子さんに告げる。「日本財団」の責任者の地位にあり、という。その財団とは、何者か。かくも、世界の宗教史上に輝く文書群を公刊する、そのための一片の努力をされる意思はないか。〝知らぬ振り〟で、一教徒として、一日本人として恥ずかしくないのか。敬愛する曽野さんに対して、敢えて一言切言させていただくこと、光栄とする。

あのヨハネ・パウロ二世ならば、莞爾《かんじ》として「シィ（諾）」の一言をもらされることであろう。わたしはそう信ずる。

三

今回の法王謝罪のもつ意義は、限りなく深い。広大だ。なぜなら、これは当然次のような一連の人間の問いを〝目覚め〟させるからだ。

たとえば、

「プロテスタントは、謝罪せずともよいのか。歴史的に〝清潔〟でありつづけたのか。」

たとえば、

「ルッターが、相手方の農民たちを〝豚ども〟と呼んで、彼らの殺戮を命じたこと、著名の史実だが、それは謝罪に値いしないのか。」

たとえば、

「中国や韓国は、元寇と呼ばれる侵略によって、累々たる死屍の伝承を現地（対馬から九州北岸）に遺存しているが、その当事者（元）やその協力者（中国人・韓国人）は、謝罪しなくてもいいのか。」

あるいは、

「中国（隋）は、わが琉求国に対して不当の侵略と殺戮・人間捕獲を行ったこと、隋書琉求国伝に明晰であるが、これは謝罪に値いしないのか。」

そして、これらは「他人事《ひとごと》」ではない。もちろん、ない。

「日本の、最高の倫理的責任者は、（他国の指導者の来日のさいなどに、〝婉曲に述べる〟のではなく）、何のあいまいさも残さぬほど具体的かつ明晰に、そして率直に、世界の面前でキッパリと謝罪したことが一回でもあったか。」

この問いだ。それがなされたとき、はじめて、「一国の象徴」となりうるのではなかろうか。

今回のローマ法王の言動は重い。そして人間世界にとって限りなく深いのである。

補

この問題を理論的に総括したわたしの文章として「人間の認識――死んだ兵士の残したものは、こわれた銃とゆがんだ地球」（『古代に真実を求めて』古田史学論集第一集、古田史学の会編、明石書店刊）がある。未見の方は、是非御一覧いただきたい。

本稿執筆中、「二〇〇〇年大聖年の『回心と和解の日』の教皇ミサ」及び「教皇ミサ、共同祈願」の全文を入手した。イタリア語・英語・日本語の各パート。各新聞報道より、一段と深い谷間へと降り立っていた。共同祈願には「5、愛と平和、諸民族の人々の権利と、彼らの文化と宗教に対する尊敬に反する行為の中で犯した罪の告白」「6、女性の尊厳と人類の一致に対して犯した罪の告白」「7、基本的人権に関する罪の告白」があり、〃生命技術の可能性を悪用し科学の目的を歪曲する人々〃に関する言及がある。さらに「2、真理への奉仕において犯した罪の告白」がある。さらに右の「5」の中に「権力というメンタリティに傾倒し、諸民族の権利を侵し、彼らの文化と宗教的伝統を侮辱してきました。」という、光彩陸離たる一文が存在する。

カトリック中央協議会（広報部）の御厚志に深く感謝したい。

二〇〇〇年三月　記了

（「閑中月記」第六回、『東京古田会ニュース』第七二号）

さわやかな応答

一

竹林の間に心熱きお便りがとどき、わたしも燃えるひとときをすごす。そういう幸せに恵まれた。東京の近隣に住まれるYさんの信書である。

手紙だけではない。当の問題に関連する、みずから物された数篇の論文も同封されていた。年に一回、この問題（アメリカの政治思想）に関する雑誌を発刊されているようであるから、やはりその道の〝プロ〟、専門的研究者なのであろう。Yさんは年来の、わたしの著書の愛読者だという（「多元的古代研究会」の会員）。講演会にもお出でいただいている、とか。

今回、分厚いお手紙をいただいたのは、今年五月刊の『九州王朝の論理』（明石書店）の中に、次の一節を見出されたからであるという。

「たとえば、例のアメリカの独立宣言ですね。英語原文から解釈すると、私の読解力では、人間がみな平等だと言っているとは見えないんですが、まさに白人が平等で、黒人を奴隷として使役する制度・

奴隷制は白人の当然の権利としか読めない。

それでそのことを断崖から飛び降りるような気持ちで書いたのですが……。『その通り』とか『そんな馬鹿な』とか、反応を期待したのですが、あっても良いと思うのですがどっちもない。」（『失われた日本』〈原書房刊〉に関して）

右の本の第十六章「天は人の上に人を造らず（福沢諭吉への史料批判）」の中で、アメリカの独立宣言について論じた一節、その問題提起のことである。

従来の常識、わたし自身、高等学校でこの宣言について解説してきたとき、いつも採用してきた（信じこまされていた）理解と、真っ向から対立する立場だった。だから、わたしが右の問題提起を「断崖から飛び降りるような気持ちで書いた」とのべたのも、決して過言ではなかったのである。

この一文を読み、Yさんは専門家の目からわたしの立論の「非」を正そうとして下さった。これ以上の幸せはない。

二

詳細な論述、細密の考証は直接の応答書簡にゆずり、今は若干の興味深い論点に焦点をあてて論じてみよう。

第一、「創造者」の件。

わたしが、独立宣言中の「創造者」という言葉に対し、「キリスト教における『神（エホバの神）』」を意味するとのべたのに対し、Y氏は「異論」を提出された。

わたしの理解を〝一応〟認めた上で、氏は言われる。

「しかし、それでは、キリスト教徒であった筈の彼らが、なぜ、『神（エホバの神）』と直接表現せず、『創造者』と多少は一般化して表現し、『神（エホバの神）の法』とすべきところを『自然の神の法』というように『自然』概念を入れて表記したのでしょうか。やはり、そこには、当時の西欧において発展していた啓蒙思想に触発されて、旧来のあまりに偏狭に過ぎるキリスト教的世界観を多少なりとも超克しようとしていた、彼らなりの表現意図が反映していたと見なすべきなのではないでしょうか。例えば、『神（エホバの神）の法』よりは「自然の神の法」と表記しよう、『自然の神の法』よりは『自然の法』と表記しようというような理性的な普遍化志向です。」

すなわち、わたしの理解の〝全面否定〟ではないものの、いささか〝ニュアンス〟を移動させて理解しよう、という感じだ。だが、これは〝すべてのテーマの中枢命題〟だから、あえて最初にとりあげた。

Y氏の議論に「対置」さるべきはバイブルの冒頭、創世記の最初の文言だ。

「始めに神が天地を創造された。」（岩波文庫、関根正雄訳）

この一句を知らぬクリスチャンは存在しないであろう。そしてほとんどすべてのアメリカ合衆国民もまた。それ故、今問題の独立宣言中の「創造者」の一言もまた、右の一句を〝裏づけ〟としていること、そしてそのように理解せられたこと、理の当然ではあるまいか。

この点、Y氏は（A）「神（エホバの神）の法」と（B）「自然の神の法」と（C）「自然の法」とを、逐次「普遍化」に近づく、かのように解しておられる。

しかし、この論法に対してわたしは「イエス」と言うことができない。なぜならヨーロッパの思想史上、法制史上の「自然法」の「自然」とは、〝キリストの神から離れた自然〟や〝東洋風の自然〟では全くない。なぜならキリスト教的世界観の中では「神が自然を造った」のであるから、「自然法」とは「神の造りし自然」のルール（法）を意味していたからである。

これに対し、〝露骨な〟キリスト教的な「わく」を避けた、より〝普遍的な志向〟を見出そうとするのは、一種〝日本人好み〟〝非、キリスト教好み〟の「思い入れ」なのではないか。わたしには残念ながら、そのように思われる。

アメリカ合衆国の大統領がバイブルの上に手をあて、就任式の宣誓をする、という儀礼は著名であるが、それは右の独立宣言の文言とも、まさにピッタリと対応しているのではあるまいか。

三

第二、文章理解の「方法論」の件。

Y氏は、武谷三男の「三段階論」によって、この独立宣言を理解すべきだ、とされる。「本質論」「実体論」「現象論」の三段階がそれだという。氏はこれを次のように〝当てはめ〟られる。

（一）われわれが次の諸真実を保有していることは自明である。

（二）すなわち、すべての人間は平等に造られていること。——本質論——

（三）すなわち、すべての人間は疑う余地のない、譲歩すべからざる（次のような）諸権利に関して、人間の創造者によって付与されていること。——実体論——

（四）すなわち（それは）これらの諸真実の間での生命と自由とその幸福追求である。——現象論——

（「古田訳」による）

右のような見地から、わたしの理解を否定する。なぜなら、わたしの場合、（A）大前提をなす（一）の命題に対し、「すなわち（, that）」という文辞を三回くりかえして、その解説（同一内容の反復——言いかえ）としている。
（B）その最後の「その幸福追求（the Pursuit of Happiness）」には定冠詞 the が付せられている。
（C）すなわち〝諸人、周知の〟の意をしめす「定冠詞」である。
（D）その中には、当時慣行となっていた「奴隷の所有」という〝あり方〟もまた、含まれていると見なす他はない。

以上のような、わたしの理解に対し、Y氏は「武谷三原則」の理念から、〝「現象論」を以て「本質論」に優先させるもの〟として、これを否定されるのである。

武谷三男とか、武谷の三原則とは、何か。不案内にして奇異の感をいだく人々も少なくないであろう。だが、わたしにとっては、いわば〝なじみ〟の人である。明治四十四年生れ、素粒子理論形成にさいし、四つ年長の湯川秀樹に対し、多大の理論的影響を与えた学者として著名だ。わたしに学問上の深い影響を与えた義兄（井上嘉亀《よしき》、自然科学者）からも、しばしばその名を聞いた。最近も、（わたしの要望を聞き）おびただしい著書群を送ってきて下さった知友があった。

そういう方、尊崇すべき方ではあるけれど、今のわたしにとって「学問の方法」は簡明だ。いわく「武谷理論によって、眼前の史料を解してはならぬ。」と。これ以外にない。

かつて流行した、〝何々理論に拠って、眼前の史料を読む〟手法だ。マルキシズムの理論など、その最たるものだった。考古学の縄文理解（「原始共同体」など）には、今も深くその痕跡が残されている。

しかし、わたしの方法はこれらを「非」とする。ただ眼前の事実、眼前の史料によって、これをありのままに解する。それ以外にない。

四

第三、「南部の理論」の件。

Y氏は「リンカーン‐ダグラス論争」にふれ、リンカーンに対し、南部側の論陣を代表したダグラスの論法こそ、今回のわたし（古田）の理解法だ、としてその「非」を明らかにしえたような筆致で書いておられる（ダグラスは上院議員）。

しかし、この一点こそわたしが、Y氏書簡の中でもっとも「わが意を得たり」としたところだ。なぜなら、わたしはかねてこのことを「予想」し、できれば、アメリカ南部の図書館などで、南部側の「主張」をしめす文書群にふれたいものだ。そこにはおそらくわたしの辿った理路と「同一の理路」が語られているにちがいない。そのように、知友（たとえば、古賀達也さん）に常々語っていたからだ。やはり、そうだったのである（ただ「代表」の一員にすぎぬけれど）。

「では、お前はその〝南部の理路〟に賛同するのか。」

と問われれば、わたしは無論、「ノー」と答える。ハッキリ答える。

それは、たとえば古事記全体の構成が「天武天皇の理路――大和一元史観――で貫かれている」ことを論証したからと言って、「では、お前は天武天皇の一元史観に賛成するのか。」と言われたのと同じだ。やはり「ノー」だ。事実を事実として見つめることと、自己の主張（信条）とは、当然別なのである。

Y氏の場合は、「リンカーン‐ダグラス論争」によって、すでにダグラスの理路は「論破」された、との立場のようである。そして何よりも、南北戦争による北軍の勝利がこれを〝裏づけ〟した。そう考えられるのであろう。

しかし、冷静に考えてみれば、ダグラスにとって「論破」されていなかったからこそ、南北戦争が起きた。そのように言いうるのではあるまいか。そして「勝者は正義なり」の命題は、わたしにはこれを安易にうけ入れることができぬ。すでに諸種諸様の歴史の変転に目をさらしつづけてきた、歴史研究者にとっては。

わたしの言いたいこと、それは次の一点だ。

「独立宣言の中を流れる『奴隷許容』の理路は、果して今は死に絶えたのか。」

これだ。Y氏は南部側の「奴隷制擁護論」が、南部における綿花製造（プランテーション）のための理論だったことを鋭く分析しておられる。有名なテーマだ。

しかし、これを〝裏がえし〟てみれば、北部側の「奴隷制否定論」は、〝南部から「解放」された、大量の新労働力（旧奴隷）を必要とした〟北部側の事情（工業経営上の労働力の需要）と無関係だったかどうか。わたしには疑問だ。直ちに「否」とは言いえないのを遺憾とする。

何より肝心の一事、それは現在のアメリカが、すでにリンカーンの理想を表現し、奴隷制の「痕跡」もとどめぬ自由社会なのか、それとも、今なお「自由化された奴隷」を社会の底部にかかえ、その「深い痕跡」に悩む社会なのか。それが問題だ。

それは、単に「アメリカ内部」問題にとどまらない。当然「アメリカ外部」にも、それは反映されざるをえない。

たとえば、一種タブー化されて、あまり論議されることの少ない問題(1)、

「アメリカはなぜ、ヨーロッパ（ナチス）に原爆を落しえず、日本には落しえたのか。」

といった問題とも、或は「無関係」ではないかもしれぬ。

アメリカは、人類の生んだ「国家」の中の〝傑作〟だ。わたしはそう思う。そこに住む人々も、あのエヴァンズ夫妻（メガーズ夫人）など、すばらしい。わたしはそれを疑ったことがない。それ故にこそ、この「すばらしい傑作」の中には「すばらしい欠陥」もまた存在しうる。この一事を指摘すること、それは真の友人の所為である。わたしはそのように深く信じている。

五

今年の八月二十日、福島（桑折）の夏季セミナー（東北大学、日本思想史科）を終えて郡山へ向った。吉田堯躬《たかみ》（「東京古田会」）・佐々木広堂・青田勝彦・原廣通（「古田史学の会・仙台」）さんとの同行だった。

行先は東山霊園、鈴木正勝さんの眠るところである。鈴木さんは長年、「古田武彦と古代史を研究する会（東京古田会）」の事務局長をつとめられた（東京古田会注・自称の事務局長）。「小錦」ばりの、豪快な風貌と陽気な言動によって人々に愛されていた。もちろん、時あって、人とも遠慮なく、激突もされたようだ。

だが、その消息が不明だった。正確に言えば、突然の「訃報」が伝えられたものの、詳細が分らず、もしかすると、ある日「やあ、しばらく。一寸遊んできました。」と姿を現わすのではないか、などと、会長の藤沢徹さんも語っておられた。

今回、判明した。当人の御兄上（平八さん）の奥様におうかがいし、「亡くなられたのは、東京都の中野の自宅（マンション）であったこと」「死因は脳溢血めいた病状であったこと」「独身であったため、生前の交友関係がつかめなかったこと」などの諸事情を知ることができた。

奥様は、わたし（古田）の名前もよく御存知だった。そして「会」（「東京古田会」）のことを大変〝心配〟しておられた。弟さん（正勝）から、生前くりかえし聞かされていた、という。わたしからの電話を大変喜んで下さったのである。

晴れあがった夏雲のもと、広々とした、美しい霊園の一画にその墓所があった。

「正信道勝清居士

平成七年三月二十日　鈴木正勝　五十八歳」

と明記されていた。この墓が築かれてあと、最初の銘刻が右の二行だったようである。

この五月末、毎日新聞に掲載された、内田康夫の『箸墓幻想』の中に、一枚分の紙面全体を使って「古田武彦論」が展開されていた。それを見て、わたしは鈴木さんの言葉を思い出した。

「わたしは、内田さんのスリラーのファンでしてね。だから、古田さんの本をどっさり送ってやったんですよ。これを材料にして、推理小説を書いてくれ、ってね。返事はありません。ハハハ……。」

もう十年以上前のことだ。わたしは今回、墓前に頭を垂れ、いつもの豪放な声を聞いていた。

「これからですよ。がんばってください。ここで待ってます。」

わたしもやがて、かの地へ行き、その後の研究上の収穫を楽しく語り尽くす日が来ることであろう。

注

（1）山本利雄『いのち——今、を生きる』（天理教道友社、一九八八年刊）参照。

二〇〇〇年九月六日　記了

（「閑中月記」第九回、『東京古田会ニュース』第七五号）

ソクラテスの弁明（一）

一

若い人のためにあらためて『ソクラテスの弁明』を読んだ。有益だった。わたしにとっては、この本は古典中の古典である。例の「もし、孤島へ行き、何年もすごすとき、もってゆきたい本三冊は何か。」などと問われたら、まちがいなく、筆頭に入る。そういう本だ。

敗戦後、三年目。大学を出て松本へ行った。二十一歳だった。二年目に「国語乙」を担当させられた。その教材に、この本をえらんだ。えらんだのはいいけれど、本そのものがなかった。昭和二十四年という時点では、まだ岩波文庫のこの本も、出版されていなかったのだ。わたしは学生時代（戦争中）に買っていたけれど、生徒全般には全く無理。そういう時代だった。

手紙を書いた。丁重な手紙だった。実情を訴え、学校の授業用だけにコピー（全文印刷）を許してほしい、とお願いした。思いがけず、電話があった。岩波からだ。「どうぞ」、という返事だった。驚いた。何の条件もつけず、信頼してくれていた。感動した。

松本市の印刷所で生徒の数だけ、印刷してもらった。使った。一年間の三分の二くらい、週に二回（二単位）、これでやった。深志の側も、もちろん「公認」だった。教頭からやがて校長になっていたのは、わが岡田甫《はじめ》先生だったのである。

二

今回、読み直してみて気づいた。幾つかの問題だ。

その第一は、ソクラテスの覚悟。彼は最初から「死ぬ覚悟」、もっとハッキリ言えば「処刑されて、死ぬ覚悟」なのである。それはこうだ。

アテネの裁判では、徹底した「多数決」だった。五〇一人の民衆、この裁判の場に集った人々が「裁判官」なのである。彼等が弾劾者のアニュトスやメレトスたちの「死刑求刑」の演説を聞き、そのあと被訴追者のソクラテスの弁明を聞く。そして二回の投票をする。最初は「有罪か、無罪か」。「多数決」の結果は「有罪」だった。その訴状は、

「ソクラテスは不正を行い、また無益なことに従事する。彼は地下ならびに天上の事象を探究し、悪事をまげて善事となし、かつ他人にもこれらの事を教授するが故に」

と述べてあったという。この訴因に対し、「有罪」の票決が下されたのである。次は「刑の内容」だ。弾劾者は「死刑」を求刑した。ソクラテスはこれを否とし、逆に、自分がアテネの国家から受くべきものは、「プリュタネイオンの食事」だ、というのである。これはオリンピックの勝者が、国家と市民から受ける慣例の、〝最大の褒美《ほうび》〟だ。自分のやってきたこと、すなわちアテネの人々、インテリや高位

の人々に対し、率直な質問を向け、その「非」を正してきた仕事、自分の生涯従事してきたことは、おそらくこれに値する、というのである。

五〇一人の「裁判官」は、憤慨した。アテネの裁判では、ここで被訴追者が涙ながらに情に訴え、彼の家族や友人が彼のために哀願する。それがならわしだった。ソクラテスはこれに反した。かえってアテネの国家の「非」を説いた。家族や友人の「応援」も一切ことわっていたのである。

票決は、前回以上の大差で「死刑」だった。ソクラテスはそれを「予想」し、「望んで」いた。わたしにはそう見える。この「票決」は彼にとって予想通りだったのである。

けれども、この「票決」には〝ウラ〟があった。たとえ「死刑」の票決が出ても、実際は実行されなかった。なぜなら「わいろ」の道があった。牢獄の関係者に「わいろ」を提供すれば、〝黙って〟国外行きが許される。そういう仕組みになっていた。事実、ソクラテスの弟子、プラトンたちはその「金」の提供を申し出た。しかし、ソクラテスはそれを拒否した。平常「国法を守るべし」と説いているわたしが、国法に反し、「わいろ」で国外へ逃亡などできるか。これが彼の〝言い分〟だった（「クリトン」）。そしてソクラテスは、〝見事に〟処刑された。まさに、規定通り、毒を飲んで死についたのである。

三

この本について、訳者の久保勉さんの解説では、ソクラテスの立場を「悪法も法なり」の立場であったかに、述べてある。誤解だ。ソクラテスの立場では、「国法」に正しく従った場合、自分のような無実の者、むしろアテネの国家と市民たちに永年多大の功績のあった者に対し、「死刑」を科する結果、そういう〝はめ〟に陥らざるをえない。この事実をしめすことにあった。それを、〝身を以て〟しめしたのである。

より重要なのは、第二の点。「多数決」の問題だ。

アニュトスやメレトスたちは、市民の各「党派」に属していた。市民たちに影響力をもつグループの各代表だったのである。だから、永年アテネの「国政」の非、「教育」の非、「宗教」の非、それらの、本来の正義をはなれたあり方に対し、常に屈せず、青年たちにその〝非〟を説いてきたソクラテスが、彼等にはいわば「目の上のタンコブ」、邪魔だったのだ。だから、「有罪」と「死刑」の判決を下し、その上で、彼に「わいろ」の力で「国外逃亡」をさせる。彼の「正論」を彼自身に〝踏みやぶらせる〟、そして二度とアテネへの立ち入りを許さない。つまり、彼の「名誉」を奪い、アテネの「国政」や「教育」などへの批判を封ずる。いわば一石二鳥の名案、これが彼等の弾劾、そして訴追のもつ、真の〝ねらい〟だった。

「裁判官」の五〇一人の背景をなす「党派」の意思だったのである。

ソクラテスはこれを見抜いた。だから、その意思に従わず、「多数決と国法」の力で自分自身を処刑させたのである。五〇一人は、結果として「ソクラテスの意志」に従わせられたのである。いわば、「利用」されたのだ。

つまり、ソクラテスの人類に対する、きびしい警告はこうだった。

「国法と多数決のもつ、必然の〝危険性〟への警鐘を、一身を以てしめす。」

この一点にあったのである。もう一回、言う。「国法」と「多数決」は重要なものであるけれど、その使用法いかんによっては、とんでもない「非理」と「反正義」に陥る。それを、アテネに対して、そして万世の人類に対して深く警告しているのである。身を以てする「一大クレーム」だ。

これに対し、「悪法も法なり」の言葉で、いかにも「国法至上主義」の立場を彼がとったかに見なすのは、大きなあやまりだ。もしかすれば、昭和二年、わたしの生まれた年（大正十五年）の翌年に出たというこの本、いわゆる、軍国主義体制へとすすむ中で出版されたこの本に、「時代」が押し付けた、一個の「刻印」であったのかもしれない。今回、読みかえしてみて、そう思った。——一九七九年八月十日発行の岩波文庫第四十四刷による——。

二〇〇七年七月　記了

（「閑中月記」第四八回、『東京古田会ニュース』第一一五号）

ソクラテスの弁明（二）

一

わたしたちは記憶している。

「あの本は読んだよ。」

「あれも、見たことがある。」

など。しかし、問題は「いつ、読んだか。」なのだ。若い時に読んだのと、年を経て読むのと、「内容」が一変しているのに驚くことがある。まるで、別物のようだ。

右のような事情は、百も承知しているつもりだったけれど、今回ほど「目の覚める」思いをしたことはない。前回からふれている『ソクラテスの弁明』だ。これこそ二十代以来、くりかえし読んできた「枕頭の書」だった。その証拠に、何冊も買って、あちこちに置いてある。歎異抄《たんにしょう》や『トマスによる福音書』と同じだ。それだけに、

「この内容は、何回も読んだ。」

そのつもりだった。だっただけに、今回、若い人に聞かれて、じっくりと読み返してみて驚いた。今まで全く気づかなかった、重大なテーマの数々を新たに知ったのである。

二

その一つは、ソクラテスの「ホメロス体験」だ。

前回ものべたように、告発者、アニュトス、メレトスに対して、聴衆（五〇一人の裁判官）の前で彼は弁明する。

「しかし最初に述べた通り、私に対する多大の敵意が多衆の間に起っていることが真実であることは確かである。そうしてもし私が滅ぼされるとすれば、私を滅ぼすべきものはこれである。それはメレトスでもなくアニュトスでもなく、むしろ多数の誹謗と猜忌とである。」

このようにのべたあと、次のような人の意見にふれる。

「ソクラテスよ、君は今現にそのために死の危険を冒しているような職業を職業とすることを恥辱とはしないのか、」と。

つまり、ソクラテスが「己の死を賭して」アテネの民衆やインテリの「非」を明らかにする、その「愚」を責め、むしろそれは「恥辱」だとさえ述べているのである。

これに対してソクラテスがもち出すのが、あの「トロイ戦争」だ。

「友よ、君がいうところは正しくない。君がもし、少しでも何かの役に立つほどの人は生命の危険をこそ考慮に入れるべきであって、何を為すにあたっても、その行為がはたして正であるか、また善人の所為であるか悪人の所為であるか、をのみ考慮すべきではないというのならば。」

そこで彼が〝先範〟とするのが、ギリシャの英雄、アキレウスだ。

「けだし君の説に従えば、トロイ城外に斃れた一切の半神達は、なかんずくテティスの子（アキレウス）の如きさえ、皆賤しむべき者となるからである。」

そして、その理由を次のようにのべる。

「彼は女神なるその母が、ヘクトルを殺さんと熱中する彼に警告したにもかかわらず、恥辱を受けるに較べては身におよぶ危険の如きは全然これを蔑視した。」

そして彼は「女神」である母親の警告をもかえりみなかった。

「しかし彼はこれを聴いてもなお少しも死と危険とを意とせず、かえって臆病者として生き延びて友人の復讐をもしかねることの方を遙かに多く恐れた。」

要するに、自分の「論理」のため、「教育」のための〝闘い〟は、あのトロイ戦争のときのアキレウスと同じ、「必ず来べき、死をおそれぬ」事業だというのである。

三

周知の話題をくりかえしたこと、許してほしい。

それほど、わたしにとっては、〝思いがけない〟事件だった。なぜなら、「ソクラテスは、トロイ戦争の存在を前提として語っていた」からである。

わたしは知っていた。ヨーロッパの古典学では、「イリヤッド」を史実と見ず、文学作品と見ていた、という。シュリーマンが子供のとき、感激して幼ない女友達に、

「ぼくは、大きくなったら、トロイを見つけに行く。」

と誓ったという「イリヤッド」の世界は、父親が〝さとした〟ように、決して歴史事実ではなく、「お話」つまり、文学作品にすぎなかったはずだった。それが「ヨーロッパの常識」だったのである。

その「常識」をシュリーマンが破った。徒手空拳、ロシアとの毛皮貿易でもうけた金の一切を、「トロイの発掘」に賭けた。つぎこんだ。発掘した。そして彼は見事その「賭け」に勝ったのであった。

これは『古代への情熱』などに書かれて、有名な話だ。もう、日本の読書人の「常識」となっている。しかし、ではこの『ソクラテスの弁明』はどうだ。彼はみずからの「死を賭けた行為」の弁明を、その根拠を、あの「トロイ戦争」に求めている。その中に出現する英雄の行為のあり方に「先範」を求めている。これが果して「お話の世界」、単なる「文学作品の世界」に〝モデル〟をとっただけなのだろうか。もし、そうなら、その「弁明」の迫力は半減する。少なくとも、相手の（ソクラテスへの）反論者に対する「説得力」はない。わたしにはそう思われるのであるが、ちがうだろうか。

母親を「女神」と呼ぶなど『イリヤッド』風のイメージだけれど、「こと」そのこと、「ひと」その人を、実在事件と見なければ、この「肉を切らせて、骨を斬る」ような論法は、論法自体が成立しない。わたしにはそのように思われるのである。

「ヨーロッパの古典学者は、何を見ていたのか。」

不遜ながら、わたしはそうつぶやかざるをえなかったのであった。

四

この弁明の終り近くに、ソクラテスはこのホメロスの名をあげている。

「実際、この世で裁判官と自称する人達から遁れて冥府《ハデス》に到り、そこで裁判に従事している真誠の裁判官を、ミノスやラダマンテュスやアイヤコスやトリプトレモスや、その他その一生を正しく送った半神達を、見出したとすれば、この遍歴は無価値だと言えるだろうか。或はまたオルフェウスやムサイオスやヘシオドスやホメロスなどとそこで交わるためには、諸君の多くはどれほど高い代価をも甘んじて払うだろう。少なくとも私は幾度死んでも構わない。もしこれが本当であるならば。」

ソクラテスの思想と行動と弁明の背景には、紛れもなく「ホメロスの世界」があった。『イリアス』の史的事実が、彼の歴史教養の核心をなしていたのである。

ソクラテスはもちろん、実在の人物だ。その人物の証言を信ぜずして、ヨーロッパの古典学は成り立っていたのだ。わたしには信じられない。

その大家たちの脆弱さを突いた。

「それは裸の王様である。」

そのようにシュリーマンは言った。言っただけではない。みずからの全財産も、そのときの全家族も投げ捨てた行動、その発掘によってそれを証明したのだった。

だが実はすでに早くから、ヨーロッパでもっとも有名な古典中の古典、『ソクラテスの弁明』の中で明らかにされていたのである。わたしは今まで何回もこの本を読みかえしながら、このキイ・ポイントに全く気づかずにきていたのだった。

五

ヨーロッパの古典学は現在も生きている。日本の古典学として、蘇生した。津田左右吉の「記・紀批判」である。

「天孫降臨」も「神武東侵」も、すべて〝架空〟とされた。「神話」として、史実から除かれたのだ。もちろん、敗戦前の〝皇国史観〟は滑稽だった。文字通り、「天皇の先祖は、天からこの日本列島へ降りて来られた。」とか、「神武天皇は南九州の高千穂峰の麓から、大和へ遷都された。」とか、そのすべては全く史実にあらず、架空の話とされたのだった。

だが、

「では、それらはすべて史実と無関係の、いわゆる〝神話〟か。」

と聞かれれば、わたしはハッキリ「ノー（否）」と言わざるをえない。母なる「女神」の名において、トロイ戦争の史実が語られていた。あれと同じだ。核心は史実なのである。

「天つ神」などの〝慣例語〟を用いながら、それらは征服戦争の史実を伝えていた。

「天孫降臨」とは、壱岐・対馬の海人族が、その軍事力によって、稲作の中心地帯、唐津湾岸の菜畑《なばたけ》や、曲田《まがりだ》、博多湾岸の板付《いたづけ》の領域を侵略し、征服した、その史実だ。それなしでは、日本の歴史は語れない。根本の事件なのである。だが、戦後の歴史学はそれを「架空」と称した。ヨーロッパの古典学の「伝習」を受け継いだのである。

「神武東侵」もまた、日本の歴史上不可欠の史実であった。筑紫《ちくし》（福岡県）の日向（ひなた。糸島・博多湾岸。吉武高木の地周辺）から、吉備（岡山県）を経て船に乗り、鳴門海峡を越えて大阪湾へ突入し、やがて熊野山地を経由して大和盆地に侵入した。これが近畿天皇家の大和征服の事実、日本の歴史の中の重要なる一原点であった。しかし、戦後の歴史学はこれを「架空」と称した。ここにおいても、ヨーロッパの古典学の「伝習」を受け継いだのである。

わたしは年来の愛読書、『ソクラテスの弁明』の中に、そのような「裁決」が虚偽であること、その証言をすでに見ていたのだ。だが、今までそれを知らずに来ていた。八十一歳になろうとした昨今、ようやくそれを知ったのである。

二〇〇七年八月二十五日　記了

（「閑中月記」第四九回、『東京古田会ニュース』第一一六号）

ホメロスとソクラテス

一

前号（第四九回）［「ソクラテスの弁明（二）」］及び前々号（第四八回）［「同（一）」］の「閑中月記」で「ソクラテス」問題を扱った。わたしが二十代以来、馴れ親しんできた古典的名著『ソクラテスの弁明』の中に、今まで思いもよらなかった〝新命題〟が存在していたこと、それにみずから驚いたのであった。

たとえば、この「弁明」全体が「自己の死」を覚悟している、というより、「死刑」を相手（五〇一人の裁判官）に〝押し付ける〟形でなされていること、それによって「多数決」というものが、また「公法による裁判」というものが、とんでもない「不正義」を行うに至らざるをえないこと、その「論証」と「証明」なのであった。その「不正義」とは、もちろん、ソクラテスに対する「死刑」の執行である。彼自身は、その生涯において国家とアテネの市民に対する教育と対話という「最高の良きこと」以外になしたことはない、と信じた。その実行に対する「国家」や「アテネ市民の多数決」の処遇が、他に非ず今回の「死刑の執行」なのであった。その執行へと至る〝民主的〟な必然の道すじを、彼はしめし、敢然とこれを引き受け、この世から消えていったのであった。

あるいは、ホメロス問題。ソクラテスは「弁明」において、ホメロスを称揚している。否、称揚どころか、もし自分が〝首尾よく〟死刑になったとしたら、甚だ楽しい、至福の日々がおとずれるであろう、という。なぜなら、自分が平常から「是非会いたい」と思っている、あのホメロスたちと会って、互いに会話をすることができるであろう、というのである。

そのホメロスの遺した一大叙事詩、それが『イーリアス（イリヤッド）』である。その一節に歌われたアキレウスの行動を、彼は模範としている。アキレウスが死（の予言）を恐れず、戦地におもむき、敵のトロイの王子、ヘクトルを斃した後、（予言の通り）みずからも死んだ。その「友の復讐」のための義挙をたたえたのである。そしてみずからが（同じく死刑を予感しながら）それを恐れず、国家とアテネの市民たちへの警告と教育をつづけてきたこと、その行為の「人間としての意義」をアキレウスの行為に比したのであった。

右の一節の意味するところは、何か。ソクラテスにとって「ホメロス」は実在の人物であり「イーリアス」もまた、実在の史実であったこと、この一事である。

この一事を正面から見つめたならば、ヨーロッパの古典学界を久しくおおってきた「イーリアス、非史実論」など本来生ずべくもなかった。イーリアスに語られたところが「史実」ではなく、一篇の「お話」にすぎぬ、などと「主張する」こと、「説述」されること、しかもそれがヨーロッパの全学界をおおうてきていた姿、それがわたしには信じられなかった。

その「裸の王様」ぶりを、シュリーマンの（素人による）「発掘」がしめしたのである。

二

以上、既述のところを「再述」したことを許してほしい。この問題の持つ意味は、さらに深いところに至っている。この「未知のテーマ」にわたしは気づきはじめた。そのため、そのような新しい断崖にのぞむ前に、すでに〝踏みしめた〟地歩を、よく確認したかったからである。

そして「場所」を「閑中月記」から、この「学問論」の中に〝移行〟させたこと、この点も、読者の〝了解〟をえたいと思う。なぜなら、もはやこれは「閑言」の類に非ず、文字通りの「学問論」、その本番をなすテーマとなってきたからである。

問題はこうだ。

「イーリアス」の成立については、二説ある。それは現行の「イーリアス」は、第二十四歌で終っている。例の、ソクラテスが引用したアキレウスとヘクトルの戦の場面だ。そのあとは、ない。

すなわち、シュリーマンが子供のとき愛読して、幼い女友達に、

「よし、僕は大きくなったら、トロイへ行くんだ。」

と宣言し、父親の宣教師から、

「あれは、おとぎばなしなんだ。だから、トロイなんてそんなところはないんだよ。」

と〝たしなめ〟られたという。この有名な「トロイ落城譚《たん》」は、すくなくとも、

「ホメロスのイーリアス」

には存在しないのである。

では、なぜ、わたしたちはあの落城譚を知っているのか。例の「木馬の詭計《きけい》」の物語を読んだのだろうか。それは、

「後人の追作」

によるものだ。それによってシュリーマンやわたしたちは〝知って〟いるのである。

さて、問題のキイ（鍵）は次の点だ。

第一説では、文字通り、ホメロスがギリシャの町々を「吟じ」てまわったのは、「第二十四歌」までだ。それ以降は「吟じなかった」。だから残っていない、というのである。

第二説では、これを「否」とし、ホメロス自身は最終の物語、「トロイの落城」まで〝歌って〟いた。しかし、何かの具合で、その「文字化された部分」が〝失われ〟た。だから〝残って〟いないのに過ぎない。それを惜しんで「追作」が行われた、というのである。

この両説をめぐって、ヨーロッパの学界では喧喧諤諤《けんけんがくがく》の論争が行われているという。あたかも、日本の「邪馬台国」論争のように。もっとも、（わたしの察するところ）両者とも決着のつかぬふりをしているだけなのかもしれない。

今は、端的に、私の理解を言おう。正しいのは第一説である。なぜなら、もしかりにホメロスが肝心の「トロイ落城」まで歌っていたとしたら、町々を「吟じ」歩いたとき、もっとも〝ハイライト〟としてくりかえし、アンコールさせられていたのは、この「落城譚」だ。そう思うのはあやまりだろうか。わたしにはそうとしか思われない。

とすれば、そのくりかえしアンコールさせられていたところ、例の第二十五歌以降が失われてすべて存在しない。そんなことがあるだろうか。〝逆〟なら、わかる。いつもアンコールさせられていた「落

城譚」だけが残っているが、その前の、その前の、最初や真ん中へんが失われている。これなら、一応理解できる。しかし、事実は〝逆〟なのだ。全く解しがたい。

やはり、ホメロスは「第二十四歌」で〝打ち止め〟にした。それ以後は一切「歌わなかった」のである。なぜか。

三

その秘密は、第二十四歌自身に隠されている。否、「あらわ」にされている。それは次のようだ。

アキレウスは望みをとげ、ヘクトルに打ち勝った。彼の投げた槍が、ヘクトルの胸に深く突きささった。二人の死闘の結末である。このあと、アキレウスは、ヘクトルの遺骸を荒なわでくくり、自分の馬に引かせて、トロイの王城の周囲を何回も廻った。当時の戦の「勝者」のならわしに従ったのである。

ところが、思わぬ「干渉」があった。天上から、ゼウスの神からの使者がアキレウスのところへやってきたのだ。そして言う。

「ヘクトルは見事に戦って敗れた英雄だ。その英雄の屍を、あのように辱しめてはならぬ。そんなことをすれば、ギリシャの恥となろう。」

と。

アキレウスは、ギリシャの主神の「お告げ」に従った。そしてヘクトルの遺骸を、あらためて高貴な布で丁重につつみ、馬車に乗せてトロイの王城に向った。そしてトロイ王に対し、

「貴方《あなた》の息子は見事に戦って見事に死なれた英雄です。御遺骸をおとどけしにまいりました。」

と告げた。トロイ王（プリアモス）は感泣しつつ、息子の遺骸を受け取った、というのである。

四

岩波文庫本等、『イーリアス』の翻訳は周知だけれど、今、昭和十五年に出版された、土井晩翠訳（冨山房刊）によって、その末尾を見てみよう。

「その時老王プリアモス衆に向ひて叫び曰《い》ふ。
『トロイア人よ、燃料を都城に運べ――アカイアの
埋伏あるを恐るるな、アキルリュウスが、水師より
われの帰るを送る時、十二日目の曙の
光の前はわれわれを攻めずと堅く盟ひたり。』」

このトロイ王の命令に従い、英雄ヘクトルは火葬にされる。

「人は光明携ふる曙十たびあくる時、
涕流して剛勇の将ヘクトルを搬《はこ》び来て、
衆人高く積み上ぐる薪にのせて火をかけぬ。」

そしてヘクトルの遺骸が白骨に帰するを待ってこれを拾い集めた。

「（惨然と）泣ける涕《なみだ》はおのおのの頬を傳へてはてあらず。」

集めた骨を黄金の壺に納めて柔軟な「紫染むる絹」をもって包み、墓に埋納した。

「（更に再び集りて）ヂゥスのめづるプリアモス、トロイア王の宮殿の

中に弔慰の盛なる美なる宴飲催しぬ。
駿馬を御するヘクトルの葬禮斯くぞ営まる。
（大尾）」

トロイ側が敗れた英雄（ヘクトル）に対し、とどこおりなく十分な葬礼を行い、勝者側のギリシャ軍も、十二日間これに敬意を表して見守った。――このシーンの描写で、「イーリアス」は終結している。「大尾」とは〝これで終り〟。"the end" のことだ。

ホメロスは、この描写を以て自分の「イーリアス」を歌い終っていた。なぜか。

五

すでに察せられるように、このシーン描写は、あの「トロイ落城」とは、あまりにもちがう。対照的なのである。

こちらは「木馬の詭計」による、いわば「だまし討ち」だ。しかも、それによって敗者たるトロイ城とその中の将兵や一般市民まで「灰燼《かいじん》」に帰せしめたのであった。その「証拠」を明らかにしたのが、あのシュリーマンの発掘だった。第九層か第八層かといった類の遺跡の「異同論」はあったけれど、要は「トロイ城」は「灰燼」となった。「全滅」させられたのである。それだけではない。この敗戦の結果、「トロイ城」という一都市だけではなく、トロイという「国家」の全体が「廃滅」させられたのである。

この点ギリシャの場合を考えてみよう。アテネ・スパルタ・テーベといった、各「都市国家」の集合体が「ギリシャ」という「国家」の総称だった。とすれば、このような「国家」のあり方は、ひとりギリシャだけではない。トロイもまた、大同小異だった。そう考えておかしいだろうか。否、考えない方がおかしいのである。

しかし、この「トロイ戦争」以後、(諸経過はあったにせよ)「トロイ」という「国家」が、ギリシャと〝併存〟していた、ということを聞かない。文字通り「拡大版」の「新ギリシャ」繁栄の時代となったのである。

ホメロスは、そのような「新ギリシャ」を嫌った。そのような「トロイ廃滅」の〝あり方〟が許せなかったのである。あのアキレウスの、さわやかな姿勢とは真反対だった。そのような「反、騎士道」のあり方への批判、それがホメロス全「吟行」の意図、真の究極目的だったのではあるまいか。

いわゆる「沈黙の批判」である。

六

このホメロスの「沈黙の批判」を理解した人、それが他ならぬソクラテスである。

「弁明」におけるソクラテスの引用には、他ならぬ、このアキレウスのストーリーがあげられ、模範とされている。すなわち、「ヘクトルとの戦い」への決意、その部分だ。だが、この「部分」をしめされたとき、ホメロスの「イーリアス」を知るギリシャ人なら、直ちにその結果、すなわち「トロイの王子に対する手厚い礼遇」を思い浮かべたはずだ。一人の例外もなく。

ソクラテスは言う。

「思うに諸君にしてもし私を死刑に処したならば、他に再び私のような人間を見出すことは容易ではあるまい。その人間というのは、少し滑稽に響くかも知れぬが、まさしく神から市にくっつけられた者である。そうしてその市はたとえば巨大にして気品ある軍馬で、しかも巨大なるが故に少しく運動に鈍く、これを覚醒するには何か刺す者を必要とする者なのである。で、思うに、神が私を本市にくっつけたのはこの為であろう、またそれだからこそ私は、終日、至る所で、諸君に付き纏《まと》って諸君を覚醒させ、説得し、非難することを決してやめないのである。諸君、この種の人間は容易にまたと諸君の前に現われないであろう。」

かつてはうかつにも気がつかなかったけれど、今読めば、ハッキリ分る。ソクラテスはこの「軍馬」の比喩を出すことによって、あの「木馬の詭計」をアテネの人々、否、ギリシャの人々に〝思いおこさせよう〟としているのである。ホメロスが「歌わ」ず、「追加の詩篇」で〝歌われ〟た一節を。もちろん、「追加の詩篇」を待つまでもなく、この「木馬」と「トロイ滅亡」のストーリーは、ギリシャという「勝者」の中に喧伝されていたことであろう。だからこの「追加篇」が作成されたのである。

ソクラテスは「巨大にして気品ある軍馬」と言っているけれど、「巨大」になったのは、理不尽な「トロイ併合」によってである。「気品ある」と、一見ほめているようだが、その実は逆だ。ソクラテスに指摘されなければ〝気付かず〟、指摘されれば、怒って指摘した人間を「死刑」にするていの実体だ。従ってこの「気高い」というのは、反語だ。表面「気高くみせてはいる」けれど、その中味はおそまつなギリシャ。それがソクラテスの言いたいところだったのではあるまいか。

この点、ホメロスと「同一の思想性」に立っていた。だからこそソクラテスは彼を「畢生《ひっせい》の知己」と見なしていたのである。

七

ここに至ってわたしたちは知ることができる、ソクラテス「処刑」の真の理由を。

今まで「弁明」を通読したところ、その「処刑」の理由は、次のような点にあり、と見えていた。いわく、

「ソクラテスの友人がデルフォイの神殿で神託を乞うた。『ソクラテス以上の賢人はいるか』と。神託は『いない』と答えた。

これを聞いたソクラテスは、これを不審とし、その神託の〝あやまり〟を実証しようとした。そのため、アテネの賢人、名士を歴訪して、彼等に質問を浴びせた。その結果、結局、神託が正しかったことを知った。すなわち、その真意は『ソクラテスのように、自分の無知を知る人こそ、真の賢人である。』というにあった、というのである。」

以上は、極めて〝大ざっぱ〟な要約だ。だが、一応の趣旨は右のようであろう。

右は周知のところ、読めば判ることだ。だが、ここには不審がある。

「この程度のことが、『死刑』に値いするのか。」

この疑問だ。確かに、このていの問題で、次々と質問を浴びせられれば、〝こうるさく〟はあろう。あろうけれども、これが果して「死刑」というような極刑に値する所業か。

もちろん、幾多の「解説」はありうる。たとえば、「死刑」は〝名目〟にすぎず、然るべき〝わいろ〟をはらえば、「国外脱出」が可能だった、などの弁だ。つづく「クリトン」には、そのような〝抜け道〟

のあること、ソクラテスがそれを拒否したことがのべられている。

しかし、たとえ「名目」にせよ、「死刑の求刑」そして「死刑の決定」に値いする、そのような所業なのか、ソクラテスがしてきたことは。そのように問うと、依然不審。彼の所業と判決との間の「バランス」が、何か合っていないのである。

また『弁明』の中で言う。

「彼らの訴状を読みあげねばならぬ。曰く、『ソクラテスは不正を行い、また無益なことに従事する。(下略)』」

この「不正」とは何であろう。右につづく、

「地下ならびに天上の事象を探究し、」

といったことがこれに果して当るのか。また、

「悪事をまげて善事となし、かつ他人にも教授するが故に。」

と訴追者(アニュトス、メレトスたち)は言うのであるが、何が「悪事」なのであろうか。やはり、疑問だ。

だが、「五〇一人の裁判官」は訴追を受け入れ、「死刑」に処した。この「アンバランス」は、正直に言って、やはり〝消しがたい〟。しかも、〝濃く、消しがたい〟のである。なぜか。

このような問いに対して、今回の「ホメロス問題」は、新たに、重要なテーマを浮びあがらせた。即ち、「現在のギリシャの富裕と繁栄」自体を、アン・フェアな「トロイ大虐殺」の結実として、これを否認する。――これがホメロスの立場、そして彼を尊敬するソクラテスの思想性だったのである。

当然、ギリシャ社会とその上層部やインテリたちにとって、「現在の富裕」は、

「ギリシャの神々の恵みによる。」

とされていたのではあるまいか。当然、ゼウスをはじめとする、数多くのギリシャの神々の「所与」による繁栄、そのように称せられていたのであろう。その「ギリシャの常識」そして「中心概念」と「中心信仰」に対して、ソクラテスは重大な「?」を投げかけた。そのような「基盤」に立つ「質問」だったのではあるまいか。ギリシャ社会に「世をえていた」ひとびとがこれに当惑したのは、無理もない。

その上、ソクラテスには、「デルフォイの神託」という、庶民の中に〝信奉者〟は少なくなかったであろうけれど、しょせん「恐山《おそれ》」風味の〝田舎《いなか》の神、片端《かたはし》の神〟の名において、ギリシャ社会の「中心をなす神々」に賞揚されその〝名誉ある子孫〟を称していた「名家」や「名士」を問いつめ、追いつめた。――これが主因だ。

この主因を「正面から語る」ことを、プラトンは避けた。「正面」には〝奇矯《ききょう》な、田舎の神の神託〟を大真面目に〝うけとめた〟奇矯の人物のように描き、その肝心の「主因」に関しては、やはり〝注意深く〟背景に隠した。なぜなら、プラトンその人も、同じギリシャ社会の一メンバーだったからである。

そのための「沈黙の批判」だったのである。

わたしは若き日、「弁明」をくりかえし読み、くりかえし生徒に語りながら、この肝心の一点に絶えて気づかずにいたのであった。

二〇〇七年十一月二日　記了

(「学問論」第七回、『東京古田会ニュース』第一一七号)

ソクラテス

一

哲学とはフィロソフィーの訳語である。フィロは〝愛する〟という動詞。ソフィー（知恵）を愛する、の意である。通例、ソクラテスの学問に淵源する、とのべられている。哲学史の常識である。

一方、フィロロギーという用語はドイツの学者、アウグスト・ベエクによって造られた。かつて「文献学」と訳されたこともあったが、本旨とは当っていない。ロギーとは、おそらくロゴス（言語・論理）にもとづく造語であろう。その学問の対象は文献・建築・美術・政治・経済・制度等の各種にわたる。要するに、「人間のなしたところ」を新たに、厳密に再認識すること、これを本領とし、目的としたのである。「認識せられたものの認識」という、ベエクの定義によって明らかにされた通りだ。

ただ、日本の場合、これを「文献」に限って〝輸入〟した。芳賀矢一（『日本文献学』）をはじめ、村岡典嗣さんの日本思想史学の場合も、右のベエクの定義と業績を知りつつも、

「わたしの場合は、文献に限っています。」

とのべられたのである。いわば定義上の「自己限定」であった。

ここに胚胎した、学問上の諸問題についてはすでにのべた（「村岡典嗣批判」『新・古代学』第八集所収）。今は、ベエク本人の志したところ、その一点に目を向けよう。

ベエクの場合も、その主とするところがギリシャにあり、そのギリシャの生み出した「文献」がその中心となっていたこと、言うまでもない。ただ、学問としての定義上、研究対象を「文献」に限らず、また〝古代〟というような「時代」に限らないこと、そこに彼の学問上の特質と普遍性が存在したのである。

二

そのギリシャの生み出した「文献」中の花形、全人類周知の古典、それが前回（「ホメロスとソクラテス」）扱った『ソクラテスの弁明』である。

その裁判の場に同席した、門弟のプラトンの著述であるから、その報告のもつ信憑性は抜群のものがあろう。もちろん、当事者たるソクラテス自身の報告や裁判の告発者たるアニュトス、メレトスたちの訴追文などが残されていれば、それこそ最高の第一史料であろうけれど、それはない。従って「ソクラテス側」の著作たる、プラトンの筆に依拠する他はないのである。

けれども、この場合、あくまで著作者が「ソクラテス側」の一員であることが注意されなければならない。と同時に、もう一つの注意すべき一点がある。それはあのソクラテスを死刑へと追いやったような、ギリシャにおける「体制」の圧力、それは執筆者たるプラトンにとっても、決して〝等閑視〟できるものではなかった。むしろ、大局から見れば、「同じ圧力」がプラトンの机の上にも〝おおいかぶさって〟いたのではないか。この問題である。

これに対して、意外な（あるいは、当然の）威力を発揮したのが、アウグスト・ベエクの方法である。彼自身の『ソクラテスの弁明』論にはふれたことがないけれども、今、彼の目指した、

「認識せられたものの認識」

という立場に立って、この文献の告げるところを精視すれば、そこには一種の「二重構造」の存在していたことが見出されたのである。

その第一は、言うまでもなく「アテネの有識者に対する、告発者」としてのソクラテスだ。いわゆるデルフォイの神託を「動機」として、アテネの市民・有識者に〝問い〟つづけた。その結果、彼等が自分の得意とする分野の知識や技術等によって、あたかもすべての「知」をもつかのように〝自負〟している、その虚偽を明らかにした。その結果、実は自分（ソクラテス）のように、

「自分は、何等の知識も、とりえもなき者にすぎぬ。」

こと、それを自覚するものこそ、「たぐいなき知恵の持ち主」であること、その一事をデルフォイの神託は告げようとしていた。それが、

「ソクラテス以上の智者はない。」

とのお告げのもつ真意であった。そのようにプラトンは、ソクラテスをして〝語ら〟しめているのである。当書を一読すれば、明瞭な記述だ。

だが、ここには一個の疑問がある。二十歳頃以来、全く気付かなかったところ、今回読み直しているうちに、ハタと突き当たった。

を宣言したのか。」

「なぜ、これしきのことで、アテネ市民の代表者たち（五〇一人の裁判官）は、このソクラテスに死刑

この根本の疑惑である。ソクラテスの「反論」が終始挑戦的であり、告発者側に対する妥協を考えなかったため、とか、「死刑」と言っても、〝逃亡〟などの抜け道が慣例上用意されていたとか、種々弁じてみても、何かそぐわない。右のようなソクラテスの平常の思想や行動に対して、「死刑」というのは、何か「バランス」がとれていない。――これが今回のわたしの印象の基本だった。そこから、新たな側面、隠された真実がわたしの目に大きく映じてきたのである。

三

その大体は、前回（「ホメロスとソクラテス」）すでに書いた。今はその要点のみを記す。

ソクラテスはホメロスを敬愛した。「死刑」執行後、彼に会うことのできることが無上の楽しみだという。死後の世界には、（眼前の五〇一人とは別の）「真の裁判官」が自分を待っている、というのである。そのホメロスの中で、最後に歌われた、ギリシャの英雄アキレウスの行跡を以て、自己の生き方の模範とした。死を恐れず、「義」によって行為したからである。

ところが、そのホメロスは「アキレウスの義侠」を以て終っている。第二十四歌だ。このあと、有名な「木馬の計」や「トロイの滅亡」については語っていない。現存のイリアスには存在しないのである（後の追作部分にあって、今に伝えられている）。

これはアキレウスがゼウスの神命に従い、トロイ王子、ヘクトルの遺骸を丁重に扱い、トロイ王のも

とにとどけた、その騎士道の精神こそ真のギリシャ。この立場に立った。そのため、木馬の詭計《きけい》やそれにつづく「トロイ大虐殺」を、真のギリシャに非ず。ゼウスの神の嘉《よみ》し賜うところに非ず。その立場を、沈黙のうちにしめしたのであった。

この沈黙の批判をソクラテスは受け入れた。というより、ホメロスを以てみずからの真の知己と見なした。だからこそ死後に会うべき人として、最終にその名をあげているのである。それは決して彼の「文学好き」や「詩歌好き」の情緒的表現ではない。彼が生涯をかけて行おうとした「ギリシャ批判」の真髄をしめしているのである。

それを「知る」者こそ、現在（ソクラテス当時）のアテネの市民や有識者であった。彼等は、みずからの来歴と歴史を誇っていた。木馬の計の「発案者」だったり、「市民大虐殺の指揮者」だったりする、自分たちの祖先や神々とのつながりを誇示していたのである。それをソクラテスは批判した。正面から考察の矢をはなち、歴史批判の手をゆるめなかったのである。だからこそ彼等はソクラテスに「死刑」という極刑を与えようとした。然らずんば、彼が（平常の主張に反して）みぐるしい「外国への逃亡」をえらぶ姿を見て、これを嘲笑しようとしたのであった。その肝心の一点において、ソクラテスは（この死刑から）〝逃げない〟ことによって、彼等を万世の眼前で裁いた。「不法・非理の裁判」という至上の極刑を歴史の法廷で全人類の前でしめしたのである。これが『ソクラテスの弁明』の内包した真髄だった。「よく読めば」判るように、プラトンは書いた。彼の「作劇法」のお手本がここにしめされているのであった。二十代以来のわたしは、うかつにも、これに全く気づかずにきていたのである。

四

ヴィンデルバントの『ソクラテスに就て、他三篇』を読んだ。久しぶりである。この本（河東涓《かわひがしけん》訳、岩波文庫、一九三八年刊）はすでに二十代前後に読んでいたが、それほど印象には残っていなかった。

今回、読み直してみて驚いた。その内容は平凡だった。というより、自分の中の「常識」と、それは大異ないものだった。もしかすると、この本に書かれたような「ソクラテス観」がわたしの中にも流れこんできていたのかもしれない。

この講演の中で、著者（ヴィンデルバント）は言う。

「ソクラテス。何人にもせよ、彼に就て又も話をするといふ僭越《せんえつ》なことをするのは、奇妙であるように思われる。」

なぜか。

「人類文明史に現はれて来る人々の中で、この人ほど、人口に膾炙《かいしゃ》してゐる人はないであらうし、この人ほど、世界文学の波及するところ、遙かなる僻陬《へきすう》の人々にまで知られてゐる人はないであらう。」

それゆえ、

「それでは、ソクラテスに就て話すといふことは、失禮なことではないであらうか。蓋《けだ》し彼に就て何か耳新しいことを言ふことは、期待され難いからである。」

とのべている。けれども、この「無盡《むじん》の寶庫《ほうこ》」では、

「それは觀點を極めて僅《わず》か移動し、觀察を少しく變化しさへするならば、ソクラテスの様々な姿の、

まだ現はれて来なかった輪郭を知ることが出来るといふ意味に於《お》いてである。」と言いながら、著者の描くソクラテス像、そしてアテネの市民像は、従来理解されたところと大異はない。

彼はソクラテスを次のように描写する。

「この世界都市の往来に奇抜な人物が現はれた。廣場で美服のソフィストの周りにゐる頭中攣《ちぢ》れ毛の美青年の真只中に、大きな禿頭の男が現はれた。その人と見ると、不恰好な體つきである。彼は皆がにやにや笑ひながらわきへ退《ど》く間に、演説者の所まで押し寄せ、しばらく彼を探るやうにじろじろ見てゐたが、到頭その言葉を遮《さへぎ》った。それから問答が続けざまに交された。ソフィストの激しい詰難に、その禿頭の人は毅然《きぜん》たる平静で答へた。すると突然わあっといふ大笑が起り、この平和攪亂者《かくらんしゃ》はファウン神（東京古田会注・ドイツ語、ローマ神話のファウヌス、ギリシャ神話のパン。牧羊神で、ヤギの角と足を持ち好色といわれる）のやうに歯を剝《む》き出して笑ひ、その平べったい鼻を益々上へ向けた。どうも笑った人達は彼の方に賛成してゐるらしかった。併し彼は、つと背を向け、厚みのある肩に大きな頭を尚ぴったりとくっつけ、呆然としてゐる群集の間を、威容ある踊りの足取りで、堂々たる便服を動かして去った。

この男は誰であるか。その名はソクラテス。」

まことに〝見てきた〟シーンのように描かれた、この男はもと「彫刻師」であったとする。そしてアテネの親方衆に対して、

「ソクラテスはどこまでも質問を追究した。すると不思議なことには、親方の返事はぐづぐづとなり、段々不誠實になった。併しソクラテスは追究の手を弛《ゆる》めない、到頭話は全く行き悩んだ、この善良な親方はすっかり狼狽《ろうばい》して了《しま》った。」

という、追究局面を描く。そのあげくの裁判となり、

「かくて馬鹿げた訴訟が馬鹿げた結果となって了った。」

とのべている。そのソクラテスの立説の中心とは何か。

「併しこの発見はソクラテスの場合には、微細な點まで透徹した理論ではなくて、寧ろ生々としてゐる信念であった。即ち彼を元気づけたのは、理性に對する信仰であった。」（傍点は、原文のまま）

その論理学的発展は後続のアリストテレスの仕事であり、ソクラテスの任務ではなかった、という。

では、その「理性」とは何か。

「認識する理性の最高の前提は、その理性と較《くら》べ量《はか》られる世界理性の實在である。そしてこの世界理性が、現實の力であり法則なのである。この萬物を支配する理性に關する思想も、ソクラテスにあっては、特殊的な見解ではなくて、神に對する十分にして深い信仰であった。」

要するに、普遍的な、いわゆる「世界理性」の原点を切り開いた人物、そこにソクラテスの哲学史上の位置を求めているのである。

ここには、カントの目指した「理性」やヘーゲルの提起した「絶対的精神」の影が見られる。もちろんここに現われた「神」とは、ゼウスの神に非ず、エホバとキリストの神であろう。そこに至るべき「世界理性」への道をすでにギリシャ時代に〝予知〟していた人、それがソクラテスだったというのだ。

これがヘブライ文化とギリシャ文化の融合世界たるヨーロッパにおける「ソクラテス理解」に他ならない。そして哲学史上、彼に対する位置づけなのであった。

しかし、この地点は、わたしが今回、八十一歳にしてはじめて到達した「ソクラテス像」とは一味、ちがう位相である。本質的に別物だ。そのいずれが是、いずれが否か。

おそらく、観察者の立つ位置がヴィンデルバントとわたしと、両者異なっていたためではあるまいか。

わたしは「キリスト教」とも、「ヨーロッパ文化」とも、何等かかわりがない。ただ、「ソクラテスにとっての、ソクラテス」ひたすらそれのみを求めた。そして論理のおもむくところ、はからずも今回発見の地点に至ったのである。それは「ギリシャ文明の成立の基盤」に対する、辛辣《しんらつ》な根源の批判者としてのソクラテスであった。

アテネの市民や支配者がついに「死刑」を以て除かざるをえなかった、その一点にスックと立つ一人の男子だったのである。

二〇〇八年一月　記了

（「学問論」第八回、『東京古田会ニュース』第一一八号）

一週間はなぜ七日間か——バイブル論

序

一週間は七日間である。六日間をウイークデイと呼び、七日目を日曜とする。休日である。なぜか。地球上、多くの地域で習慣となっているこの制度が、バイブルの冒頭、創世記の一節にもとづいていること、周知だ。だが、なぜその創世記で、「六日間は働き、一日は休む」というような、いわば〝中途半端な〟数字で語られているのか。その「?」はかつて解かれたことがない。わたしにはそう見えている。

一

今回解けた。先ず、それに至る、わたしの研究上の経緯をのべよう。

第一、マルクスは言った。「神が人間を生んだのではなく、人間が神を造ったのだ。」

と。若き日の彼はフォイエルバッハを受け継いだ、この立場を以て「宗教批判」そしてすべての批判の原点と考えた。以後、「宗教批判」の営みは彼等になかった。(1)

第二、しかし、このような「唯物論」のイデオロギーを待つまでもなく、「神」や「宗教」がいわば〝人間による造作物〟であることは自明の事実である。なぜなら、たとえば猫や犬が自分たちの祭壇を作り、神に祈っている姿を見たことがあるか。ない。たとえばゴリラやチンパンジーの場合も、同様だ。ない。

人間だけが、〝自分たち〟の「神」や「祭壇」や宗教をもっている。まぎれなき目でみるかぎり、右の自明の事実は疑うことができない。

第三、それゆえ、右のテーマは次のように発展する。

(1) もし、低劣な「人間」が造った「神」や「宗教」ならば、当然「低劣な神」や「低劣な宗教」だ。自分の部族には、絶えず「有利」な託宣《たくせん》を下し、敵対する部族に対しては、徹底的に「不利」な託宣を下す。そういう「神」だ。

(2) 〝中途半端〟な「人間」が造った「神」や「宗教」ならば、彼等の生んだ「神」も「宗教」も〝中途半端〟だ。たとえば、残酷な武器の使用に対しても、ハッキリと「否（ノウ）」と言うことができぬ。そういうレベルの「神」にとどまっているのである。

(3) 逆に、すばらしい「人間」が「神」を造った場合、すばらしい「神」が生み出されよう。人類の運命に対して「非」なるもの、たとえば大量殺戮兵器の類に対しても、ハッキリと「否（ノウ）」と言うことのできる「神」だ。そういうすばらしい「宗教」なのである。人類は、果してそのようなすばらしい「神」を生み出しているのだろうか。

第四、唯物論者たちは、右のような「歴史認識」の進展を〝想到〟することができなかった。そのため、現代の、無神論者たちもまた、低級なレベルの「人間認識」に、今もなおとどまっているのではあるまいか。

以上だ。

二

今回の、本来のテーマに返ろう。

〈その一〉旧約聖書の冒頭は、次の一句からはじまっている。

「初めに、神は天地を創造された。」（新共同訳、日本聖書協会、二〇一〇年刊）

右の「神」と訳されている言葉、そのヘブライ語の「原型」は単数形ではなく、複数形（「エローヒーム」）である。従って厳密には、「神」ではなく、「神々」と訳す方が、より正確なのである。(2)

〈その二〉けれども、現在、世界中に流布されている、各国語のバイブルでは、すべて「神」という「単数形」に〝変え〟られている。たとえば、英語訳ではgodであり、決してgods（複数形）ではない。ルッターのドイツ語訳でも、単数のGottであって、Götter（複数形）ではないのである。

これは「理由」のあることだ。なぜなら、この宇宙造成の「唯一神」こそ、キリスト教信仰の「原点」としての「ヤーウェ」の神だ。後に「エホバ」として一般化されている、最高神を指す形となっているのである。

この点、フランス語訳、スペイン語訳、ロシア語訳等の各国語訳とも、（わたしの検するところ）例外を見出すことができなかった。

〈その三〉右のような単数語化の筆頭は英語訳だった（欽定訳聖書、一六一一年）。それに、以降の各国語訳は〝習った〟のだ。受け継いだのである。

三

これは、道理だった。なぜなら、中世末と近世初頭（最盛期は十六世紀頃）の「魔女狩り」により、ヨーロッパ世界からは、キリスト教以外の「異教」が、滅ぼされた。何千年、何万年の伝統を持つ、いわゆる多神教信仰とその伝承は〝排除〟された。それらを宣布し、一般の崇敬を集めていた「巫女《みこ》たち」、彼女等〝聖なる女性〟のリーダーたちが、一転して捕えられ、これを「魔女」として、文字通り〝焼き殺され〟ていった。これはさらに多くの女性たちに及ぼされた。今は周知の史実、この「魔女狩り」によって、ヨーロッパ世界は（一部のユダヤ教徒を除き）、キリスト教単独の、いわゆる「キリスト教、単性社会」となった(3)。

そこに右の形のバイブル、創世記が配布されることとなった。すなわち、

「神（エホバの神）が、この宇宙のすべてを造りたもうたのである。」

と。これが、今、世界で最大の発行部数をもつとされる、バイブルの「現在型」なのである。

四

それはそれでよい。わたしはこれを〝非難〟しようという立場とは全く無縁だ。なぜなら、わたしは決して「反キリスト教」のイデオロギストではないからである。逆に、あの青年イエスを、誰よりも深く愛する者だ。「青年」とは否、「真の人間」とは、あのように生き、そして死んでゆくことのできる存在だ。だからわたしは、全世界のあらゆるクリスチャン以上に、彼を愛する。心の灯《ともしび》としている者なのである。このわたしの心情を〝消す〟ことのできる力は、一切この地上には存在しない。断言する。

五

しかし、そのことと、つぎのようなわたしの根本認識とは、全く別だ。共存する。

「現在、世界に流布されているバイブルは冒頭の、複数形の『神々』を、単数形の『神』へと、〝書き直し〟た、改ざん型である。」

と。

すなわち、本来のヘブライ語の原文の「神々」がここでは〝書き改め〟られているのである。

冒頭の「神々」は、当然ながら「エホバ（ヤーウェ）神」では、ありえないこと、自明のところだ。

エホバは「複数の神々」ではないからである。わたしには、そう見える。そうとしか、見えないのである。

六

右のテーマは、バイブルの創世記を冷静に熟視すれば、当然のことだ。

(一) 先ず、創世記冒頭の「天地の創造」では、右にのべたように、「複数形の神々」の〝仕業《しわざ》〟として、この「天地の創造」が語られている。

(二) この点、例の「六日間の天地創造」と、そのあとの「安息」という、「第七の日」まで、一貫されたストーリーとなっている。

そして「これが天地創造の由来である。」とむすばれている。

しかし、その直後、次の一文が現われている。

「主なる神が地と天を造られたとき、地上にはまだ野の木も、野の草も生えていなかった。主なる神が地上に雨をお造りにならなかったからである。また土を耕す人もいなかった。」

以下も、つづく。

「主なる神は人を連れて来て、エデンの園に住まわせ、人がそこを耕し、守るようにされた。主なる神は人に命じて言われた。」

「主なる神は言われた。(下略)」

「主なる神は、野のあらゆる獣、空のあらゆる鳥を土で形づくり(下略)」

「主なる神はそこで、人を深い眠りに落とされた。人が眠り込むと、あばら骨の一部を抜き取り、その跡を肉でふさがれた。そして、ひとから抜き取ったあばら骨で女を造り上げられた。主なる神が彼女を人のところへ連れて来られると、人は言った。（下略）」

「主なる神が造られた野の生き物のうちで、最も賢いのは蛇であった。」

の一段から、はじまっている。要するに、ここでは一貫して「主語」となっているのは、「複数形」の「神々」ではない。代って、

「主なる神」

が主語とされているのである。なぜか。

七

この点、古来、数多くの論議が重ねられてきた。今も、つづいている、と言ってもよいであろう。しかし、私の目からは「こと」は簡単明瞭だ。

（A）創世記の冒頭部（「複数形」の「神々」）

（B）以降の部分（「主なる神」）

この二つの部分は、それぞれ別個の成立をもつ。もちろん、本来の原初形は（A）、あとで〝付加〟された部分が（B）なのである。

（α）中近東周辺を中心とする一帯で「伝承」されていたのが、本来の（A）の形である。

（β）これに対し、ユダヤ人が自己の部族にとっての「主」である、ヤーウェ神（エホバ）を〝新たな基点〟として〝書き加えた〟もの、これが（B）なのである。ここでは、もっぱらわが主なる、ヤーウェの神（エホバ）こそ宇宙最高の神、唯一神である、という立場によって語られ、叙述されているの

だ。

　だが、右の（A）に関しては、それが「一、ユダヤ内伝承」ではなく、「中近東周辺の多神教世界」に〝流布〟され、〝共有〟されていた、一大伝承であるため、これをそのまま「保存」した形で（A）を構成した。

　これに対し、ユダヤ人による、ユダヤ内の「新伝承」が〝付加〟された。これが（B）なのである。ここでは「新たな、主格」は、「複数形」ではなく、明確な「単数形」である。しかも、「単なる、単数形」ではなく、「主なる神」として、ユダヤ人の崇敬する、ヤーウェの神（エホバ）に他ならないことが明示された。

　「旧約」という名の、実は「ユダヤ人の、ユダヤ語族のために造られた、新約」だった。これが（B）の〝ありのままの〟姿だったのである。わたしには、そう見えている。そうとしか、見えない。

八

　これに対して、本来の形式による（A）の場合を考えてみよう。

　この（A）の主格（主語）となっている「神々」とは、その実際において「何人」のことなのであろうか。五神でも、十神でも、あるいは百数十神でも、いずれも「複数形」だ。だが、わたしはこれを「二人」と考える。「男女神」である。なぜなら、この宇宙を「生む」という〝所為〟は、「男女神」にとって、もっともふさわしい。〝似合って〟いるのである。注記するように、この冒頭の一句の「主格」が複数形であるのにその述語としての動詞形の方は「単数に対応する、動詞」の形をとっている。この有名な〝困難点〟(4)も、この立場から、そしてこの立場からのみ、もっともよく説明できる。わたしには、そう思われている。

ともあれ、先にのべたように、「神」や「宗教」を造ったのは、他ならぬ、人間である。猫や犬やゴリラやチンパンジーや単性動物の類ではなく、まさしく、この「人間」なのであるから「人間の生殖行為」すなわち「子供を生む」という事実を「モデル」として、この「宇宙を生む」という、壮大な行為が〝考えられ〟ている。そのように見なすのは、不自然な考え方であろうか。否、きわめてナチュラルな思考方法だ。わたしには、そのように思われるのである。すなわち、この冒頭の「複数形の神々」とは、「男女神」だったのである。

九

核心の問題に入ってゆこう。その「男女神」の名前は、何か。先述のように、これが中近東周辺世界における、「旧約以前」の何千年または何万年の間の「一大伝承」であったとすれば、そのような「男女神」の名前がないはずはない。失われたまま、忘れ去られている、などということは、考えられない。ありえないのである。

ズバリ言おう。それは「アダムとイヴ」の二人だ。人々は、いったん驚くかもしれないけれど、論理の導くところ、それ以外の帰着点はない。わたしには、そのように思われているのである。

十

わたしは日本の古代史に対する探究によって、多くの歳月をすごしてきた。十六歳頃、三十歳頃にすでに若干の研究に対面してきたのである。(5) さらに、四十代後半から八十四歳の現在に至るまでは、その探究を中心課題としてきた。そしてその中で獲得した、一つの「重要なテーマ」があった。それは次のようだ。

「一つの文明（α）が次の文明（β）に交替したとき、βの文明から産出された伝承や古典では、それ以前のαの文明にとっての〝神聖な存在〟を『悪者』あるいは『愚物』としてあつかう。罵倒するのだ。そして、新たに、みずからの文明（β）の『至高の存在』をPRする。」

これだ。たとえば、わが国の代表的古典の一、古事記では「国生み」の項において、「ヒルコ」が誕生したとき、それを「蛭子（ヒルコ）すなわち、壁をはい回る「ヒル」」のような、〝骨なし〟の〝きたならしい〟動物と「見なし」て、これを舟に乗せて放逐した、とされている。「神の名に入れず」とされた。

しかし、実際は「ヒルコ」は「ヒルメ」と並ぶ男女の太陽神の一つ、男神である。「ヒル」とは〝太陽が照らす〟意義だ。現在の日本語でも「昼（ヒル）」という名詞は、一日中で一番よく太陽のてらす〝時間帯〟を指す言葉として用いられている。

もう一つの古典、日本書紀の第十、一書では、この「ヒルコ」が瀬戸内海の東端、太陽の出るところ、淡路島から生れた神として、輝く存在とされている。旧石器から縄文時代にかけての主神である。(6)

これを罵倒して、次の太陽神の「天照大神（アマテラスオオミカミ）」を新たな至高神として宣布する。弥生時代の主神としたのである。(7)

その天照大神中心の時代に造られた古事記では、前代（旧石器・縄文時代）の最高神だった「ヒルコ」が徹底的に〝侮蔑〟されているのである。これが「基本ルール」だ。

他にも、これと同類の例は、数多い。(8)

このような視点に立つとき、旧約聖書の創世記（B）における「アダムとイヴ」の扱いにも、同類の特徴が強く刻み込まれているのに、わたしたちは気付かざるをえないのである。

十一

もし無邪気な、一人の子供がはじめてこの創世記（B）の伝承を聞かされたとしよう。彼は、あるいは彼女は、叫ぶにちがいない。

「アダムとイヴは、可哀そう。木の実を食べただけで、楽園から追放されるなんて。ひどすぎる。」

と。あるいは、

「せっかく、神さまから言われたことを守らないなんて、イヴは馬鹿だね。」

という子供もなかにはいるかもしれない。

いずれにしろ、「アダムとイヴ」はひどい「馬鹿者扱い」なのだ。なぜか。

わたしの先にのべた「基本ルール」を思い起こしてほしい。ここで、無類の「馬鹿者、扱い」されている「アダムとイヴ」こそ、〝失われた至高神〟としての「男女神」の名前なのではあるまいか。論理はそのように、率直にわたしの思考を導くのである。

その前代（前の文明）の至高の「男女神」を「無類の愚か者」としてPRすること、この一点こそ、（B）の成立の中心目標であった。わたしには、そのように考えられるのである。それ以外に考えようがない。

その前代の「至高の男女神」に代って、新たに至高神として「主なる神」と、くりかえし呼ばれる神、それこそ「新たな、至高神」としての「ヤーウェの神（エホバ）」なのであった。

十二

もう一つ、目を向けたいテーマがある。

それは一般に「アダムとイヴ」と呼ばれているけれど、本来は逆の「イヴとアダム」ではないかという問題だ。なぜなら、（B）では明らかに「男が中心者、女は従属者」という立場がのべられている。イヴがアダムのわき腹の骨から造られた、という逸話の中に、その「思想」は露骨に「明示」されている。「男尊女卑」の立場である。

けれども、その実際の行為では「愚かな行為」を行うのは、イヴの方が主体であり、アダムはその「同伴者」にすぎない。

「アダムは可哀そう。なんにも、悪いことしていないのに、イヴと一緒に、楽園を追放されるなんて。」

無邪気な子供たちの中には、そのような感想をもらす者もあろう。自然だ。

しかし、本来の（A）の方では、断然「イヴ」が主役だ。なぜなら、「子供を生む」という行為は、もっぱら「女性の特権」であり、男性は単なる「かいぞえ役」、つまり脇役にすぎないこと、自明である。

すなわち、（A）の冒頭の主格（主語）は、本来では「アダムとイヴ」ではなく、「イヴとアダム」だったのではあるまいか。

この宇宙を生んだのも、本来は女性。イヴの方が主体だった。わたしにはそのように見える。そうとしか考えられないのである。

これに対し、（B）は「男性中心」の時代となって造られた。そのため、「男性が主、女性が従」の形へと〃書き換え〃られたのである。

十三

日本の古代史にも、全く同様の「変化」が見られる。先述の日本書紀の第十の一書では、「女神」の方が「あなにゑや、えをとこを。（ああ、何といい男だ）」と声を挙げ、それによって淡路島や「ヒルコ」が生れる。大成功だった。

ところが、他の説話（日本書紀の別の神話群、及び古事記の神話）では、「女が先に、声をあげた」ために「国生み」は失敗した、とされる。それで男が先に「あなにゑや、えをとめを。（ああ、何といい女だ）」と発声したところ「国生み」は成功した。そのように〃くりかえし〃語られているのである。弥生時代という「男性中心」の時代となって、「男尊女卑」の形式へと、神話が〃書き換えられ〃ているのだ。

このような「推移」と「変化」が、このバイブルの創世記でも、本来の（A）と後来の（B）との間に、明確に表現されている。〝残され〟て今に伝わっているのだ。貴重である[9]。

十四

用意はすべて、ととのった。最初にあげた「?」に対して、端的に今は答えることができる。それは、「なぜ六日間〝宇宙生み〟がつづき、七日目に休止したのか。」というテーマだ。

回答は、女性の生理だ。妊娠と出産のルールである。

妊娠期間は「十月十日」と言われてきた。いわゆる「荻野式」では、さらに精密に「妊娠の出発時点」が特定できることも、今はよく知られた所だ。

だが、それらは、人間の「認識」として、いわば「発達した認識」だ。抽象や思推の「結晶」なのである。

より、本源の姿、いわば「目」にはっきり見え、女性自身にも明確に「自覚」されるのは、受胎より「四ヶ月」（初産婦）もしくは「三ヶ月」（経産婦）たった時点だ。女性の胎内で「ピクピク」と、新しい生命の胎動がはじまり、初産婦の場合は、「約六ヶ月」して、無事、胎児は誕生する。それによって母胎の胎内の「生動」は休止し、母親は休息できるのである[10]。

これが女性の出産の原体験だ。古代も、今も、変ることがない。この事実を「母胎」として、この「創世記」の（A）は造られた。伝承されていたのである。だから、

「六日間、働きつづけ、七日目に休む。」

という、一週間のルールの「定型」が成立したのだった。わたしにはそのように考えられる。それ以外に考えようはない。

十五

言い終わってみれば、簡単なテーマだ。

「バイブルの創世記の『一週間』の日取りは、初産婦の女性の出産の時期の『生動』（ピクピク）の時期の六ヶ月間と休止（胎児の誕生）とに〝合わせて〟語られている。」

これだけのことにすぎない。しかし、わたしにとっては「重大極まりない、新発見」だった。なぜなら、創世記の（A）と（B）の分析という、おそらく世界のあらゆるクリスチャンやユダヤ教徒にとって、「不遜極まりない」分析が、やはり妥当であったこと、決して不当な「思いつき」の類ではなかったこと、それが「証明」されたからである。わたしの探究、学問の方法はまちがってはいなかった。それがこれによって確信できたのである。わたしにとっては、それで十分だ。それ以上に望むところは、全くない。

たとえ、全世界の全クリスチャンが、そしてユダヤ教徒のすべての人々が、わたしを「不遜」とし、千回殺そうとも、万回切りきざもうとも、それらはわたしにとって「一片の恐怖」にも値しない。空ゆく雲のたたずまいを見るに等しい。なぜなら、限りある、この世の生命《いのち》にとって「真実を知る」こと以上の喜びがあろうとは、わたしには全く信ずることができないからである。

バイブルは宝だ。人類にとっての無上の宝玉である。人間にとっての「神」の真相を、そして「宗教」の本来の姿を、率直にわたしたちにさししめしてくれたからである。

残る人生において、ヘブライ語を一語一語、しっかりと学びつつ、この生を終えたいと思う。(11)

注

(1) マルクス「ヘーゲル法哲学批判」(古田『神の運命』明石書店刊、八九ページ参照)「近代法の論理と宗教の運命」所収(古田史学インターネット)。

(2)「聖書が原語で読めたなら——聖書語学の証しと勧め」(大久保史彦、聖書語学同好会、一九八四年刊)参照、五八ページ。

(3)『神の運命』所収論文、参照。

(4) 創世記の冒頭は「主格(複数形)プラス動詞(単数形)」の形となっている。この点、わたしには次の二つのケースが考えられる。

(その一) 後代の西欧各言語の「定型」(主格と動詞〈述部〉の、格の一致)成立以前の形式である。

(その二)「五神や十神等」の複数ではなく「男女神」であるから、「ワン・ペアー」として処理している。

以上だ。いずれにせよ、この一見「破格」と見える姿、その様式こそがきわめて貴重だ。だから、後代の西欧言語の立場から、このヘブライ語創世記の「原文」を「改ざん」し「主格」を「単数化」する〝やり方〟はきわめて「非」だ。全く「否(ノウ)」である。わたしにはそう考えられる。

(5)『神の運命』所収、「古代の倫理と神話の未来」参照。

(6) 同右。

(7)「古事記上巻」、「二神の結婚」参照、日本古典文学大系、岩波書店本、五五ページ参照。

(8)「古事記中巻」仲哀天皇「神功皇后の新羅征討」同右、二二九ページ参照(仲哀は「前王朝の王者」の〝転化〟か)。

また旧約聖書、創世記の「蛇」は、旧約より前代では薬の神として畏敬の的(現在も、薬局のシンボル。トルコ)。

(9) 日本書紀の第十、一書では「女性中心」時代(旧石器・縄文)が反映。他の神話(古事記も、同じ)では、「男尊女卑」時代(弥生)が反映している。

(10) 加藤一良氏(東京都調布市、北多摩病院院長)によって、わたしの分析が〝裏付け〟られた(二〇一〇年十二月中旬、検査入院中の同病院にて)。

(11) この「エローヒーム」(注〈2〉を含む)については、たとえば、インターネット「Mormon Wiki」参照。そこには従来の理解法が要領よく紹介されている(「エローヒーム」単独で検索しても出てくる)。

二〇一〇年十二月二十二日　記了

追補

創世記には「5アダムの系図」以降、各人の寿命が列記されている。アダム(九三〇歳)、セト(九一二歳)にはじまり、ノア(九五〇歳)に至る、九人の寿命である。

九〇五歳、九一〇歳、八九五歳、九六二歳、三六五歳、九六九歳、七七七歳だ。エノクの三六五歳を例外とし、他はいずれも、千歳近い「長命」である。

わたしはこれを「二十四倍年暦」の所産と考えた。月の半分、欠けた月が満月に至る。その「長さ」を「一歳」と計算する。そうすると、一年間で「二四歳」となろう。すなわち「一〇〇〇歳」とは現在の暦の「四二歳弱」なのである(日本の弥生時代《BC一〇〇〇~AD三》でも、寿命が四十代の半ばであったことが骨の自然科学的研究によって知られている)。右の九人の、実際の寿命は、現在の暦では「三十代」なのである。以上がわたしの理解だ。

だが、「バベルの塔」の「セムの系図」「テラの系図」となると、寿命の数値は一変する。「六〇〇歳以下」に〝激減〟しているのだ。セム（六〇〇歳〈一〇〇歳プラス五〇〇歳の形〉。以下、同じく集計だけを記す）アルバクシャド（四三八歳）、シェラ（四三三歳）、エベル（四六四歳）、ペレグ（二三九歳）、レウ（二三九歳）、セルグ（二三〇歳）、ナホル（一四八歳）、テラ（二〇五歳）である。

右の「九名」は「十二倍乃至十倍年暦」である。この場合、ナホルの年齢は、十余歳となろう。

けれども、これらの寿命記載が「後代の造作」ではなく、当時の記録の「反映」であることがうかがわれよう。

以上の「寿命問題」をふくめ、当然従来の聖書研究において百論、千説されてきたところと思われるけれど、あえてわたしの見解による分析を記させていただいた。

すでに論じられているように、バイブルの創世記は、別時代・別王朝の記録の貴重な「集成」なのである。

二〇一一年一月二十一日　追記

（「閑中月記」第六九回、『東京古田会ニュース』第一三六号）

真実の神と虚偽の神

一

再び言う。人間は「神」を造った。そして「宗教」を構築した。一見「不遜」にひびく、この命題も、実は意外にも、自明である。

なぜなら、たとえば犬や猫を見てみれば、彼等が「神に祈る」姿を見たことがあるか。誰一人、ない。彼等が「祭壇を造る」さまを見た人があるか。もちろん、誰一人ない。「神」も「宗教」も、人間が人間の世界で人間のために〝語りはじめ〟、そして「具象化」つまり、形に現わしたものだ。疑いようはない。

フォイエルバッハやマルクスはこの自明な事実をもって「驚天動地の新発見」と信じた。「宗教批判」を完成した、と〝思い〟こんだ。実は、「自明の事実」の出発点にようやく辿り着いたにすぎなかったのである。

問題の「深相」を新たに発展させよう。それが本稿の課題だ。

二

前稿でわたしは論じた。「一週間はなぜ七日間か――バイブル論」である。人間が「進化」、否「深化」の中で〝造り出した神〟、それはその「造作時点」の時代状況を反映している。そしてその時点における「人間の決意」の表現なのである。

たとえば、バイブルの創世記に続く出エジプト記。有名な「モーセの十戒」が語られている。「神との契約」とされている。

「神はこれらすべての言葉を告げられた。」にはじまる一節だ。そこに次の一句がしるされた（第二〇章）。

「13　殺してはならない。」

と。これは驚くべき「言葉」だ。〝効率主義〟や〝損得計算〟を敢然と無視した発言なのである。

考えてみよう。たとえば、AとBの二人の人間が森に入る。そこで美味なる木の実を見出す。そのとき、AがBを殺せば、その木の実は一〇〇パーセント自分が食べることができよう。その上、Bその人を「食べ」れば、さらに〝効果〟は倍増、また何倍増もしよう。

わたしはカーニバリズムの映像を見た。ゴリラが仲間を食う映像だった。彼等は「効率主義者」なのである。人間にもそのような時代があったかもしれない(1)。

BC十四世紀、モーセの「十戒」は成立した、とされる。「最近」の成立だ。数十万年をへたのち、三～四千年前、やっと到達できた。否、「神の名」においてはじめて宣言したのである。「殺してはならない。」と。新しい時代の「夜明け」なのだ。人類の新しいルールがここに確立されたのである。

三

イエスはさらに進んだ。「サマリア人の教え」だ。旧約の「十戒」の場合、「神」はユダヤの主神、ヤーウェ（エホバ）神だった。その神の教えだった。その神との「契約」とされていたのである。

しかし、イエスはその「わく」を脱した。ヤーウェの神を信じぬ異教徒、サマリア人たちが、他の人々のために、みずからの食料などをさし出したとき、それを「せず」にいたユダヤ人たちと、いずれを神は〝よみし給う〟か。それを率直に問うたのである。もちろん、異教徒、サマリア人の方が「神の意志」にかなっている。イエスはそのように断言した。「神は愛なり。」新約の世界のはじまりだ。

神は「深化」された。確固としてより〝ひろげられた〟のである。見事だ。旧約から新約への、新たな発展だった。

四

今は端的に問おう。「神は、原水爆を許したまうか。」と。わたしは率直に答える。――「否（ノウ）」と。

「一人を殺すな。」と、昨日ためらうことなく言い放った神が、今日「広島や長崎の二〜三十万人なら、殺してもよい。」と言うとしたら、まがうことなく「虚偽の神」だ。〝いつわり〟を言う、人間たちに

〝こびて〟言う、「にせもの」の神以外の何物でもない。そんな「神」にわたしたちは〝だまされ〟てはいけないのである。断じて「否（ノウ）」だ。

旧約は、原水爆について語っていない。新約も、原水爆について語っていない。当然だ。それは「原水爆の出現」以前の成立だからである。

コーランも原水爆について語っていない。当然だ。マホメットは、原水爆以前の存在だからである。彼の生涯はすばらしい。人間が人生の半ばを過ぎた、ある日、突如「人生の奥義」を求めはじめる。それを手にする。迷うことなく、それを語りはじめる。人間とは、それほどすばらしい存在だ。そのような存在を生み出しえた〝動物〟なのである。心から、わたしたちはそれを誇りたい。人間の歴史の中の光栄ある瞬間だ。

だからコーランには、原水爆のことに直接ふれた個所がない。それはもちろん「不名誉」ではない。それどころか、光り輝く〝事実〟に他ならないのである。

五

「再解釈」は、可能だ。次々と、教義の敷衍《ふえん》者が現われ、すぐれた「指示」を与えつづけることであろう。それは、それでよい。各時代に〝合せ〟た、一貫した理解。それも必須でなければならぬ。にもかかわらず、わたしは言う。

「旧約にも、新約にも、コーランにも、原水爆のことを直接のべた個所はない。」

その「ない」事実は、誰人にも動かすことは、結局不可能なのである。

六

真実の神とは何か。「原水爆を断乎否定する神」だ。原水爆に対して、ハッキリと、ためらわず「否（ノウ）」といい切る神である。

利害計算や効率主義、それらの誘惑に負けず、ただ一言、そのように言い放つ神のみが、真実の神なのである。わたしは一瞬も、それを疑わない。

八十四歳の老年において、わたしはそれを言い放つ。

七

先日東京でアメリカの政治哲学者が語った、学生との問答が公開された。そこでは功利主義の名において、原水爆の投下を弁護する「論理」が用意されていた。(2)

「広島・長崎への原爆投下によって、何倍、否何十倍のアメリカや日本の将兵が救われたか。」現在のアメリカ「公認」の論理へと導く哲学、功利主義の立場が見事に用意されていた。すなわち「ゴリラの論理」だ。「十戒以前」そして「イエス以前」の論理である。

歴史は「進化」しない。「退化」しているのだ。それが現代の地球である。

八

マホメットに真実を見る青年たちは、その虚偽を見抜いた。ハーヴァードに行かなくても、否、行かなかったから、真実を直観できたのである。それが、いわゆる「自爆テロ」だ。止《と》めても、難《なん》じても、やまぬ道だ。彼等には、それが限りある「美しい人生」と見えているのだ。功利主義にはそれを止《と》める力はない。

九

しかし、わたしは日本の道を行く。戦勝によって軍部の見解に対して、正面から反対しにくくなった国々、いわゆる「国連の理事国」ではない日本。負けたから、本当のことを言いうる日本に、せっかく生れたのだから、ためらわず、言い放つ。

「真実の神は、原水爆を決して許さず、明白に『否（ノウ）』と言いたまう。」

と。わたしは真の原理主義者だ。それを誇りにしつつ、死んでゆきたい。

注

（1）テレビ朝日放映。故・筑紫《ちくし》哲也氏、提供。

（2）二〇一〇年八月二十五日、東京大学特別授業。マイケル・サンデル『ハーバード白熱教室講義録』下、早川書房、二〇一〇年十月刊、所収。

二〇一一年二月十八日早朝　稿了

（「閑中月記」第七〇回、『東京古田会ニュース』第一三七号）

第三篇　史料批判のまなざし

火中の栗

一

竹林の間の道を辿りゆくと、さまざまなイメージが反芻されてくる。真理の小道を歩む年老いた一牛にとって、それは珠玉の時間である。

この二ヶ月間、あまりにも所得が大きかった。すぐれた先達やすばらしい後生の研究にふれ、無価の所得に心が輝いた。その一粒、ひとつぶを、機を失せぬうちに、ここにしるしとどめておこう。

二

六月十六日（金曜日）、朝日新聞の朝刊に三笠宮（崇仁）に関する記事が掲載されている。前日、東京都文京区のホテルで間かれた平山郁夫さん（日本画家）の古希の祝いに出席、そのあいさつの一節である。

「戦時中、中国での日本軍の残虐行為を間近にして、身の縮む思いをしました。そのことを昭和天皇に報告したという経験もあります」と。平山さんが、日中の文化交流に貢献していることに関連しての一節だった、という。

けれども、このさい、何も右のような一節に「ふれねばならぬ」事情があった、とも思えない。また、「ウッカリ、ミス」で口をすべらしたものとも思えない。ことが、ことであるから、やはり「意識して」の一言だった。そのように率直に理解すべきであろう。

日本軍の、中国大陸における「残虐行為」について、最近諸種の議論がある。従来の、たとえば朝日新聞社の本多記者の現地（中国内部）取材報告に代表されるような「日本軍、残虐行為」論に対し、これを「自虐史観」による〝虚妄〟と見なし、逆に、日本国家と日本軍の一連の行為を以て「アジア諸国の独立の契機」として再評価しようとする立場もある。その他、各論者に各説があろう。

このような「状況」を見、そして考え、あえて三笠宮はみずから「証言者」となろうとされたのではないか。いわば「火中の栗」を拾われたのである。八十四歳の決断だ。

わたしも、一少年だったけれど、「同時代者」として証言することができる。時は、日支事変（「日中戦争」）のさ中、広島県の山奥の三次盆地、十日市小学校の生徒だった。昼休みには、小使室（「用務員室」）に集った。中国から帰ったばかりの小使いさん（「用務員さん」）から、戦争の話を聞くためである。

「村へ入ったら、女がおらん。ほいでも、どこに隠れとるか、わしらは知っとるんじゃ。納屋や牛小屋の奥からひきずり出して一列に並ばせる。みんな、裸じゃ。そして「股を開け」言うんじゃ。開かんやつは、銃剣で、ズバリとへそから背中まで突き通してやるんじゃ。性《しょう》のこわい（堅い）、八路《はちろ》になるやつじゃけん、の。面白い、で。」

八路とは中国共産党軍で、俗に八路軍といった。息をつめて、みんな、聞いていた。今朝も朝礼で校長先生が訓示した。「わが皇軍は、日夜、大東亜解放のために戦い、中国の民衆に慕われておるのであります。」どちらが本当か、誰も疑わなかった。

三笠宮は、その著書（『古代オリエント史と私』）の中でも、自分が見聞きした日本軍の残虐行為について「生きた捕虜を銃剣で突きさささせる」「毒ガスの生体実験をしている映画も見せられました。」と書いている、と紹介されている。

先の小使いさんは、胸を張って言った。「軍隊ではな、『上官の命令は朕の命令と心得よ。』って言うてな。わしらは、それでやってきたんじゃ。」と。

昭和天皇は三笠宮の報告を聞き、何を感じ、何を決断しようとされたか、されなかったか。わたしは知らない。ともあれ、わたしは「八十四歳の勇気」に対し、深く敬意を表したい。

三

昨日（七月十二日）、向日市と伏見（京都市）の教科書センターへ行った。展示の最終日だった。前者は小中学校、後者は高校である。

特に、ショックを受けたのは、中学の「歴史」。一言で言えば「美しくない」。これに尽きる。全体として「精神のバランスがとれていない」のだ。

例の「侵略」と「虐殺」問題。日本の中国「侵略」や南京「大虐殺」問題が必ず〝なまなましく〟記述されている（出版社別の「小差」は、省略する）。

ところが、ヨーロッパ人に関しては「アメリカ大陸侵略」と書かず、スペイン人（カトリック教徒）の

「中・南米の、超大虐殺」と書かない。もちろん、ヨーロッパ中・近世の「魔女裁判」という名の「女性に対する、超大虐殺」も書かない。今年〔二〇〇〇年〕三月、ローマ法王（ヨハネ・パウロ二世）は、勇敢に、これらに対して「謝罪」した。やっと、来年から、日本の教科書もこれに〝追随〟するのだろうか。

あえて問う。南京が「大虐殺」で、なぜ広島が「投下」にすぎないのか。あの年の八月中旬、そしてそれ以降、広島の「むごたらしく殺された」人々の間を、（旧制）広島二中の生徒たちの遺骸を求めてさまようたわたしには、全く理解不可能だ。あれは「大量の、集団自殺」だったのだろうか。

もし「南京大虐殺」と書きたい執筆者と編集者がいたら、必ず一方にも「広島大虐殺」と書かねばならぬ。そしてソ連軍の「シベリア大虐殺」等もまた。

「慰安婦」問題を書きたいなら、一方で必ず「原住民の男性を殺し尽くし、現地女性に混血児を大量生産させた」カトリック教徒（スペイン人）の所業も書かねばならぬ。それは、中南米だけではない。日本列島の隣、グアム‐サイパン島にも及んでいた「性的一大蛮行」だ。これをきれいにカットし、日本側の「慰安婦」だけ〝書きつのる〟ような教科書、それはひっきょう「亡国の教科書」である。

「高校」の場合も、基本的には同一だ。世界史の本の終り近く、「対、アジア」だけ「侵略」と記し、アフリカ大陸やアメリカ大陸には、この語を使わない。世界史の教科書の終り近く、いきなり「中国侵略」や「南京大虐殺」が出てくるのに驚いた。それ以前の「超侵略」や「超大虐殺」には一切〝頰かむり〟したまま。

このような「精神の平衡を失った教科書」を押しつけられたら、その中から精神のバランスを失った青少年たちが次々と生れるのは、不可避だ。およそ生れぬはずが決してないのである。

いわゆる「自虐史観、批判論者」が世に生れるのも、言わば、当然だ。

冷静にして客観的記述こそ必要なはずの「歴史の教科書」の中に、現代の政治家の思わくによって、このような「感情的用語」そして「イデオロギー用語」をギラギラと挿入することは、およそ不適切である。もし、それが「必要」だと称するなら、必ず「世界の全歴史とのバランス」においてなすべきこと、これは不可欠の一事ではあるまいか。

――昨日は、実り多い一日となった。

四

一転する。六月十日、古代史上の画期的な「発見」に接した。よみうり伊丹文化センターにおける森博達《ひろみち》氏の講演である。氏は中国語の音韻の研究者であり、現在京都産業大学教授だ。「魏志倭人伝の謎を解く」シリーズの第三回「音韻学から見た三角縁神獣鏡」と題する。

中国の銅鏡では、すでに漢代から魏・晋代にかけて、その銘文には「韻」が踏まれていることを、実例によって述べる。それに対し、有名な「景初三年鏡」（島根県神原神社古墳出土）の場合、この「韻」が踏まれていない。それゆえ到底これは「魏朝からの下賜鏡」と見なすことはできない、と。これはすでに昨年、『週刊朝日』の十二月四日号に書かれたところである。

わたし自身も、別の理由から、同一の結論に達していた（「銘文の文章内容」と「紐孔」が「乱型」であること）。

これに対し、当日の新しいポイント、それは「母人」問題だった。

「母人詣之、保子宜孫」

この単語は、漢和辞典になかった。諸橋の大漢和辞典にも、熟語としてあげられていない。ところが、森さんは「新しい目」を大蔵経典に向けた。仏教系の大学はもちろん、京大の文学部図書館でも、閲覧室に並んでいる。各巻についている索引、そこには、まさに〝在っ〟た。コロンブスの卵だったのである。

「世間母人有諸悪業。」（世間の母人、諸悪業有り。）（「大正蔵経」巻十一、後漢、支婁迦讖訳。七五二ページ上段）

他にも、有名な西晋の竺法護訳以降、後秦・北魏訳等〝目白押し〟だ。

ではなぜ、従来の「辞書」にはなかったのか。氏は言う。

「これは、当時の『白話』、つまり口語です。ですから、インテリ向きの、いわゆる『辞書』には出ていないのです。ところが大蔵経の場合、民衆への布教のため、ふんだんに『白話』を使って〝訳して〟いるからだと思います。」

と。正解だ。わたしは質問の時、手をあげた。

「今日の『母人』のお話は、すばらしい大発見です。一つの画期となりましょう。わたしの考えでは、第一に当鏡（「景初三年」鏡）の作鏡者は日本列島人ではありえない。中国の『白話』を使っているからです。第二に中国の天子からの下賜鏡ではありえない。庶民の『白話』を使っているからです。第三に、中国から日本列島へ来てこの鏡を作った鏡師は、庶民の『白話』の使い手であり、高度のインテリのように『韻』を使いこなす『韻家』を伴ってはいなかった、ということではないでしょうか。」

と。森さんは、飛び上がるようにして、

「その通り。そうだと思いますよ。」

と賛成して下さった。

わたしはこの時すでに「鏡師と鋳工の区別」という認識に到達していた（「三角縁神獣鏡の史料批判」。四～五月の泉北考古資料館〈大阪府堺市〉講演）。そしてこの日、新たに「韻家と鏡師の区別」のテーマを認識したのである。

高校に漢文教育の〝失われた〟世代の中から、慮外にもすばらしい専門家が生れていた。氏は五十一歳である。(1)

五

六月二十五日（日曜日）、ひきつづき、よみうり伊丹文化センターで講演を聞いた。今回は河上邦彦氏。橿原考古学研究所の研究調査部長としてその活躍振りは有名だ。だが、やはり直接、ホケノ山をめぐる問題点を聞きたかった。そう思ってやってきた。よかった。

数々の角度からのスライド写真、さすがに収穫が多かった。歯に衣着《きぬ》せぬ、いつもながらの〝毒舌〟も、痛快だった。一つひとつ書けば、きりもない。

しかしわたしにとって、最大の収穫。それは何と言っても、「内行花文鏡」の断片だった。念願の、その一片の姿を、はじめてスライドでしっかりと見とどけることができた。

「この断片から見ると、全体の大きさは、直径が約二十六センチくらいあるようです。」

ここで一息つき、わたしの方へ向って（と思われたが、）ニヤリと笑い、

「仿製鏡ですよ、ね。」

と言う。

「ええ。」

と思わず、同意の声をもらすと、

「あまり、うなずかんで下さいよ。」

と壇上から言う。まるで客席との〝かけ合い漫才〟じみてきた。

講演がすんであと、「写真をいただけませんか。」と言うと、「いや、まだ調査中ですから。」と、ことわられた。ともあれ、この「実物」のカラースライドを、この目で見たこと、最大の収穫だった。やはり、来てよかった。

下池山古墳（奈良県）の棺の左上方に「別置」してあった「内行花文鏡」と〝同類〟のようだ。あちらは、何重もの「絹」につつまれていたけれど、今回のホケノ山古墳の場合、「断片」（一個）である。その意味は何か。

いずれにせよ、「下池山とホケノ山」と、その両者の〝上位〟に立つもの、それがあの有名な「平原遺跡」（福岡県前原市）であること、それは疑いえないのではあるまいか。あちらは直径四十六・五センチ。しかも、四〜五面だ。

この「内行花文鏡の断片」の存在を〝抜き〟にして、各論者が各口舌を以て「ホケノ山古墳」を論じてきたこと、それはいかにも空しい。わたしには、今、切にそう思われる。

一瞬のスライドながら、念願の一物を「公示」して下さった河上さんの英断に感謝したい（同古墳出土の「画文帯神獣鏡」のもつ意義については、機を得てこれを詳論したい）。

六

よみうり文化センターと言えば、忘れられぬ思い出がある。千里（大阪府）の方だ。伊丹（兵庫県）より大きい。

東京へ行く前、依頼があった。長期連載で古代史関連の講演をしてほしい、と。わたしの古代史像の全体を、分りやすく話す。その企画を立てて下さった、とのこと。わたしの研究展開を知悉した、周密なプランだったから、喜んでお引き受けした。こちらも準備万端ととのえた。

ところが、いよいよ開始の数日前、責任者の方から電話が来た。

「残念ながら、できなくなりました。」と。一息おいて、次の言葉。

「理由は、お察しの通りです。」

今に忘れられぬ「名台詞」である。

それも、今は昔。思えば、このような〝絶妙の刺激〟によって、今も〝ボケ〟ずにおれるのかもしれぬ。とすれば、この記憶に感謝しなければならぬであろう。ちょうど、あの和田家文書（「東日流外三郡誌」）「中傷」問題も、そうだったように。馬鹿馬鹿しい問題は、時としてすばらしい効果を生むものである。

老来、わたしは意外な方々からの、意外なおかげを深くこうむっていたのかもしれぬ。竹間を静かに流れてくるさわやかな風の中で、そう考えた。

七

近来、次々と佳著・快著に接している。

先ず、藤田友治氏の『前方後円墳』（ミネルヴァ書房、二〇〇〇年三月刊）。前著（『三角縁神獣鏡』同社、一九九九年九月刊）とは異なり、シンポジウム（伊ヶ崎淑彦・四宮光弘・小川光三氏）を含む編著である。形態論・意味論・機能論・起源論・造営論と各研究者の所論を要約し、机辺必携型の本となっていること、前著と変りない。

ただ、わたし自身の立場に関しては、いきなり「九州王朝への服属儀礼の場」とあって、驚いた。すでに『古代史の未来』（明石書店刊）にも書いたように、第一、銅鏡を用いた太陽信仰の儀礼。第二、司祭者の持つ「銅鏡の位置」が高くなれば、太陽の反射光の及ぶ範囲が拡大する（高さと面積の比例関係）。大群衆の参加。司祭者たちが上部に立つための「方円墳」（いわゆる「前方後円墳」）の成立。第三、死者とは「もっとも新しく祖先の末端に加わった霊」であり、〝死者への祀り〟は、すなわち〝祖先への祭り〟を前提とする。第四、近畿分王朝にとっての「祖先」は、「神武東行」以前の九州（筑紫の日向《ひなた》）にある。第五、近畿以外の豪族もまた、九州王朝からの「神別」や「皇別」であることを各自〝誇り〟とし、祖先（精神的な血脈）を遥拝するに至った[2]。

以上の脈絡なしでは、右の「紹介」はあまりにも唐突に見えるのではあるまいか。藤田氏の一段と立ち入った、第三の力作に期待したい。

八

次は、内倉武久氏の『太宰府は日本の首都だった』（ミネルヴァ書房、二〇〇〇年六月刊）。特色ある本だ。日本の考古学界の、いわゆる「考古編年」が、世界の考古学界共通の「放射能測定値（C14）」とは、いちじるしく〝くいちがって〟いることが、全編を通じての主題となっている。

しかも、陶邑（すえむら。大阪府）などの近畿では、ほぼ〝対応している〟ものの、他（九州や関東・東北など）では、まるで〝合わない〟状況だという。なぜか。

「近畿が大陸（中国や朝鮮半島）から渡来した技術の原点であり、他（九州・関東・東北など）は、近畿からの伝播でなければならぬ。だから、当然近畿よりおそいはずである。」

右のような概念、ハッキリ言えば「イデオロギー」に立った考古編年。それが日本の考古学者にとって貴重無類の「根本尺」となっているのである。

ところが、「C14」といった自然科学的測定値は「正直」だ。右の、日本考古学界では金科玉条の「考古編年」には、全く遠慮してくれないのである（最近、「C14」には、理論的に「修正値」が出され、一段と正確さを増したという）。

〝放射能数値は信用できない。〟

といった風評を聞いたことのある人も多いだろうが、その「発信源」は言わぬが花であろう。

氏が基本的に依拠された『考古学と実年代』（埋蔵文化財研究会、一九九六年八月。第四十回、埋蔵文化財研究集会。第Ⅱ分冊、資料集）を早速お借りし、八〇〇ページを超す大冊を全部コピーさせていただいた。

京都府埋蔵文化財研究調査センターの小山雅人さんの御好意に感謝したい。

九

次は『九州王朝の論理』（明石書店、五月刊）。待望の上梓だった。

福永晋三・古賀達也という、四十代の若手の力作が並ぶ。大胆な発想を飛躍させる福永さん、着実な論理を科学的思考によって力強くすすめる古賀さん。「九州」という二字が「七〇一以前」から使用されていたことを〝裏付け〟する。わたしが〈後補〉に記したように、新羅も白村江以後、「九州」の制を敷いていた（三国史記）。それに先立ち「日出ずる処の天子」を称した倭国（「俀国」）がこの「九州」を称しなかったはずはないのである。七世紀の東アジアは「九州、多元」の時代だったのだ。現に、太宰府の「紫宸殿」や「大（内）裏」の字地名がそれを証言しつづけている。わたしがこの世を去っても、なおさらこの書は生きつづけるであろう。

十

昨年は、「政治の季節」だった。国会で政治家たちが「君が代」を〝論じ〟てみせた。決議も、した。しかし、それが何物か。

今年からは、「歴史の季節」だ。〝もう、あれはすんだこと〟、彼らが問題をほうり投げたあと、わたしたちは真剣に考えはじめるのだ。

『「君が代」を深く考える』（五月書房、一月刊）を机辺におき、静かに読み、そして考える人が、一人でも生れたら、わたしの喜び、これに過ぎるものはない。学校の図書室や町の図書館の一隅にこの一冊の本がおかれていたら。わたしには、それ以上、望むものはない。

竹間の細道を辿りながら、わたしは考える。新しい発見と未曾有の世界への挑戦に、朝夕の光を惜しむこの身の幸せを、かみしめるような日々である。

注

（1）森博達『古代の音韻と日本書紀の成立』（大修館書房、一九九一年刊）、『日本書紀の謎を解く』（中公新書、一九九九年刊）。森氏の研究は、一元史観に拘泥せず、多元史観による「史料批判」を経過すれば、一段と冴えを見せることであろう。

（2）『新撰姓氏録』は、これを「近畿天皇家中心」の「神別」や「皇別」へと〝換骨奪胎〟して「新撰」と称したものである。

二〇〇〇年七月十四日　記了

（「閑中月記」第八回、『東京古田会ニュース』第七四号）

史料批判と同時代経験

一

大きな発見が、津波のように押し寄せている。閑中、竹林の風の通り過ぎる朝夕の中で、相次ぐ、この〝驚き〟はなぜだろう。

考えてみると、もしかしたらこれは、敗戦を十八歳で迎え、その後の六十年間を「戦後」にすごしたわたしの一生、その「時代」のもつ姿と、これは深いところでかかわっているのかもしれない。そう考えた。

「各時代には、それぞれの時代固有の〝思想〟があり、独自の〝立場〟がある。それらが深く尊重されねばならぬ。逆に、〝現代風の好み〟から、古代や中世など、『過去』を解釈すること、それは禁物である。」

これがわたしにとって、研究の基盤をなす方針だった。この点、親鸞研究のさいも、古代研究のさいも、変るところはなかった。そのようなわたしにとって、今のべた「考え」は意外だった。いわば、

「想定外」といってもいい。だが、待て。何かがここにはある。そう考えはじめた。

二

たとえば、先日（九月十七日〈東京〉と二十四日〈京都〉）の新東方史学会の「立上げの会」で述べたテーマ、「筑後国風土記」の場合をふりかえってみよう。

従来も、この「遺片」の存在は知られていた。岩波の古典文学大系の「風土記」の中に掲載されている。その一つ（同書五〇九ページ）。

「筑後の国は、本《もと》、筑前の国と合せて、一つの国たりき。昔、此の両《ふたつ》の国の間の山に峻しく狭き坂ありて、従来の人、駕《の》れる鞍韉《したくら》を摩《す》り盡されき。土人《くにびと》、鞍韉盡しの坂と曰《い》ひき。」

「筑紫（つくし）」という国名は、〝下鞍を尽くす〟というところから、つけられた名前だというのだ。

「俗解」である。あの「あしびきの」という枕詞が、なぜ「山」にかかるのか。いわく、〝山に登ると、疲れて足を引きずるからだ。〟と。いかにも、苦しまぎれの〝ごろ合せ〟だ。それと同じレベルの「俗解」である。だから、従来、（わたしをふくめて）多くの、否、すべての研究者、学者、一般の人々が〝相手〟にしなかった。まともな「史料」とは見えなかったのである。

ところが、今回（昨年来）は、ちがった。その判定基準となる「リトマス・ペーパー」は次のようだ。

「現地（福岡県）の人は〝ちくし〟と訓み、他地方（近畿をふくむ）の人は〝つくし〟と訓む。」

この命題である。最初に博多を訪れた時（昭和四十五年頃）知ったところ、この知識が今回〝目覚めた〟のである。

すなわち、右の引用部（「第二」に当る）について言えば、末尾の「土人、云々」の部分は、明らかに「筑紫」を「つくし」と訓んだ上での「俗解」だ。これは「非、筑紫人」の「非、筑紫」的解釈である。なぜなら、先述のように、筑紫人なら「つくし」とは訓まないからだ。

これに対して「筑紫」「筑前」「筑後」の「筑」の音は「つく」ではない。「ちく」だ。すなわち、この本来の「用字」自体は明らかに「筑紫人の手」になる用字だ。近畿人、大和や京都の「学者」の〝造字〟ではない。従来、漫然と〝見過ごされて〟きたけれど、これは刮目すべき一点である。

三

右にあげた例以外も、すべて「ちくし」ではなく「つくし」と訓んだ上での「俗解」だった。このような「近畿の手」による後代解釈部分を取り除こう。わたしはそう考えた。そうすると、そこから俄然、新たな姿が立ち現われてきたのである。——いわく、

①「山」（筑紫の春日市近辺。さらに背振山脈全体）の周辺部で、戦乱がつづいていた。

②すなわち、「そのたけるの神」（「荒ぶる神」）を奉じた〝先住民〟側と、「天つ神」（海上民の神。「海士《あま》つ神」）を奉ずる、新征服者側との間で〝戦乱〟が長期間、絶えなかった。

③征服者側は「三種の神器」を奉ずる。吉武高木や三雲・井原、さらに須玖岡本（「山」）や平原に祖を祭る勢力。筑紫君、肥君はこれに属する。

④しかし〝被征服民〟側は、一応の結着のついた戦後も、「抗戦」を止めず、敵・味方とも、その死者が続出していた。

⑤そこにおいて「甕依姫」(=俾弥呼。ひみか)の出現が要請された。
⑥彼女は、敵・味方、ことに「敵の神を祭る」、そして「敵の死者を祭る」という祭り方を、大胆にクローズ・アップさせた。
⑦しかも、従来のような「本棺」ではなく、「甕(みか)」(神酒を入れて神を祭るもの。土製の容器)を用いて祭る、その〝手法〟を大幅に取り入れた。
⑧その結果、〝被征服民〟側の「抵抗」は徐々に終息した。
右のような分析を、九月の両日(十七・二十四日)、行った。

その分析は、さらに進み、倭国の成立に関する分析へと向った。その「もっとも重要なターニング・ポイント」となったのが、あの「吉野ヶ里」であった(この点、十一月十二・十三日の大学セミナーで詳述)。

わたしがこのような分析をなしえたのは、なぜか。

四

もちろん、直接には「史料批判のすじみち」だ。その方法である。右にのべた通りだ。——だが。

わたしはふりかえった。「ここには、現代における、わたしの日常認識が反映してはいないか。」と。

誰でも、思い当ることがある。それは現代の「イラク」だ。アメリカ、イギリス軍の大挙襲撃(ミサイル攻撃をふくむ)によって、きわめて短期間に、全土を〝いったん〟征圧した。そして征圧し切った、とも見えた。

しかし、その直後、発生したのが、あのゲリラ活動だ。今日まで、むしろ「止むことなく」と言いたいほど継続している。今回の「選挙」が行われたあとも、なお各種の「テロ」はつづいているようだ。

だが、今のわたしのテーマは、それをめぐる政治的な〝是非〟ではない。全くない。ただ、日常の新聞紙に報ぜられる、それらの報道が、全くわたしの「認識」に影響を与えなかった、と言えば〝うそ〟になるであろう。確かに、わたしの脳裏に右の報道は日夜、〝到達して〟いたのであるから。

とすれば、先述のような、筑後国風土記をめぐる分析、その史料批判の中に、右のような「現代の認識」が、全く介入していない。とは、言いえないかもしれぬ。

もちろん、イラクに生じている問題は、不幸な現象だ。「征服」されたイラク側にとってはもちろん、「征圧」したアメリカ・イギリス軍側にとっても、同じく〝不幸〟な状況と言いうるであろう。今回の「選挙」によって、それらが完全に解決されるのか否か、わたしは知らない。

ともあれ、右のような「現代の同時代状況」が、わたしの到達した「倭国の歴史認識」に対して、内面的な理解を与えた。そう言っても、おそらく過言ではないであろう。

五

わたしがこの数年来、従事してきたのは、「トマスによる福音書」に対する分析、その史料批判である。最近も、論文「第一の福音書――『トマスによる福音書』の史料批判」(1)を脱稿した。

従来の聖書研究会では、この「トマスによる福音書」に対して「第五の福音書」という名前が知られていた。現行のバイブルの四福音書（マタイ・マルコ・ルカ・ヨハネ）に次ぐ〝第五の〟福音書だというのである。キリスト教界では「極めたる、賞美の評言」であろう。何しろ、「福音書」というのは、クリスチャンにとって、いわば「至高の呼び名」なのであるから。

六

だが、わたしの立場はちがった。この「トマスによる福音書」を以て「第一の福音書」と見なしたのである。一世紀中葉から末にかけて成立した「マルコ・マタイ・ルカ・ヨハネ」の四伝に対して、一世紀前半（イエス在世時）に成立した福音書。これをそのように見なしたのである（もちろん、一世紀前半に成立した、イエスの言葉の収録書、すなわち、「福音書」は、他にも、複数存在したであろう。現在の「トマスによる福音書」も、その一つ）。

では、なぜ、わたしはそのように考えたか。すでに述べたところだけれど、再説させていただき、その「実例」の一つをあげよう。

「イエスが言った、『あなたがたは、なにを見に野に来たのか。風に揺らぐ葦を見るためか。〔あなたがたの〕王やあなたがたの高官〔のような〕柔らかい着物をまとった人を見るためか。彼らは柔らかい着物をまとっている。そして彼らは真理をしることができない〔であろう〕。』」（七八）

イエスによって「批判」されている人々、それは次の二種類のタイプだ。

①あなたがたの王――当然「ユダヤの王」を指す。

②あなたがたの高官――「高官」は、ギリシャ語。〝原文全体〟を占める、コプト語ではない。

問題は、右の②の「高官」だ。これが「メギスターノス」というギリシャ語で書かれているのは、なぜか。彼は「ユダヤ王の配下の高官」ではない。「ユダヤ王以上の存在」だ。「占領軍側の指導者」だからである。「ユダヤ王の配下の高官」なら、わざわざ「ギリシャ語」を使うことはない。周囲の言語と同じ「コプト語」でO・Kなのである。しかしこの単語は「ギリシャ語」の方だ。

七

この問題は重要だ。なぜなら、ここに言う、

（α）「ユダヤ王」

（β）「ローマ占領軍のボス」

の二重構造こそ、当時のユダヤ社会をおおっていた「政治と軍事の壁」そのものを直指していたからである。


この問題は決定的だ。なぜならイエスは、当時のユダヤの二重支配体制に対して、正面から挑戦しているからだ。

だからこそ、彼は「十字架の刑」に処せられたのだ。――誰から。もちろん、「ローマの占領軍」によってだ。〝民衆を煽動する危険分子〟と見られたからである。

八

この点、現在のバイブルはちがう。現行の四福音書とも、イエスを処刑した、当の責任者、それは「ユダヤの大祭司たち」だ。彼等が一番の当事者として処刑の「提唱者」だったとされている。

これに対し、ローマ占領軍の指導者、ピラトは反対した。そこまですることはない。「イエスをゆるせ。」という立場だった、という。再三、その立場から、「イエスの釈放」のために、〝運動〟したというのだ。

だが、ユダヤの大祭司たちは反対した。是が非でも、イエスを「処刑」しようとした。ユダヤの民衆も、これに「同じ《どう》」た。処刑の方に賛成した。

そのため、ローマ占領軍のボス、ピラトも、ついにこれにしぶしぶ「賛成」した、というのである。「心ならず」も、彼等の「意思」に従った、というのである。――本当か。

他国の軍隊の「占領統括」下において、そんなことがありうるのか。――「否」。

九

この証拠を、文献の「史料批判」上、さししめすもの。それは「トマスによる福音書」(七八)と〝並行〟する、現在のバイブルとの対比だ。

マタイ伝(一一・七―八)とルカ伝(七・二四―二五)とに、同類の説話がある。けれども、ここには決定的な〝ちがい〟がある。

第一に、こちらの方の「主人公」は、イエスではない。あの〝洗礼者、ヨハネ〟だ。

第二に、問題の「高官」(メギスターノス)が、ない。姿を〝消して〟いるのである。

第三に、末尾の「(彼等は)真理を知らない。」という、決定的な「否定の言葉」がカットされている。

先にあげた「トマスによる福音書」(七八)と、右のような、現行バイブル(の二福音書)と、いずれが原型か。先入観なきわたしには、明々白々だ。当然「トマスによる福音書」の方が原型なのである。これに対して、当のイエスを以て、正面からの「ローマ占領軍に対する、敵対的挑戦者」として明示することをはばかり、「こと」を穏和な方へと〝改定〟したのは、どちらか。もちろん、現行バイブルの二福音書（マタイ・ルカ）の方だ。他の二福音書（マルコ・ヨハネ）の方は、この〝危険な説話〟全体を削除している。

十

以上は、わたしの史料批判のさししめすところ、そのクールな帰結だ。先入観や予断に禍されざる限り、疑いようはない。

しかし――わたしは考えた。わたしにとって、右の帰結は、心の底にすんなり理解できた。何の抵抗もなかった。――なぜか。

それは、青年時代の「時代経験」だ。昭和二十年以降、敗戦によって日本はアメリカ占領軍の占領下に入った。直接統治下に属していたのである。

すなわち、それはあの「天皇とマッカーサー」の二重統治の時代だった。だったけれど、両者の意思の〝軽重の差〟は明白だった。「天皇の意思」が優先され、その決定にマッカーサーが〝しぶしぶ従う〟。そんな光景を、十八歳から二十代の青年時代の中で、一回でも見たか。経験したことがあったか。――「否」。

そんな光景は、一回も見たことがなかった。〝逆〟は、いつも見ていた。見せられていた。わたしならずとも、どの日本国民でも、それを知らない者はなかった。わたしたち青年と、それ以上の年齢の人々ならば——。

このような「時代経験」をもつわたしには、右のような史料批判の結果、ここに描かれた、「ユダヤの王と占領軍の指導者たち（メギスターノス）」に対する、イエスの対応ぶりを見るとき、深く〝ほれぼれと〟せざるをえないのである。

わたしに対して、そのような「直観」もしくは「視野」を与えてくれたもの、それは他でもない、あの青春時代の「時代経験」そのものだったように思われるのである。

十一

最後に、最近当面している「大化の改新」の史料批判、これについてふれよう。

この十月三十日（日曜日）、東京大学（駒場）で研究発表を行った。「『大化改新詔の信憑性』（井上光貞氏）の史料批判」と題する。日本思想史学会の大会だった。一九五三年（昭和二十八）十一月に端を発した、井上氏の「郡評」問題に対する批判だった。

その詳細は、改めて報告できる。来年五月発刊の新雑誌（仮称『なかった』）に、そのテープおこしが全文掲載される予定だ。

だが、今は「その後の展開」について、頭をめぐらす毎日である。そのキイ・ポイントは、次のようだ。

「『大化の改新詔』で有名な、『公地・公民』制は、果して〝六四五〟の宮中内クーデターによって、なしとげられたものか。」と。

これに対する、わたしの方法はもちろん、ただ一つだ。厳正な史料批判を貫くだけである。けれども、その実行のあと、わたしはふと気づいた。これもまた、戦前に生れ、敗戦後の六十年間を生きてきた自分にとって、もっとも分りやすい「同時代経験」そのものと、深く対応し、契合していたのではないかと。

この点も、機を改めて述べることとしよう。

注

（1）宮谷宣史《よしちか》教授、関西学院大学退職記念論文集、所収予定。

二〇〇五年十月　記了

（「閑中月記」第三八回、『東京古田会ニュース』第一〇五号）

乃木希典批判

一

世間がかまびすしい。一日中、新聞もテレビも、建築偽装問題をあつかっている。やっとの思いで手に入れたマンションの一空間が、地震となればひとたまりもない、となれば手に入れた人々は大変だ。幸い、今わたしの住んでいる家には鉄筋は使われていない。だが、あの神戸・淡路の大震災のとき、この家の屋根が少し影響をこうむったようで、手を入れてもらった。ここは京都の西の郊外地だけれど、大なまずの目から見れば、ほんの尻尾のひとふりなのかもしれない。

年明けてからも、まだ国会の証人喚問などつづくようだけれど、それで明らかになること、そしてやはり明らかにならないことが逐次判ってくるだろう。

わたしに関心のあることの一つ、それは今回の「もと」をなす建築法、その大枠や多くの法律を誰が作ったのか。いつ、どのように作ったのか。この点だ。つまり、その法律の作り主には、今回の事態は「予見」できていたのか、いなかったのか。

日本の官僚は優秀だ、とは、よく聞かされるせりふだけれど、その優秀な官僚には「予見」できなかったのか。もちろん、彼等の「手」を借りた、大臣や国会議員諸公にも。

というのは、わたしには「分っていた」ような気がする。「こういう法律を作り、こういうやり方でやれば、こういう抜け道を見つけるやつが出るはず。」そう思った人も、必ず要所要所にいたのではないか。

もちろん、法律がちゃんと守られれば、すべて問題はなかったはず。そういう見方も出来るけれど、逆に、「この法律なら、こういう抜け道を探る手合いも、出て来るだろう。」そう思っていた人も、或は、最初からいたような気がする。それが知りたい。

二

というのも、たとえば有名な「統帥権干犯」問題[1]、明治憲法体制の中に〝設置〟されていたこの非常法規。本来は、西南の役などの経験にこりて、また普通選挙法の〝恐怖〟にそなえて〝作られた〟法律、乃至一種の〝慣習法〟であろう。要は、「天皇」さえ、しっかりと〝己が手〟にあれば、軍隊という、公的な「暴力装置」は、大丈夫。そういうつもりで〝設置〟された仕組みのように思われる。すなわち、明治のいわゆる元老たちにとって、もっとも〝慎重に〟考えられた安全装置だったのであろう。

それが裏目に出た。肝心の軍部自身、その指導者がこの〝秘密装置〟をひんぱんに使った。国会と総理大臣以下のお歴々を〝すくま〟せた。民主主義が機能不全におちいったのである。

そして軍部のお歴々は、自分の国の国会や総理大臣の組閣を〝あやつる〟面白さにひかれ、日本以外の国々、世界の国、そして諸外国、先進列強の深謀遠慮、その「たくらみ」の外に目を深くこらす力量を、多くはもち合わせていなかったようである。それが昭和十年代だ。

開戦直前、アメリカ側がつきつけてきた「ハル・ノート」、あれが日本にとって「開戦」をやむなくさせた。そういう論者は少なくない。わたしも、そう思う。しかし、問題は次の一点だ。「ローマは一日にして成らず。」のたとえ通り、「ハル・ノートは一日にしてならず。」である。その一日への道は、すでにずっと早くから用意されていたのである。いつから――。ハッキリ言えば、「黒船来航の日」からである。幕府からの奪権に欣喜して「成り上がり」生活にふける前に、この「真の憂い」に深く目をそそぎ、これに対すべき道を探る。そういう人物が「明治」にはあまりにも少なかった。まちがえないでほしい。「昭和」に、ではない。――「明治」に、だ。この点、わたしには、いわゆる「司馬史観」は、歴史への見方が「ひとふし」ずれているように思われてならないのである。

「昭和（敗戦前）は、語りたくもない。だが、明治はよかった。」

もし、これが、本当に、いわゆる「司馬史観」、司馬遼太郎の歴史観であったとすれば、わたしには「ちがうよ。」とつぶやかざるをえないのである。

三

この点を「道破」（言い抜く）した達人がいる。乃木希典《のぎまれすけ》だ。奇しくも、司馬遼太郎が彼を「愚将」と称したようだけれど、とんでもないことだ。司馬は、（「百覧博捜」のうわさにも似ず）日露戦争と、二〇三高地の状況、そして「上」から、いやというほどくりかえされた「二〇三高地強行突破の指令書」のもった苛烈な役割を、十二分に味読していなかったのではないか。あるいは「軍神乃木希典」の虚像を破る快感に身をまかせすぎたのかもしれない。彼には、乃木が遺書に、日露戦争のことも、二〇三高地のことも一切語らなかったこと、その真の意味を真剣に追求しようとした跡を、わたしは見ない。そして今、「司馬讃美の大合唱」の中で、それを〝言い出す〟人さえ少ないように見える。

しかし、この点は、すでに日本と英国の若い研究者が目下真摯にとりくんでいるから、わたしは筆をここでとどめておこう。

四

わたしには最近、気になっているテーマがある。それは次のようだ。

「乃木将軍の殉死は、まちがっていたのではないか。」

これだ。先述の、司馬史観に対する「乃木弁護」と、一見これは逆に見えよう。しかし、ことの次第はこうだ。

明治天皇は乃木将軍を愛した。信頼した。これは慥かだ。慥かに、彼は信頼されるに価する人格、明治において傑出した人材だった。わたしはそう思う。だからこそ、明治天皇は彼を（一見、不釣合いな）「学習院の院長」に任命したのだった。その目的は（明治の一般的風潮に反し）、「乃木の心、その精神」で、学習院の若き魂を育ててほしい。

そういう所にあった。そう考えてあやまるまい。

すなわち、明治天皇と乃木大将とは「明治に対する〝不信〟」という一点で、「意」を同じくしていたのである。

維新前の、一地方（薩摩や長州）の足軽の息子が、一朝、志を得て、旧江戸の東京に各自大邸宅をかまえた。その鼻たれ小僧やけばけば娘のために、おびただしい下男、女中を大邸宅にそなえさせた。これで人間が堕落しない方がおかしい。

だが、かつての江戸屋敷、幕府が各藩から人質にとった奥方たちのための多くの屋敷が、一挙に不要となった。「空き家」となったのである。それをよりどり「占拠」したのが、元、足軽の子と孫たちだ。蝶よ花よ、でかしづかれた。このような姿を正視していた一人が夏目漱石だった。作中人物に「亡びるね。」と言わせている。「これから、この国はどうなるでしょう。」という青年の問いに対して。もちろん、漱石自身の答である。

奇しくも、この漱石と「同意見」をもっていた人、少なくとも、同じ視野から見ていた人がいた。それが乃木希典。そして明治天皇その人であった。その天皇の知遇に、乃木は感動した。「知己」を見た。——これが「殉死」の最深の秘密だ。少なくとも、その肝心の一点である。

五

では、問おう。

「明治天皇は、乃木希典に対して『殉死』を期待して、学習院院長に任命したのだろうか。」と。もちろん、否だ。やはり、先述のように、抗しがたい、軽薄な、明治の「成り上がり者」社会の風潮に対して、これを「止める」力量を、他人ではない、乃木その人に期待したのではなかったか。そして、中でも一番肝心なこと、それは学習院の中の、いとしき孫。あの若き日の昭和天皇への徹底した教育。この一事だったのではあるまいか。乃木も、それを知り、昭和天皇に対しては、いつも直接言葉を向け、深く目をかけていたようだ。「殉死」の前に、自己の尊崇していた山鹿素行の『中朝事実』を、みずから筆写して奉呈しているのである。――しかし。

では、その教育の「成果」はいかに。やがて成人した昭和天皇が、いわゆる「昭和の大変」に対して、〝なすすべ〟をもたなかったように見えること、乃木が生きていたら、何と彼を「叱った」ことであろうか。

「たとえ、一身（昭和天皇）を犠牲にしても、未然に無謀の『開戦』をくいとめる。そして全重臣・全国民こぞってこれに反対しても、断乎、他国（中国大陸）から侵略の全軍を、即刻ひきあげさせる。それができなくて、何の大元帥陛下ですか。」

――乃木は、そう静かに叱ったのではないか。わたしにはそのように思われてならない。

一般の世評、また司馬史観とは別に、乃木はドイツ留学のさい、その国状や軍部との関係を詳細に観察し、これにつきドイツ語で日記をしたためている。国家の一機関としての「軍部」が勝利におごり、奢侈《しゃし》に流れるとき、やがて一転して必ず全国家の破局をまねく。それを詳細に観察し、鋭く銘記していたのである。

「乃木将軍の殉死は、根本的に間違いだった。明治天皇の心からの依頼通り、若き昭和天皇に対して、（軍の圧力などに屈せぬ）〝不抜の人格〟を、完成させる。それに努める、その日々が彼に残されていたからである。」

これがわたしの乃木評だ。

あの「統帥権干犯」の魔術を打ち砕く力、それは誰よりも先ず、昭和天皇その人にこそ委ねられていたのであるから。

注

（1）統帥権は、軍隊の最高指揮権。明治憲法では天皇に属する。一九三〇年（昭和五）ロンドン軍縮会議の調印（浜口雄幸内閣）を、軍令部が統帥権干犯と称して非難。

二〇〇五年十二月　記了

（「閑中月記」第三九回、『東京古田会ニュース』第一〇六号）

古代史と現代（一）

一

八十歳となった。この八月八日である。すでに、男子の平均寿命を過ぎた。いつ、命終を迎えても、悔いはない。わたしの言いたいことは、すでにのべてきた。見る人がこれを見ればよいからである。けれども、幸いにも、研究生活は続行中である。というよりも、今まで気づかなかったことに気づき、未見の世界と新たに朝夕につきあう。その毎日となっている。

考えてみれば、それはわたしの学問に対する方法——この一点にあるように思われる。親鸞や古代史、さらに言語学、また現代史の諸問題へと、新たな関心が生じて尽きることがない。それも、もとづくところ、この「方法」という一点にあるように思われるのである。

その問題に焦点をあてて、種々の問題にふれてみたいと思う。その全容がどのようなものになるか、この私自身にも未知だ。

二

先日、家の中の書籍や書類の整理をしているうちに、なつかしい一冊を見つけた。「聖香蘭経」(イスラム経典)である。高橋五郎・有賀阿馬土《アバド》共譯、聖香蘭経刊行會となっている。昭和十三年六月の発行、定價・金参圓とある。

末尾に「16・11・18」と記入されているのは、昭和十六年だから、わたしの「前」の〝買い手〟であろう。買った年月日を記入する習慣をもった人物である。

わたしが買ったのは、おそらく昭和十八年(一九四三)四月から二十年(一九四五)三月の間、広島の旧制高校時代、十六歳から十八歳の頃。

その頃、わたしは広島市内の各古本屋さんたちと顔なじみだった。あるいは「顔」だったのかもしれない。おやじさんたちが、

「古田さん、こんなの、とっといたよ。」

と、奥から出してくれる。こちらの「好み」を知っていて、とっておいてくれるのだ。この本も、その一つだったかもしれない。第一宣言から第百十四宣言まで、いずれも、

「慈悲《じひ》にして恩恵《おんけい》なる大神の名を以て」

という、はじまりの言葉でのべられている。ほとんど、総振仮名に近い。

今は、岩波文庫などで容易に入手できるけれども、この「旧訳」がわたしにはなつかしい。

三

この本を見ているうちに、思い出した。こちらは確かに、なじみの、別のおやじさんが、

「古田さん、これ。」

と言って取り出してくれた本、それはなんと、「禁断の書」、レーニンの、

『ロシアにおける資本主義の発展』

だった。もちろん、それ以前に発売され、すでに読まれていた本だったけれど、昭和十八年頃にもなれば、一種「禁止」された本に近い処遇だった。少なくとも、店頭に展示することなど、とんでもない。そういう雰囲気だった。

早速、買って帰って読んだ。そして驚いた。わたしはそれまで、マルクス主義の本と言えば、〝こむずかしい〟理論がえんえんと並んでいる。そう思いこんでいた。

ところが、ここには「統計」がある。「グラフ表示」がある。ロシアの中の経済社会の動向が「数字」で調査され、詳細に報告されている。それが〝理論づけ〟の基礎とされているのである。

今から考えれば何でもないことだ。あたり前すぎることだったけれど、その時は「ショック」だった。「なるほど、これでなければいけないんだな。」そう思い知ったのである。それなしに、いわゆる「理論」だけふりかざしてみても、駄目だと。これは「発見」だった。おやじさんの、

「古田さん、これ。」

の声は、わたしに学問の基礎的な研究方向に対し、重要な指針を与えてくれたのである。

四

時は移った。ところは、東京大学の教養学部。旧一高のあった駒場だ。その一教室が討論会場に当てられていた。講師は京都大学教授の赤松俊秀さんとわたし、二人である。司会役は東京大学（助）教授の笠原一男さん。

ときは、一九五六年（昭和三十一）ころ。わたしは二十代終り。神戸の森学園で中学英語と高校社会の授業を（時間講師として）担当していた。そして湊川高校へ。今考えてみれば、いちじるしくアンバランスである。東大と京大の両教授に囲まれて、わたし一人が若僧だ。

このような企画を行われた笠原さん、それに応じて下さった赤松さん、このご両人に、今は深く敬意を表したいと思う。

五

その前年、東大の『史学雑誌』（六四―一一）にわたしの一個の論文が掲載されていた。

「親鸞『消息文』の解釈について――服部・赤松両説の再検討」(1)

問題の焦点、それは次の一文だった。

「詮じさふらふところは、御身にかぎらず。念仏まふさんひとびとは、わが御身の料はおぼしめさずとも、朝家の御ため国民のために、念仏をまふしあはせたまひさふらはゞ、めでたふさふらふべし。」

親鸞の書簡（御消息集）中の「二」「四」「五」が取りあげられた。中でも、「二」の中の右の一節は、戦時中、本願寺教団によってくりかえし引用され、親鸞の念仏は「護国の念仏」すなわち、国家第一主義の立場であるとして〝宣伝〟されていたのである。

これに対して、奇想天外の新説をとなえたのが服部之總《しそう》氏であった。明治維新研究など、マルキシズムの学者として著名の氏は、浄土真宗の寺に生れ、右の一節をくりかえし聞かされて育った。そして敗戦後、これに対して従来説と全く反対の「解釈」を〝発見〟した。「めでたふさふらふべし。」というのは、実は逆に〝おめでたいやつだ。〟という、嘲笑の言葉だというのである。国家第一主義どころか、それを正面から〝あざける〟ための一句だった、というのである。

これが一九四八年に国土社から、再び一九五〇年度に福村書店から刊行された『親鸞ノート』として発表され、版を重ねた。「いわゆる護国思想について」という一篇である。

信州時代（一九四八～五四）、わたしはこれを読んだ。「痛快」な解釈だけれど、違和感をおぼえた。わたしのふれていた、親鸞の文章のもつひびき、それとは異っていたのである。

一方、直ちにこれに対する反論がでた。京大の赤松俊秀氏だ。

「親鸞の消息について――服部之總氏の批判に答えて」

である。東大の『史学雑誌』の一九五〇年（昭和二十五）十二月号に掲載された。氏も、北海道の浄土真宗の寺の出身だ。氏によると、服部解釈を真向から否定し、

「念仏を通じて自他上下が一つに結ばれると考えている親鸞の社会国家観を端的に示したものである」

としたのであった。

けれどもわたしは、この赤松解釈に対しても、違和感をおぼえざるをえなかった。親鸞自身の内部か

らわたしに語りかけてくるものとは、やはりちがっていたのである。
そこで右の論文を史学雑誌に投稿し、やがてこれが掲載された。

六

わたしの立場は、あくまで親鸞自身の「思惟《しい》様式」を重んじ、それに立って右の一節を理解せねばならぬ。それに尽きた。

「たゞひがふたる世のひとびとをいのり」（書簡、八）

とあり、法然の命日の「廿五日の御念仏」も、

「詮ずるところは、かやうの邪見のものをたすけん料にこそ、まふしあはせたまへとまふすことにてさふらへば、よくよく念仏そしらんひとをたすかれとおぼしめして、念仏しあはせたまふべくさふらふ。」

とつづく。すなわち、先の「朝家の御ため国民のために」とは、

「ひがふたる（邪見でゆがんでいる）朝家と国民のために」

という意味なのである。

服部解釈が「不当」だったことは、親鸞文献中のすべての「めでたし」の用例を検すれば、直ちに判明する。近世（江戸時代）風の「おめでたいやつ」といった用法は、鎌倉時代の親鸞には絶無だ。あくまで「賞美する」の意味なのだ。

これに対して赤松解釈の場合も、右の書簡〈八〉などの用例から見て、無理だ。この解釈は何よりも、

親鸞が彼の主著教行信証の末尾（後序）中に記した、心血の一句、

「主上・臣下、背法・違義」

すなわち、〝天皇や上皇は仏法にそむき、正義にたがって（わたしたち専修念仏者をあるいは処刑し、あるいは流罪にした）〟と直言した、あの姿とは、全く相反しているのである。

親鸞の立場は、

第一に、天皇や上皇、そしてその下の貴族・下僚以下、多くの現在の人々は正しい仏法と人間の正義に反していて、これをかえりみることがない。

第二、しかし、そのような彼等が正しい道に帰り、やがて（来世。永遠の未来）救われるよう、わたしたち専修念仏者は祈るべきである。

第三、権力者からの迫害の中で亡くなられた法然聖人の命日（廿五日）には、そのような「迫害者のための救済」を祈る念仏を行う。それが、わたしたちの習わしとなっている。

これが、親鸞自身の立場だ。この「思惟様式」に立つものが、あの「朝家の御ため、国民のため」という一節のもつ意義なのであった。

わたしはそのように解した。

七

討論の当日、わたしは一つ、ひとつの用語例を統計し、それをしめしていった。「朝家」の用例、「国民」の用例、「めでたし」の用例、「ひがふたる」の用例など、他にも逐一列挙してしめした。

二時間半くらいの討論が終った。赤松氏は自分の論文の要旨、または演繹に終始された。会場をはなれ、食堂に向うとき、わたしの二メートルくらい前を、赤松さんと並んで歩く笠原さんの声が聞えた。

「古田さんのは、いち、いち、数字をあげて言うからいかにも本当らしく聞えますわなあ。」

それは、〝劣勢〟に立たされた形の赤松さんに対して、「主催者」としての〝心くばり〟だった。それが、すぐうしろのわたしには、よく伝わってきた。その瞬間、わたしは知った。

「この方法が正しいんだ。」

と。親鸞研究や古代史研究でわたしが辿った道、その方法はこのとき「確立」されたのかもしれない。すくなくとも、惑わざる「方法」上の指針が与えられたのであった。

服部之總氏は出席されず、ついにお会いするチャンスがなかった。

八

わたしは学んだ。過去の文献を読むとき、いわゆる「進歩的」、またいわゆる「保守的」な立場から〝引き寄せて〟解釈してはならない、と。自分の理解するところ、それがAグループから喜ばれるとか、Bグループから敬遠されるとか、それらはすべて「枝葉末節」である。いずれから、いかように言われようとも、わたしにはこのように理解せられる。――これが文献解読の王道なのである。そのような立場に立つ限り、いかなる批判も、攻撃も、歓迎こそすれ、およそ恐れるに足りないのだ。

もちろん、学問研究ではなく、自己の思想、その信条や哲学の場合、この限りではない。過去のあらゆる思想、すべての信仰を乗り超え、造り変える。大いなる「誤解」を以て、これに対する。これは全くの別世界だ。万人は過去のすべてを「誤解」する、不滅の権利をもつ。わたしは深くそう思う。

この「思想の独創性」の秘密と、先の学問研究、ことに歴史研究の立場とゴッチャにしてはならない。混同することは決して許されないのである。

先の服部説、赤松説とも、自己の〝イデオロギー〟また伝統の〝教団的解釈〟へと「引きつけた」結果、真実（リアル）な親鸞思想から見れば、まことに「卑小なる親鸞」へと化してしまった。――わたしにはそのように思われるのである。

九

この点、現代を見る場合も、同じだ。現代の場合、少なくとも、二つの問題がある。

第一に、古代などとは異なり、材料が多すぎて、その取捨選択が難しいことだ。その結果、一定の「用語」に頼って、現実を〝切り取ろう〟とする。そのため、実は「矮小なる現実」しか把捉できない。そういうケースも少なくない。あるいは、それが「一般」かもしれぬ。これが困難点だ。

第二に現代は種々の〝イデオロギー〟がわたしたちを取り巻いている。ずっぷりと、その中にひたっているため、かえってそれに気づかない。これがむしろ「一般」的だ。そのため、「物の真相」が見にくくなっているのである。

この二つ、とりあげてみても、「現代」は〝厄介〟だ。だが、だから面白い。あまり「眼前」にあって、かえって〝見えにくく〟なっている。それを突きやぶって、真相を知る。その探究は、壮快である。やがて眼前の霧が晴れてゆくからだ。

実はその点、古代史を舞台にした探究の習練、それが意外にも、否、当然にも、深く役立つ。なぜなら、古代も、中世も、現代も、そして未来も、いずれも同じこの「人間の仕業」なのであるから。たとえば、差別。たとえば、戦争責任。たとえば、侵略。たとえば、従軍慰安婦。たとえば、靖国など。これらの、あまりにも「現代」的なテーマも、すべて人類の足跡の一コマだ。古代史という試金石で磨かれた方法に立つとき、今までとは異なった、新しい光を放ちはじめるのである。

明日はもう、わたしのいのちは無いかもしれない。いのちの明りのともっている限り、これらについて今は忌憚なく語りたいと思う。それがわたしの生涯の願いである。

注

（1）『古田武彦著作集　親鸞・思想史研究編』Ⅱ（明石書店、二〇〇三年刊）、所収「親鸞思想――その史料批判」第二篇第一章第一節。

二〇〇六年九月一日　筆了

（「学問論」第一回、『東京古田会ニュース』第一一〇号）

古代史と現代（二）

一

二十六歳だった。授業から帰ると、教頭の赤羽さんから呼ばれた。旧制松本中学から新制深志高校の教師になって五年目。今から見れば、短い年月だったけれど、朝から晩まで、否、夜中も悪戦苦闘に明け暮れていたわたしにとっては、長過ぎる時間だったようである。いったんこの教師生活から離れて、心機一転したいと考えはじめていた。

「古田さんは、教師をやめたいと考えてるそうだね。石上さんからも聞きましたが、わたしの率直な感想を申していいですか。」

真面目で温厚、かつ、きちょうめんな数学の先生。県（長野県）の指導主事をしておられたのを、校長の岡田甫《はじめ》さんが懇望《こんもう》して深志の教頭に招いた。先生方の人望も高かった。テニスなどのスポーツマンでもあった。赤羽誠さん。

もちろん、校長の岡田さんからの依頼であろう。石上順さんは、学年主任、わたしのこよなき先輩教師。折口信夫《しのぶ》の愛弟子だった。

二

赤羽さんは言葉をつがれた。

「古田さんはおそらく、学問研究の世界へ帰ろうと思っておられるんだろうと思いますが、失礼ながら、わたしはそれは駄目だと思います。」

いつものように、歯に衣を着せぬ率直な物言い。それが人々の信望のもとだった。

「率直に言ってそれはもうおそい、と思います。あなたが学問研究をのぞまれるのなら、この深志へ来ずに、大学（東北大学）へ残られるべきでした。〝五年の歳月のおくれ〟それは、言うはやさしいけれど、決定的なものです。

なぜかと言えば、学問というものは、日進月歩、一刻も留まってはいない。その間の〝おくれ〟は決定的です。残酷なようですが、とりかえしのつかぬものなのです。

だから、古田さんには〝遺憾《いかん》〟でしょうが、〝そんなことはない。〟そうおもいたいでしょうが、事態をありのままに言えば、〝もう、おそい。〟この一語です。」

わたしは別段、この深志をやめて、大学へ帰りたい、などとは、思いもせず、誰にも言ったこともなかった。岡田さん、石上さん、そして敬愛する小原元亨《もとたか》さんなどにも、同じだ。

だが、赤羽さんは、わたしの「心」を推察して、そう言われたのであろう。おそらく、わたしの離脱の志望を知った岡田さんが、赤羽さんに「代役」を依頼されたのである。岡田さんはわたしが長野県の教育界にとどまり、みずからの「後継者」になることを、おそらく期待されたのであろう。

ではなぜ、岡田さんはそれを直接わたしに言われなかったのか。今でも「？」がわたしの中に残っている。

三

明けても暮れても「生徒のため、」この一語しかない二十四時間だったけれど、そのあいまを盗んで足を運んでいたところ、それは以前のお城（松本城）のそばにある市立図書館だった。

そこには松本郁子さんという方がいた（大下郁子さん〈旧姓松本〉とは同姓同名の別人）。図書の出納係である。隣の松本蟻ヶ崎高校を出たばかり、二十代前半。聡明な女性だったけれど、すでに恋人がいた。わたしの可愛がっていた生徒。三年生の小木曽《おぎそ》功君だった。

彼等を〝とりもった〟奇想天外の挿話は、今はおく。彼等は結婚し、子供を生み、夫人はすでに亡《な》い。

四

この図書館にあって、わたしの人生を変えた一冊があった。『真宗聖教全書』の第二巻だ。全篇、親鸞の著作が集められている。主著、教行信証から浄土和讃や正像末和讃、御消息集から歎異抄まで、下欄に異本の校合本対照までついていた。これらを読みふけった。

たとえば正像末和讃の中に「愚禿悲歎述懐」として、

「外儀《ぐゑぎ》のすがたはひとごとに　賢善精進現《げん》ぜしむ　貪瞋邪偽《どんじんじゃぎ》おほきゆへ　奸詐《かむさ》もゝはし身にみてり」
「罪業《ざいごう》もとよりかたちなし　妄想顚倒《てんだう》のなせるなり　心性もとよりきよけれど　この世はまことのひとぞなき」

そして、

「无慚无愧《むざんむぐゐ》のこの身にて　まことのこゝろはなけれども」（以上、親鸞のつけたふり仮名に従った）

という、親鸞の述懐、その自己批判のきびしさは、わたしの胸裏を打った。

五

青春は死と隣あっている。外からは、美しいもののように賞めそやされる青春、それは意外にも、あるいは当然にも、いつも「死」と裏腹の生活なのである。もう一歩すすんで言えば、あえて「死を恐れない」時間帯なのだ。青年たちがバイクに乗って〝暴走〟する。一瞬、目をあやまれば即死する。それを恐れぬこころがいつも彼等の内側に存在しているのである。

また、だからこそ各時代の権力者たちは、国家の名において、あるいは宗教の名において彼等に「死の断崖」へと赴くことを求め、彼等もまた、名誉とひきかえに、これに応じてきたのであった。

いかなる時代の権力者も、このような青年たちの「習癖《しゅうへき》」を利用しようとしない者はいなかった。否、それをあえてできた者のみが、権力の頂点に登りつめえたのかもしれぬ。

選挙とか民主主義とか、そのような平和的なネーミングの中から生れた権力者が、果たしてこのような「習癖」の利用と無縁か。わたしたちは冷静に考え、観察しなければならぬ。

六

わたしも、そうだった。一九四五年の敗戦後、眼前の光景は〝見るに耐えぬ〟ものだった。昨日まで「皇威発揚」「戦意高揚」を叫んでいた大人たちが、一夜にして「民主主義至上」「軍国主義批判」へと一変したのであった。戦時中の「P・R」にのせられて、自分の「いのち」を散らせた、先輩や同僚たちは浮かばれない。それが十八歳だったわたしと同世代の若者の「心」だった。

そのような、いいかげんさの横溢する、この世に生きている値打ちはない。青年特有の思いこみから、わたし自身も「生死の断崖」を歩きつづける毎日だった。

「あの、親鸞もそうだったのか。」

それがわたしの問だった。もし、そうだったとしたら、やはりこの世は生きるに値しない。それが「死を恐れぬ」わたしの青春の中にひそむ「常の思い」だった。

そのわたしがこの図書館で、親鸞の著作集に出会ったのだった。そこに見た彼の声のひびき、それは〝真率なひびき〟でわたしの中に飛び入ってきたのである。

その後の経験はすでに書いた。教行信証末尾の後序の「主上・臣下、背法違義」の「主上」の二字の欠落。この、時代の望んだ「改ざん」がわたしを活字から古写本、そしてさらに自筆本の探求へと導いたのである。

七

今回、わたしは遭遇した。九州王朝の論証の「決め手」となる、二つの根本資料である。

その一は、大野城、太宰府口の門柱である。そこには、

「孚（＝浮）石都」

と刻されていた。「浮石」は、現在は下関市の豊田町の字名《あざな》。現在でも「原木市場」のある、木材の集積地である。当地の八幡社には、化石状の御神木が安置されている。

「都」は、当然ながら「太宰府」。ここが倭国の都なのである。端的に、その事実をしめしている。

しかるに、「公的発表」（教育委員会）ではこれを「部」と訓んでいる。「改ざん」である。

その二は、兵庫県芦屋市の木簡（三条九ノ坪遺跡出土）。

そこには、

「元　壬子」

の三文字があった。この「壬子」は出土物の地層（共在出土遺物）から見れば、七世紀前半の「六五二」に当っている。

この年を「白雉元年」とするのが、九州年号だ。

白雉　九年　壬子（年代歴「二中歴」）

右の「九年」は、「白雉」の使用期間。その「元年」をしめすのが、下の「壬子」である。

この「九州年号」の「白雉」とピッタリ一致していたのが、この「元、壬子」の三字であった。しか

し、公式発表（奈良文化財研究所）では、日本書紀の孝徳紀の、

三年＝壬子

に〝合わ〟せて、これを、

「三、壬子」

と「改ざん」せざるをえぬこととなったのである。

けれども、木簡そのものは、近接して（一〇～一五センチ）見ても、赤外線写真等の精密写真に撮ってみても、いずれも「三」ではなく、「元」なのであった。

以上、いずれも、「九州王朝説」が「是」であり、従来説、「明治維新、以降」の歴史像が「非」であることをしめしていた。

これに対し、公的機関の「公的発表」はいずれも「基礎資料」そのものを、見事に「改ざん」していたのである。

八

それらはよい。それぞれの担当者、日本の歴史の研究者が対面すべき問題だ。あるいは「回避」するのも、それぞれの自由だ。だが、わたしにとって喜びとするところは、一つ。――ついに真実に達したこと、これ以外にない。

今、ふりかえってみる。五十四年前、赤羽さんに忠告していただいたこと、その当否、いかに。それは一面では、その通りだ。しかし、その反面では「否」だった。

すなわち、もしわたしの意思が「大学へ帰り、その中での研究生活を再出発したい。」そういう点にあったとすれば、後に次ぐ研究者は毎年、あるいは何年かに一回、陸続と続いているのであるから、それに「割りこむ」ことは、不可能といえないまでも、はなはだ困難だったであろう。けれども、わたしには一切、そのような望みはなかった。愛し抜いた松本深志の教師生活をやめ、「大学」をめざしての研究に転出することなど、一切そのつもりはなかった。ただ、自分の求めるところに従って、親鸞の真実、そして歴史の真実を求める。それだけだったのである。

これに対し、右のような真の探求、本来の研究への復帰、そのためには、それが「五年あと」であろうと、「五十年あと」であろうと、一切関係はなかった。およそ学問の探求には、年齢も、時効も、定年も、一切無意味なのである。

日本の学界や教育界がいかなる態度をとろうと、それはそれぞれの人々にとっての問題にすぎず、学問そのものとは無縁だったのである。

わたしはこれを誇りとする。今回の二つの「門柱」と「木簡」の発見は、人類をつらぬく右の道理をついに明らかにしえたのであった。

二〇〇六年十一月　記了

（「学問論」第二回、『東京古田会ニュース』第一一一号）

卜部《うらべ》日記

一

今年（二〇〇七）の四月二十六日、「卜部日記」の存在が報道された。昭和天皇の卜部《うらべ》亮吾《りょうご》侍従による三十二年間の日記である。

各新聞とも報じたけれども、何といっても朝日新聞の「スクープ」の形だったから、ここでは第一面と共に、第二十四・二十五面にも特集が組まれていた。

そして第一面には、一九八七年六月二十二日に昭和天皇の伊豆大島見舞いのさいの写真と、彼（卜部君）の顔が正面に映《うつ》っていたのである。

二

彼は、旧制広島高校時代の同級生だ。同じ、文乙（文科乙類）のクラス。担任は、一年生のときは、

佐中壮《さなかそう》先生。二年生のときは、登張正実《とばりまさみ》先生。佐中さんは、東大の国史学、平泉澄《きよし》教授の愛弟子だった。授業でも、

「吉田松陰先生は、まさにこれを言われました。」

と、勤皇派の学者はすべて「先生」をつけて話された。

これに対し、登張さんは明治以来のドイツ文学者として高名のあった登張竹風《とばりちくふう》氏の二世。朗々としてゲーテやシラーの詩を吟ずる、さわやかな青年教師だった。東大のドイツ語の主任教授として、亡くなられるまでいつもかわらぬ風格があった。

そのクラス三十五名の中で、卜部君は二浪(か)、わたしは四修。年齢は三年の差があった。旧制中学は五年制。卒業の一年前に受験資格があり、これを四修と呼んだ。わたしたちのクラスにも、数名いた。卜部君は、〝長老〟格の「二年浪人」組だった。けれども、年齢差など問わず、みな親しい「ダベリ」仲間だったのである。

三

特に、卜部君とわたしとの間には「仲介役」がいた。同じ〝長老〟格の正木宏君。いつも並んで歩いていた、わたしの親友だった。その正木君が、卜部君と仲が良かった。ために、彼から卜部君の情報(「うわさ話」)をいつも聞かされていたのである。

大学も、一緒だった。同じ京都大学で、卜部君は農学部、正木君は経済学部だったが、同じ京都で、いつも「ダベリ」合い、「飲み・食い」し合った仲だった。

わたしは仙台の東北大学へと進んだけれど、時に正木君に会うと、いつも卜部君の話を聞かされた。

四

そのような「風評」の一つだけれど、卜部君は京大を出て人事院に入った。昔の内務省系列だ。だが、毎日〝たいくつ〟していた。朝、定刻に出勤、三十分くらい執務すると、〝ちょっと〟と外に出てくる。お茶を飲んだり、パチンコをしたりして、夕刻の定刻の、三十分くらい前に〝帰って〟くる。それで、一日の勤務終り。

彼の下宿へ遊びに行き、ふすまをあけると、ジャラジャラと、パチンコの景品がころがり出た、という。「見て」きたような、うわさ話だけれど、独身の〝ひとり身〟では、必ずしも珍しくない、一シーンかもしれぬ。

「一日の勤務」ぶりも、当時の直接の上司や同僚から見れば、また全く「別の視野」があろう。当然だ。

だが、ともあれ、彼がその〝ひょうひょう〟たる風貌そのまま、官僚として〝似つかわしからぬ〟日々をすごしていた、その一事はおそらくあやまりないであろう。

五

突然、思いがけぬ通知があった。

「宮内庁の役人にならないか。」

という、すすめだった。予想もせぬこととて、困惑した。親友の正木君に相談した。彼は読売新聞の社会部の記者となっていた。学生時代から、常識に富み、いわゆる「世間通」だった。彼は言った。

「いいんじゃないの。せっかく、目をつけて、そう言ってくれるんなら。」

と。もっとも、なぜ「目をつけて」くれたのか、二人にも「不明」だった。

「おそらく〝名前〟がよかったのだろう。」

そのような観測が、友だちの間に流されていた。「卜部」とは、各地にある由緒深い歴史を暗示する姓だったのである。もちろん、古代史の分野に入ったわたしにとっては、関心のある姓だった。

六

彼は一変した。それまでの人事院時代とは異なり、新しい任務は、彼に〝ピッタリ〟だったようである。そして何よりも、昭和天皇の風格と人柄に対して、彼は傾倒したようである。天皇も、彼の〝飾ら〟ず、いつも善意を失わぬ性格に対して、おそらく変らぬ信頼をむけられたのではないか。わたしは、そう思う。

ともあれ、新しい生活の中で、彼の本領が生かされたこと、疑いない。わたしは、皇室の御物である、京都御所の「法華義疏」拝観、そして研究調査のさいの、彼の応対振りを見て、それを痛感した。

七

『昭和天皇最後の側近　卜部亮吾侍従日記』全五巻は、五月以降朝日新聞社から順次刊行されるという。楽しみだ。

昭和天皇についての新情報、天皇像を「確認」できると共に、卜部君自身についての情報でもあるから、じっくりとこれを拝読させてもらおう。

例の「富田メモ」に関しても、その検証報告が、今年五月一日（火曜日）の日本経済新聞に出ている。「昭和史の一級資料」と名付けられた。

「日本経済新聞社が設置した社外有識者を中心に構成する『富田メモ研究委員会』は〔四月〕三十日、最終報告をまとめた。」（一面）

とされ、二日にもその関連記事が掲載されるようであるが、やはり朝日新聞のように、「全文公開」がのぞましい。「一級資料」と称するなら、当然の措置だ。「社外有識者」といっても、しょせん〝一部の人々〟だ。その人々の「主観性」をまぬがれることはできない。やはり、その資料の「全体」を一般研究者の前に、公示すること、これが肝心である。

この点、今回の寛政原本（五種類、五冊）も、すべてコロタイプ版として出版（七月以降）されることが予定されてあり、極めて喜ばしい。それと同じだ。

八

たとえば、今回の「卜部日記」の中にも、

「天皇の靖国神社参拝取りやめについては、『A級戦犯合祀が御意に召さず』と記述。」（朝日新聞、四月二十六日、一面）

とあるから、先の「富田メモ」の検証報告でも、

「A級合祀、天皇の『不快感』再確認」（日本経済新聞、五月一日、一面）

とあるのと、〝見事〟な対応ぶりをしめしている。昭和天皇の側近の二人の人物の「証言」が一致しているのであるから、この点に関する「事実」は、ほぼ「確認」されたと言いうるであろう。これも、歴史上の「基礎事実の確認」として、重要な史料事実だ。

けれども、この史料事実をもととして、

「靖国神社へのA級戦犯合祀はまちがっている。」

そういう〝大勢〟を作り出すべく、各新聞社が、「ニュース、誘導」を行おうとしたら、それはやはり「ニュース」を扱う客観性から〝逸脱〟するものであろう。

ことにそれが、「明治天皇の御意思に沿うた」昭和天皇の思いである旨、記されているとなれば、いよいよ右のような〝大勢〟が作り出されやすいようだ。

九

だが、昨年〔二〇〇六年〕、わたしがすでにのべたように（九月、新東方史学会・東京古田会共催講演会）、ここに対照すべき外国史料がある。

ギリシャ悲劇の中の「アンティゴネ」だ。ソポクレスがボイオティアの古都テーバイの伝説に取材した悲劇である。

王位に即《つ》いたクレオンは、敵方に廻ったポリュネイケス（甥）の屍を祀ることを禁じた。しかし、妹のアンティゴネは敢然としてこの禁令に反し、ポリュネイケス等の屍を祀り、みずから悪びれず、禁令によって処刑されて死ぬ。

その結果、クレオンの王家一族全体の滅亡をまねくことになった、というのである。この悲劇の伝えるメッセージは、何か。

「王位をもった権力者も、自己の意にそわなかった者に対する〝祀り〟を忌避したりすれば、結局、その王家全体の滅亡を招かざるをえない。」

というのだ。この深い思想が、悲劇という「ドラマ」の形を通して鋭く表現されているのである。

これに対し、

「日本の皇室は、（万世一系であり）この悲劇には関係がない。」

と称しうるひとがあるだろうか。それは、

「日本は、万世一系の国だから、絶対に敗戦などということはありえない。」

と、くりかえし宣伝しつづけた、あの「戦前型、皇国史観」の二番煎じ、相似形なのではあるまいか。

日本思想史学の村岡典嗣氏は言われた。

第一は、史料事実そのものを徹底的に正確に認識すること（イデオロギーなどによる〝偏った認識〟を排する）。

第二は、その史料のもっている客観的な位置づけ、すなわちその歴史的意義を明らかにすること。史料批判の王道である。

特に、第二のテーマに関しては、研究者自身の教養の深さ、そして人間としての思想性の豊かさ、これが不可欠にして必須である。

先生は新入生のわたしに望まれた。

「ギリシア語の単位は必ずとって下さい。」

と。これが、日本思想史学科に入った、十八歳の青年に対する、端的な指導であった。一九四五年（昭和二十）四月下旬、敗戦の四ヶ月前だ。

あのソクラテス・プラトンの学が日本思想史学を導く、学問の方法である。

お互いに元気なうちに、卜部君、正木君を囲んで、一夕、ゆっくり語りたかった、という思い切《しき》りの昨今である。

二〇〇七年五月一日　記了

（「閑中月記」第四七回、『東京古田会ニュース』第一一四号）

人間からの問い——東国原知事へ

一

新聞やテレビを通じて、佳名をうかがってきた、東国原《ひがしこくばる》宮崎県知事さんに対して、失礼ながら、質問の一文を書かせていただきます。

すでに「テレビタレント」の一角にあって世間に知られていた東国原さんが一躍して宮崎県の知事になられたこと、世人を驚かせる壮挙でした。ジャパン・ドリームの実現者とも言えましょう。当選後も、宮崎県の「広告塔」として活躍、県人はもとより一般の人々の期待を裏切っていません。わたしも「拍手」してきた一人です。

そのわたしが、今回、あえてこの一文を書くことを「選択」しましたのは、他ではありません。貴方の「神話、発言」をテレビ等でお聞きしたからです。

「今後、宮崎を神話発生の地として広報していきたい。」

との趣旨でした。これは宮崎県（と鹿児島県）の霧島連峰をもって、

「天孫の降臨地」

とする「神話」、その「伝承」を指しておられるもの、と感じました。

けれどもここには、重大な「？」があります。

「霧島は果して、天孫降臨の伝承地か。」

という「問い」なのです。もちろん、これは日本古代史上の「源流」の一としてのテーマです。本当にこれが、「レッキ」たる神話なのでしょうか。

二

古事記の神代巻、天孫降臨の項には、

「竺紫の日向の高千穂の久士布流多気（くじふるだけ）の天降りまさしめき。」

とあります。天照大神が孫の「ニニギノミコト」を〝天降らせ〟た、というのです。

先頭に「竺紫」とあります。「天竺（てんじく）」という言葉があるように、「竺」は「ちく」です。「つく」ではありません。事実、「筑紫」という言葉の本場、福岡県でも、土地（県）の人は「ちくし」と言います。「つくし」ではありません。この「筑」もまた「建築」という言葉にもあるように、「ちく」です。「つく」とは訓《よ》みません。

右の問題がなぜ、重要か。それは冒頭の「竺紫の」とは、現代で言えば、〝福岡県の〟ということです。決して「九州の」という意味ではありません。

論より証拠、貴方の県（宮崎）の市でも、町でも、村でも、そこへ行き交う人々（貴方の選挙区ですね）

に向って、

「ここは『ちくし』ですか。」

と問うてごらんなさい。人々は口々に、

「いいえ、ちがいます。」

と言うはずです。「宮崎県です」とか「日向（ひゅうが）です」とか、答えることでしょう。逆に、福岡県で問えば、いっせいに、

「そうです」

と答えると思います。わたしははじめ、博多へ行って「筑紫（つくし）丘高校」と言って、若い女生徒（一年生）に笑われました。

「いいえ、ちくしがおかです。」

と。今も、よく覚えています。当県の人のように「ちくし」と訓むか、他県の人のように「つくし」と訓むか、そのちがいはあっても、実態は変りません。

「笠紫は、福岡県なのです。」

これが肝心の一点です。

三

貴方はここで「?」を抱かれるかもしれません。

「それほど、ハッキリしているのに、なぜ、従来、多くの学者がこの〝天孫降臨地〟を霧島連峰、あ

るいは宮崎県臼杵郡の高千穂だ、と書いてあるのか。」と。もっともな、御質問です。

ズバリ言えば、それは「国学の大人」、本居宣長の〝権威〟のせいです。宣長が江戸時代に伊勢（三重県）の医者としての日常の仕事と共に、夜は古事記の研究に集中した業績は著名です。わたしも、彼を尊敬する者の一人です。しかし、彼には大きな「限界」がありました。それは一方で古典を読みつつ、他方で現地調査を行うという学問の常道をとることができなかったからです。これは彼の時代、そして彼の職業から見れば、止むをえなかったこと、そう言っても、非難する人はありえないと思います。

そこが彼の「弱点」でした。ですから問題の「竺紫」（福岡県）の一画に、「日向（ひなた）」の地のあることを知りませんでした。日向山、日向川、日向峠、いずれも「ひなた」。福岡市と前原市の間にあります。しかもそこには「くしふる」と呼ばれる、背の地帯があります。これは霧島や高千穂にはありませんから、宣長が「逸せしなるべし（失われたのだろう）」と言った地名。ところが、日向山の第二峰（もしくは第三峰）がそれなのです。

最後の「高千穂」。「ちほ」は「ち」（神）の住む峰の意ですが、「高」は「たか」。〝大いなる、神聖な水〟の意です。例の日向山は「高祖（たかす）山」の一角にあります。そばに井原洞穴にそそぐ豊富な水があり、日向川にそそいでいます。

決め手は、「三種の神器」です。日向川の流れて室見川に注ぐところ（福岡市側）、そこにわが国、最古の「三種の神器」を出土した吉武高木遺跡があります。のみならず、三雲・井原・平原（前原市）、須玖岡本（春日市）という、「三種の神器」群のすべてによって囲まれているところ、それが、福岡県の方の日向山なのです。

日本中、他にこれに比肩できる地帯は皆無です。江戸時代の宣長に、その「認識」を求めるのは、「酷」の一字に尽きましょう。

四

大正六年、一九一七年は日本の神話研究にとって、また歴史学にとって「運命的な一点」となりました。

県知事選に出る前、早稲田大学で「自治」の勉強をされたと聞く、貴方にはすでに熟知の世界かもしれません。それは当時の宮崎県知事だった有吉忠一《ありよしちゅういち》氏の「雄図の挫折」の年でした。しかし、以下にのべるように、わたしは逆に、「大成功の年」だった、と考えています。そのいきさつ、経緯は次のようです。

御承知のように、明治維新の中枢をにぎっていたのは、薩長政権でした。その政権がいち早く「制定」したのは「神代三陵」の治定でした。

ニニギ陵——鹿児島県川内市
ヒコホホデミ陵——鹿児島県姶良《あいら》郡溝辺町
ウガヤフキアヘズ陵——鹿児島県肝属《きもつき》郡吾平町

これらが宮内庁書陵部の『陵墓要覧』に記載されたところですが、明治初年、早くも明治天皇は現地（鹿児島県）におもむき、これらの陵墓を〝遙拝〟されたといいます。

いずれも、延喜式では「日向国」とされていたものですから右の治定はいかにも「薩摩一辺倒」の

〝政治判断〟によるところと言えましょう。いわゆる「薩摩国学」の主張に従い、これを「正」と、権力側があえて見なしたのでした。

五

この「決定」に〝異を唱え〟、否、正確には「別の志」を抱かれたのが、あの有吉忠一知事でした。延喜式のしめす通り、これらの「神代三陵」は、

「宮崎県（日向国）にあり」

と〝確信〟し、その発掘を決断したのです。これが今は「西都原古墳群の発掘」として知られる、大正元年から六年に至る一大発掘でした。

その結果は、一九一七年に判明しました。

「三種の神器は、ついに出現しなかった。」

のです。先述の吉武高木から平原に至る、各弥生遺跡より、基本的に「時代のさがる」古墳群だったのです。有吉知事の「雄図」はむくわれなかった、という他はありません。

六

この「一七年の衝撃」は、一般の人々は別として、知識人や学者たちには、深刻な影響を与えました。たとえば、京都大学で「考古学の鬼」として知られた梅原末治（教授）は、この衝撃によって、

「文献を捨て、考古学一筋に徹する」覚悟を決《き》めた、といいます。末治は一八九三年（明治二十六）の生れですから、右の衝撃は、ほぼ二十四歳、学問への道を志す時期でした。

一方、敗戦後の「定説」の座を占めたかに見える津田左右吉《そうきち》（早稲田大学教授）には、この衝撃は四十四歳頃。すでに自己の「学問への方途」は定まりつつあった時期でしょうが、彼もまた、末治とは逆に「文献の分析のみに依拠し、考古学的分析は顧慮せぬ道」を「選択」したのです。それはそれで、彼等の学問のもつ、一種の「切れのよさ」をもたらしたことは確かでしょうが、反面、歴史学として正面からこの点に対峙するとき、問題が生じます。なぜなら、古事記や日本書紀、また風土記などの記述は、「一片の小説」として書かれたものではない以上、当然何等かの「史実との対応性」をもつはずです。

先述のように、南九州に「筑紫の日向」をおいた場合には、全く「出土物の状況」と対応しなかったのに、これに対して、

「竺紫は福岡県である」

という、いわば「自明の命題」に立ったとたんに、その「天孫降臨」地帯の記述は、〝恐るべき一致〟と〝目を見張らせる対応力〟をしめし出したのです。

ですから、真の「あやまりの犯人」は「文献」そのものではなく、「文献の分析の仕方」すなわち、学問の方法にあったこと、今は明らかです。

しかし、これらは末治も左右吉も、ついに生涯「見る」ことのない世界でした。それが「一七年の衝撃」の余波だったのです。

七

それだけではありません。古事記・日本書紀で「特別待遇」をうけているのは「筑紫（福岡県）」と「出雲（島根県）」です。これは両書をひもとけば、一目瞭然です。――なぜか。

ながらく抱いていた、わたしの疑問は一九九七年三月三十日、鹿児島県へ現地調査におもむいたとき、「解決」しました。

六三〇〇～六四〇〇年前、[1]九州の南端海上にある硫黄島（喜界島）が一大爆発をおこし、火山灰が西日本をおおいました。鹿児島県は（有明海近辺を除き）全滅しました。熊本県や大分県・宮崎県は「半死半生」、いわば準《じゅん》壊滅状態となりました。その中で「無事」（灰は降っても、人命に異状なし）の地帯、それが北部九州（長崎県・福岡県）と北部中国地方（島根県）などでした。その「生き残り」地帯の中心こそ、あの「筑紫と出雲」だったのです。古事記・日本書紀の「神話の時代」は、その「壊滅以後」の世界（時間帯）にうまれたものだったのです。

末治はもとより、左右吉もまた、そのような「神話誕生」の秘密を知りませんでした。ですから、

「記・紀の神話は、六世紀前半、大和朝廷の史官が造作したもの。」

といった「命題」を樹立したのです。

さらに、左右吉の「継承者」を誇りとしていた井上光貞氏（東大教授）が、

「出雲神話は、六世紀頃、大和朝廷が出雲を征圧したあとの造作」

説を唱えたこと、有名です。出雲には「神話」のみ豊富で、「弥生遺跡」のない、または乏しいという

「事実」に立脚し、それを左右吉流の「造作説」から〝合理化〟したのです。

しかし、この光貞氏の「構想」はその後、次々と「発見」された「荒神谷」と「加茂岩倉」の大量出土が〝打ち砕き〟ました。出雲は「神話」と共に「弥生遺物」もまた、筑紫と共に〝相並び立つ〟地帯だったのです。

左右吉や光貞氏が考えたように、六世紀あたりの「大和朝廷の史官の妄想」などの到底及びうる世界ではなかったのです。

八

敗戦後、一九五〇年（昭和二十五）頃だったと思いますが、わたしは長野県の松本深志高校の教師でした。当初は社会科でしたが、その直後、岡田甫校長の命により、国語科へ転じていました。

そのとき、隣の学校で研究授業があり、それを参観しました。そこでは、生徒の中から議長が選ばれ、彼が議長として授業の「司会」をしました。そして教科書の中の単語や文章などの解釈のさい、手を上げさせて、みんなの意見を求めるのです。A・B・C・D等の解釈が出た場合、彼は「決《けつ》」をとります。

そして「多数」の賛成のえられた「解答」について、

「これで決《き》まりました。」

と、「断」を下す。この方法で、次々とすすみ、全時間終了。その間、教師は前方のわきに机をおいて「傍聴」し、一言も口をさしはさみませんでした。これが当時、最先端の、

「民主的な授業法」

だったのです。

もちろん、今どき、こんな「授業」が行われているとは思われませんが、ここに存在する、「多数決と真実の関係」についての「錯覚」は、現在でも、まだ〝消え〟てはいないようです。

たとえば、町内会で「地蔵盆」などのとき、地蔵様そのものを「本体」とする行事にしようとして、「多数決」で押し切る。これは明白に「信教の自由」の違反です。多数決などに〝なじむ〟ものではありません。

さらに、例の「天動説」と「地動説」。その可否を、当時（ガリレオ時代）の「多数決」に問うたとすれば、おそらくまちがいなく「天動説」が多数となったでしょう。当時の教会は当然当時の「多数の声」を代表していたはずです。

多数の「判決」によって死刑に処せられたソクラテスの運命も、また同じ。ソクラテスは「自己のいのち」をかけて、「多数のおちいるべきおとし穴」について、鋭い警告の声を、後世に向って発したのだと思われます。

貴方が自己の「顔《かお》マークの使用継続」の可否を、「多数決」によって「可」としめされたこと、わたしはほほえみながら、うけ入れました。不当表示をしなかった業者の方々も喜ばれたと思います。

しかし、今の「神話」問題は、これとは「似て非」なるものです。明治の薩長政権、ことに薩摩側のイデオロギー上の「独断」が、敗戦後まで「教育」を支配してきました。その結果が「敗戦」の運命でした。「神話」を是とし、歴史事実に背を向け、「両目をおおわれた」国民を大量生産してきた、そのための悲劇でした。

これと本質的に、同一の「南九州、降臨説」を、「これは歴史事実ではない、神話です。県民や国民の〝多数〟も、これに賛成していますから。」と、「宮崎アピール」の道具として〝利用〟しつづけるとしたら、宮崎どころか日本列島全体の地盤沈下をまねく。ハッキリ言えば、世界の理性ある人々から「宮崎」は相手にされなくなる。これが不可避の未来です。

賢明な貴方がそのような「選択」をされないことを望み、この一文をしたためました。

九

最後に、一言申し添えます。

貴方のお名前を、はじめは「ひがしくにばる」かと思いました。もちろん、まちがいでした。「ひがしこくばる」ですね。

「ばる」が九州に多く分布する接尾語であることは有名ですが、「こ」は何か。児島（こじま）などの「こ」です。「く」は〝奇（く）し〟の「く」。「ちくし」の「く」と同じ、〝不可思議な〟という誉め言葉です。

「久（く）島」さん、という名前がありますね。あの「く」です。このように、お名前自身、大変興味深い「文化的・歴史的伝統と背景」に立っておられます。

宮崎に「都城（みやこのじょう）」という場所がありますね。あの「じょう」は「しろ」ではなく、九州の「古い地名」だと思います。おそらく、縄文時代にもさかのぼりうるものか、と思っています。屋久島などに「じょう」さんが多く、野球選手のアメリカで活躍中の城島選手。いずれも、古い、九州の歴史を「証言」する名前と思っています。何しろ、南九州は日本列島抜群の（世界有数の）縄文都市群、その文化圏です。宮崎も、もちろん、その一端。宮崎の「宮」とはどこのことを指したものでしょう。

さらなる御活躍をこころからお祈りしつつ、いったん筆をおかせていただきます。

注

（1）「修正値」はさらに遡る見込み。

二〇〇八年二月二十八日　記了

（「学問論」第八―二回、『東京古田会ニュース』第一一九号）

「古田武彦・古代史コレクション」

一

手術（水頭症。群馬県高木病院）のあと、研究上の進展はいちじるしい。「大化の改新」問題も、日進月歩の朝夕を迎えている。昨年末、いわゆる「難波の長柄の豊碕宮」が、関西の中枢、大阪市内に非ず、の命題に到着した。梅田（大阪駅）の北、豊崎や梅田の東北、長柄は、肝心の「難波宮」とされた法円坂の地とは、はるかに〝離れ過ぎて〟いたのだった。歴年のテーマである。

それだけではない。「入鹿斬殺」の場とされた大和の飛鳥にも、重大な「?」が生じた。有名な「蹴《け》鞠《まり》の場」があったとされたところ、それは、「飛鳥の一角」だった。だが、その直前中臣鎌足のいたところ、それは「三嶋」とされている。大阪府の高槻市近辺だ。しかし、この「三嶋」から「飛鳥」まで、あまりにも〝遠すぎる〟のである。現代の「車」なら、半日で行ける距離だけれど、人間の、それも貴族の「足」となれば、どうしても一両日、下手をすれば、三日もかかる。同月同日の一連の項としては、何とも両地〝はなれすぎて〟いるのだ。——なぜか。

「？」が生じた。従来の視野からは到底解けなかった。それが解けはじめた。もつれた複雑な糸のからまりを解きほぐすように、「難問の糸」が次々とほどけはじめたのである。

運命の女神の微笑に向って、心の奥から喜びの声をあげる毎日である。

二

おくれていた「寛政原本」の上梓も近い。『東日流〔内・外〕三郡誌』のコロタイプ版である。当初の予定より一年近く経過したけれど、完璧を期するための遷延だった。最後に「序文《はじめに》」を記し終り、この六月の刊行寸前にある。(1) 永かった真偽論争にも、一つの「決着点」が来た。もちろん、本格的な研究はこれからである。

「あえて火中の栗を拾いたい。」と、この文書がまぎれもない近世文書であることを証言していただいた笠谷和比古さん（国際日本文化研究センター教授）に厚い敬意を贈りたい。

三

「古田武彦・古代史コレクション」

わたしが今、当面しているテーマ、それは「古田武彦・古代史コレクション」（ミネルヴァ書房）の刊行である。「全集」とも「著作集」ともちがう概念、もちろん「セレクション」とは異った言葉、それをミネルヴァ側が考えて下さったのである。

先ず、初期三部作。『「邪馬台国」はなかった』『失われた九州王朝』『盗まれた神話』の「復刊」ではなく、「新刊」を目指す。中高生にも読みやすい振仮名と共に、現在のわたしの視点からの「補注」の作製に取り組んでいる。心をこめて「現在の到達点」を盛りこみたい。この念願である。

今年の九月一日、ミネルヴァ書房の創立六十周年を期して刊行しはじめて下さる、という。次いで、『ここに古代王朝ありき——邪馬一国の考古学』『邪馬壹国の論理』、そして『倭人伝を徹底してよむ』へとすすむ予定である。

さらに「東京古田会」「多元的古代研究会」「古田史学の会」などの会報に掲載された、わたしの論稿も、次々と刊行して下さる予定だ（『なかった——真実の歴史学』の別刊として）。

その上、年来の「刊行予定」だった『俾弥呼《ひみか》』（ミネルヴァ書房、日本評伝選）にも、本格的に取り組みたい。構想はもちろん、十二分に成熟し終っている。

さらに、今問題の「大化の改新論」も、当然ながら、一冊の形をとることとなろう。あまりにも、盛りだくさんの「予定」だ。だが、果してわたしの寿命が〝もつ〟だろうか。

四

人間は挫折すべき動物である。わたしはそう思う。なぜなら、一個の生命として生じ、一個の生命として滅び去ってゆく。その「姿」がまぎれもなくそれを予告している。

その点、地球それ自身も、同一の運命だ。「地球温暖化」だ、いや「寒冷化」に入るなどと各種論ぜられているけれど、要はこの地球自身、一種の「生命体」だ。宇宙の一隅に生じ、いっときの活躍期を過ぎ、やがて宇宙から消え去ってゆく存在なのだ。わたしはそう信ずる。その点では、この地球もまた

「挫折」が運命づけられた存在なのである。

秋田孝季《たかすえ》はすでにその「天地之創乃至命體之起原」という珠玉の名文において、右と同じ、宇宙論・宗教成立論の立場を明記した。寛政五年七月二日、「花押」付きの一文だ（第一巻「東日流内三郡誌」〈『東日流〔内・外〕三郡誌』オンブック、二〇〇八年、二四九頁以下〉）。達観である。

彼は秋田より津軽へ移り住んでより、幸いにも長寿に恵まれ、その「天命の仕事」をなしとげたようであるけれど、わたしに果してそれが許されるか。運命の女神の掌の中ににぎられている。わたしには一切、いかんともしがたい世界だ。

第一号以来、次々と望外の収穫を連載してきた『なかった——真実の歴史学』は第六号（今年十一月刊行予定）で、一応の「休刊」を迎える。各号とも、予想をはるかに上回る発表・記載の連続であったから、ミネルヴァ書房からは「廃刊」ではなく、「休刊」にしてほしい、との切なる要望があった。かたじけない。

「休刊」の目的は、言うまでもない。「コレクション」の完成のため、日々一歩でも近づきたい。それ以外にない。

人間はやがて、そして必ず野垂れ死ぬ。それが宿命だ。その日が今夜来ようとも、わたしには悔いる気持は、一切ないのである。

注

（1）株式会社オンブック、電話〇三—三七一九—八六一七。

二〇〇八年四月二十四日　記了

（「閑中月記」第五三回、『東京古田会ニュース』第一二〇号）

日本道

前編

一

日本道は人間道である。

日本道の前身は武士道だ。武士道については、一九〇〇年(明治三十三)、三十八歳の新渡戸稲造《にとべいなぞう》の名著『武士道』が出されている。その英文を矢内原忠雄が訳した(岩波文庫、一九三八年刊)。

今は新渡戸の武士道論を承《う》け、あえてその欠陥について批判したい。もちろん、新渡戸の業績を「非」とするのではない。逆だ。その業績を是とし、「偉」とするがために、かえってその〝足らざるところ〟を補おうとするためである。

二

江戸時代を中心に、わが国で行われた武士道には、三個の主要欠陥がある。

その第一は「君主道」の欠如だ。武士道が主として「士」のためのエトス（倫理）である点から、君主に対する「士」の身分に属する人々にとってのエトスが中心をなしていること、当然である。いわゆる「忠」の徳目がそれだ。

「君、君たらざるといえども、臣、臣たらざるを得《え》ざれ。」

という一言にもしめされているように、「君主自身のエトス」より、これに仕える「士」の方のエトスが中核を占めたこと、言うまでもない。

これに対して、従来注目されることの少なかった側面に新たな光を当てた論者がある。いわゆる「押し込め」問題を分析した、笠谷和比古氏の業績などが著しい。君主の「非行」に対する臣下側の〝諫《かん》言〟、すなわち率直に〝いさめる〟行為が肝要とされ、それが承け入れられず、〝達せられない〟緊急の事態には、臣下側による「押し込め」という行為が、非常手段として行われたというのである。その立論は確実な史料根拠と厳密な史料分析に立っているから、事実としてこれを〝疑う〟ことは困難であろう。

しかしながら、これはあくまで「非常手段」だ。緊急事態における「一人」の君主に対する非常措置であるから、その意味ではやはり「例外のケース」だ。決して士に対する「武士道」のように、君主にとっての「君主道」が一般化され、当人（君主）にも「至上のルール」乃至「重大なるエトス」として

〝知られていた〟とは言いがたいであろう。

三

たとえば、武士道にかかわるもっとも著名な事件の一つに「忠臣蔵」がある。浅野内匠頭《たくみのかみ》の江戸城における刃傷と切腹に対し、その背景乃至「原因」を吉良上野介《こうずけのすけ》にありとなし、赤穂の家臣、大石内蔵助《くらのすけ》たちが長年の苦渋の末、復讐をとげた、という一件だ。歌舞伎、芝居等、当時のあらゆる「メディア」がこれを演じた、とされる。いわゆる「武士道の美化」乃至「武士道精神の普及」にとって、絶大な「効果」をもった、と称して過言ではない。

しかし、「?」は次の一点だ。このような「悲劇」をもたらした、幕藩体制下、最高の指導者にして責任者、徳川綱吉の「統治責任」を問われた、という話を聞かない。彼がこのような不始末を来たらしめた責任をとらされて「押し込め」の〝刑〟に処せられたということも聞かない。諸種の演劇類もまた、その「焦点」が演ぜられたという一事を知らないのである。

もちろん、この事件をもって当代（江戸時代）の逸話とせず、過去の「歴史上の事件」であるかに〝よそおって〟演ぜられたこと、著名であるけれど、そのこと自体が、当代においては「統治責任」を問うという君主に対する批判、いわば「君道」が存在しなかった、少なくとも一般のエトスとまではされてはいなかった、その証跡ではあるまいか。

いわんや綱吉は、大義名分上の「最高責任者」ではない。あくまで「征夷大将軍」にすぎなかった。その名分上の任命権者は近畿天皇家、京都在住の「東山天皇」（一六八七～一七〇九）である。綱吉の在任期間中の「元禄」（一六八八～一七〇九）のすべてにまたがっている。

四

では、明治維新以降、明治憲法において天皇家が「万世一系」を称したとき、この「忠臣蔵」の悲劇をも、「自家の統治下の責任」として〝とらえなおした〟か。教科書にそのような「統治責任」が改めて書かれたか。――全くない。

要するに、武士道から「君道」は除外されていた。それは江戸時代から明治以降へと一貫された「基本ルール」だったのである。

五

以上は決して、「忠臣蔵」といったような、一種独特な「仇討ち」事件だけの問題ではなかった。

たとえば、幕末の会津藩滅亡のさい、若き白虎隊や家老たちの自己犠牲、彼等の自刃は今も烈々と人々の記憶に残っている。しかし、肝心の君主（松平容保《かたもり》）の「自己責任」はいかなる形で終結したか。そしてそれが果して「君道」にかなうものだったか。わたしは知らない。

もちろん、配下の家老や武士たちにとっては、「君の無事」「君主の安泰」こそ最大の願望だったこと、疑いないけれど、逆に「君主の目」から見たとき、彼の「エトス」はいずこにあったか、わたしは知らない。

わたしは会津（喜多方）で生れ、青年時代、その悲劇を描いた田宮虎彦の名作『足摺岬』を深い感慨をもって読み終えたことを忘れえないけれども、この問題に対する「君道」への「?」について、明治以降の教科書から教えられることはなかった。

なぜなら、明治維新以降の教科書、たとえば教育勅語や修身の教科書等においても、この一事を明快に説きおこし、回避せず説き去ったものは、わたしにはいまだに未見である。

六

武士道の第二の欠如、それは次の点だ。

「武士以外の階層、たとえば『士、農、工、商』等の人々にとって、戦争に対する倫理（エトス）がない」ことだ。

武士道は「士」にとってのルールであるから、戦時や平時における「戦闘行為」のさいのエトスが詳細に吟味され、語られている。新渡戸も豊富な事例をあげてのべているように、戦闘場面はもとより、「切腹」というような、平時における「自己責任」のとり方についても、立ち入って詳細である。驚くべき〝美しさ〟さえたたえていること、外国人の現地の見聞をもとに、新渡戸の紹介したごとくである。

新渡戸の著作以後であるけれど、一九一二年（大正元）に行われた乃木希典の切腹も、後述のように、その見事な一典型をなしている。

けれども、それらはいずれも「士」に属する人々の行為であり、たとえば「農、工、商」等の人々の戦時や平時の〝戦闘行為〟に対する「ルール」ではなかった。新渡戸も指摘したように、たとえば「男伊達《おとこだて》」と呼ばれた人々、またその頭領たちが、武士に準ずる、あるいは武士以上の「エトス」をもち、武士を〝おそれ〟させ、庶民の人気を博したことが書かれている。

では、戦争の最中に、「農」や「商」や「工」などの人々は、いかなるルールやエトスによって行為すべきか。——これについて語られたものを見ない。「葉隠《はがくれ》」その他の、武士道にかかわる著述にもまた、それを見出せないのである。武士道が「士」という階層による、その階層のためのエトスであり、ルールである以上、これは当然といえよう。

けれども、逆のケースに対する「社会教育」が存在した。豊臣家滅亡の時期、敗戦側の武士や女子供の衣服、武器、食糧など、すべて〝斬り、採り、勝手〟の自在を許した。勝者、徳川方は「農、工、商」等の庶民に対してこれをあえて〝許容〟したのである。「時代が変った」ことを、一般に「周知」させるための、何よりの「実地教訓」でもあったのであろう。

その結果、庶民は「戦争に敗ければ、いかなる権利主張も無益だ。」という「戦争のルール」を「士」から与えられたルールとして〝受け入れ〟たのである。少なくとも、武士道に関する著述において、これを明確に「非難」する言説に、わたしは接したことがない。

七

問題が「顕在化」したのは、明治維新以後だ。山県有朋等によって「国民皆兵」の制が導入されたとき、その「皆兵」の中に右の「庶民の常識」もまた導入された。

日本の軍隊（「皇軍」）が中国大陸に「侵入」したとき、〝敗れた〟側の中国大陸各地で日本軍は「乱暴狼藉《ろうぜき》」をした。少なくとも、そのような〝振舞い〟をもつ日本軍の兵士たちもまた存在したこと、後述のように疑いがたい。

その〝振舞い〟の背景には、先述のような、「江戸時代を一貫した〝庶民の常識〟」が存在したのではあるまいか。

もちろん、中国大陸における「食糧等の現地収奪」を〝必然〟とした、日本軍の「長期侵入」自体にこそ、この行為の真の背景の存在したこと、当然であるけれど、その思想的背景として、「江戸時代以来の庶民の〝略奪常識〟の存在した」こと、この一事にわたしは思いを寄せざるをえないのである。

少なくとも、いわゆる「武士道」には、右の問題に対する「厳粛なタブー」は存在しなかった。――これ、武士道という「階級倫理」の中の深刻な欠陥である。なぜなら「士」はこれに対して「見て見ぬ振り」をきめこんできていた。そのように難ぜられても、これを避けえないからである。

この点、「決して農民のものを取るな。水を使ったら汲んでおけ。」という趣意の行軍歌を以て行軍していたと伝えられる「八路軍」（中国共産党軍）とは、およそ軍の「品格」を異にしていた。遺憾ながらこの一事を、わたしには疑うことができない。

少なくとも、この段階においては、彼等は庶民を味方とし、その庶民の協力を彼等の力の源泉としていたのである。

八

武士道のもった、第三の欠陥。それは次の点だ。

「士・農・工・商・穢多《えた》・非人」

とよばれた、その階層秩序そのものである。

右にはさらに、〝省略された上層部〟があった。それは先述の、

「天・将・名・老」

である。「天皇」と「将軍」と「大名」と「家老」だ。「士」はこの四者の〝下〟に位置する。これは当然だ。

だが、明治維新以降の教科書や教育の場でこれにふれるとき、必然不可欠なる、

「天・将・名・老」

を削除して〝言い〟、〝書く〟ことを常とした。その理由は、言うまでもない。いわゆる「部落差別」に対し、これを江戸時代固有の差別制度であるかに「偽装」しようとしたからである。これは「非」だ。「否（ノウ）」である。

なぜなら全国の「被差別部落」の分布図を大観すれば、「東北」の大部分や「沖縄」の欠如など、いわゆる「古墳の分布図」と〝相似形〟をしめしているからである。近畿の天皇陵なども、被差別部落と〝密接〟な位置関係をもつ。決して「鎌倉」や「室町」そして「江戸時代」のみが「被差別部落」独創の時代ではありえないのだ。

これをあえて「士・農・工・商・穢多・非人」のみを裁断して取り上げるのを〝常套〟としているのは、「江戸時代」などの封建制を〝槍玉〟にあげ、明治維新以降の「天皇家中心」の新時代、新体制に「阿諛《あゆ》」せんとしているのでなければ幸である。

もしこれが「阿諛」でなければ、完全なる「無知」と言う他はない。

九

右の、

「天・将・名・老」と「士・農・工・商・穢多・非人」

に関して注目すべき一語がある。「穢多」だ。

他の諸語が漢語（中国音）であるのに対して、この一語のみは、本来からの「日本語」、すなわち「和語」である。「倭国語」だ。

「ゑ」は「良し」の意。古事記や日本書紀に出現する。

阿那邇夜志（あなにやし）愛袁登古袁（えをとこを）（古事記上巻「二神の結婚」）

阿那邇夜志（あなにやし）愛袁登賣袁（えをとめを）（同右）

の「愛（え）」に当る。地名では「愛媛（えひめ）」県などに相当する。

「妍哉（あなにゑや）、可愛（え）少男（をとこ）を」（日本書紀上、第四段、第十・一書）

も同趣旨の表現だ。女神（陰神）の発言である。もっとも「古型」をしめす縄文神話だ。

「多」は「た」。太郎の「太」。第一の意義だ。

すなわち「えた」とは、

〝すばらしいこと、第一〟をしめす、最高級の〝賞《ほ》め言葉〟なのである。もっとも美しい古代日本語だ。

これに対して、逆に〝もっともいやしい人々〟をしめそうとして、

「穢多」

などという〝品《ひん》のない〟「漢字当て」を試みたもの、これがこの語の「造作」の用法なのである。

同じ、右の日本書紀の第十・一書中の、

「ひるこ」

誕生譚は、旧石器・縄文の中枢をなす太陽神の出現をしめす「輝く日本語」の中の「輝く神」に他ならぬけれど、これをあえて〝逆転〟させ、

そして古事記では、これを「なめくじめいた、壁をはう小動物」へと〝当てはめ〟て、

「蛭児（ひるこ）」

という〝漢字当て〟をして〝いやしめよう〟としているのである。下品だ。

「神の名に入れず」

とし、葦舟に入れて海に流した、としていた。

弥生以降の〝新参〟の「太陽神」に当てようとした「天照大神」を〝もち上げる〟ための「醜い造作」なのである（この点、「部落言語学〈Ⅰ〉」、「部落言語学〈Ⅱ〉」として『多元』第八八号、八九号に詳述した）。

これと同一の手法が、この「穢多」だ。だから、この〝やり口〟はしめしている、

「穢多と呼ばれる人々が、近畿天皇家の天皇や九州王朝の天子以上の、神聖なる階層に属する人々だった」

事実を。その歴史的証跡なのである。

これを以て「鎌倉や室町以降の〝矮小《わいしょう》〟なる封建制」の中に〝とじこめよう〟としてきた、いわゆる「同和教育の公理のあやまち」は、今は歴然たるものがある。

もし、天皇制度がこの日本列島で〝生き延びよう〟とするならば、この根本の背理から「脱出」する以外の道はないのである。

今、問題とする「武士道」もまた、この「アンチ・エトス」からまぬかれる〝力量〟はもちあわせていなかった。わたしはこの一点を率直に指摘したいと思う。

日本の、明治以降の「軍隊制度」もまた、この根本の背理からまぬかれてはいなかったこと、数々の証言によって周知である（大西巨人『神聖喜劇』等）。

この重大な欠陥をもまた、新渡戸稲造は残念ながら、一切指摘するところがなかったのである。

後編

一

武士道の真髄は名誉である。名誉心なくして武士道なし。これ、新渡戸稲造も力説したところだ。

敗戦後、日本人の名誉心を奪い去ったもの、それは極東（東京）裁判である。A級・B級・C級の犯罪人を規定し、勝者側の名によって処刑した。その結果、戦後の日本人は「犯罪者の子孫」となった。A・B・C級いずれの被処刑者も、近縁・中縁・遠縁に一切なし、というような日本人は、おそらく皆無であろうからである。

そのような日本人に戦勝国側は「経済の繁栄」を与えた。第一次世界大戦後の「ドイツに対する経済的報復」、いわゆる「レンテンマルクの天文学的賠償」が、ドイツ国民の憤懣を生ぜしめ、やがてナチスの勃興《ぼっこう》をうながした。その失敗にこりたため、逆に敗戦国に対して「経済的再生」を許す方策が第二次大戦後にとられたのである。

その「留め金《がね》」がナチス裁判であり、極東（東京）裁判であった。戦敗国民を「犯罪人の子孫」として規定した上で、「経済的繁栄」という〝恩恵〟を与えたのである。

その結果、敗戦国民は「名誉を奪われた国民」となった。その繁栄は、世界の各国から〝うらやまれ〟つつ、〝軽蔑《けいべつ》〟されるところとなったのだ。

このような戦勝国側の方策は正しかったか。そのように問われれば、わたしは静かに、ハッキリと「否（ノウ）」と答える以外の道はないのである。

二

よく知られた、人類のルールがある。「事後法の非」である。法治国家では、あらかじめ「法」が存在し、それによって裁く。それがルールだ。悪名高い「ソクラテスに対する処刑」すら、統治下のアテネの「悪法」によって挙行された。多数決の名によって。「無実のソクラテス」を「法」の名によってギリシャの地から消し去ったのである。人類の記憶は、消した裁判官側ではなく、消されたソクラテスの名において、ギリシャをたたえている。けれども、この場合も、アテネはソクラテスを〝捕えて〟あと、彼を裁く「法」を制定したわけではない。

これに反し、二十世紀の近代国家の場合、大戦後、という「事後」において、「平和に対する罪」なるものを創設し、これによって裁いた。明らかに「事後法」主義である。背理だ。

これを〝弁明する〟道が、ナチスの「ユダヤ人一大粛正」の惨虐だった。このような「民族浄化」を名とした、恐るべき国家犯罪の存在を指摘することによって、右の「事後法」の正当化を図ったのである。

極東（東京）裁判の場合、これに〝相当〟する大義名分がなかった。そこで「創設」されたのが「南京大虐殺」だ。当初は言われず、裁判の途中から、このテーマが「持ち出され」た。この事実ほど、千言万語以上に、ことの真相を率直に物語るものはない。

三

問題を錯綜《さくそう》させないために、本稿の目途である「武士道の目」から観察しよう。

明治維新のあと、江戸時代の「責任者」は〝処刑〟されなかった。「勝者の裁判」の場に出頭させられなかったのである。徳川慶喜も、松平容保も、そうだった。維新の志士たちは、暗殺や処刑で斃されていたけれど、新たな維新の権力者は「復讐裁判」を行わなかった。

多くの志士を葬ってきた、新撰組の首領、近藤勇は下総（千葉県）の流山で捕えられたとき、官軍側の現地指導者だった谷干城は直ちに彼を板橋で斬った。もし彼を官軍の総大将、西郷隆盛の下へ送ったら、彼が「許す」ことを恐れたという。この「例外」は逆に、明治維新全体の指導理念を証言していたのである。

これは「国内」における〝維新〟にすぎなかったからか。――「否（ノウ）」。

日清・日露の戦役でも、日本側は戦勝後の十一か条の「日清講和条約」でも、「捕虜たちへの戦勝側の裁判や処刑」などは行わなかったのである。

行わなかっただけではなかった。日露戦争のあとでは、二〇三高地の勝利者、乃木希典将軍は敗者ステッセル将軍に対して「侮辱」せず、逆に「勇者」としてたたえ、「佩刀の礼」を以て遇したこと、著名である。そしてそれを第二次世界大戦中も「軍歌」として全国の小学校の教育の場で教え、子供たちに愛唱させていた。

「旅順開城約なりて

敵の将軍ステッセル」

以下の長詩である。それが「日本軍の誇るべきルール」とされたのだった。

それゆえ、第二次大戦中、シンガポールで日本の山下奉文《ともゆき》将軍が勝者として敗れた英国の将軍パーシバルに対して、降伏について、

「イエスか、ノウか。」

と迫ったことが知られている。これは英国側の「長広舌の回答」が、日本軍側の〝英語能力〟では「明確に理解できず」そのため右のような〝結論の明示〟を迫った、と言われている。

ともあれ、すでに現地における「勝敗」は決していたのであるが、山下将軍は敵将を拘束し、「勝者の裁判」そして「処刑」を行うことはなかった。もしあれば、先にあげたような、日本の子供さえ知悉

する「愛唱歌」の精神に反することとなったであろう。

やがてミズーリ号において、パーシバル将軍は「勝者」として日本軍に臨み、山下将軍は絞首刑に処せられた。A級戦犯である。

四

マッカーサー元帥は乃木希典将軍に対する心酔者として知られている。占領軍総司令官として来日後も、再三乃木神社（東京、乃木坂）を訪れている。帰国後、アメリカハナミズキを贈り、それは今も神社の境内に育ち、繁茂している。

彼の幼少時、父親のアーサー・マッカーサーが従軍武官として二〇三高地に観戦し、乃木の武官としての形容に接して感服し、子供（ダグラス・マッカーサー）を軍人として育てるさい、常に乃木を以て「軍人の鑑」としていたという。そのため、来日後の再三の乃木神社訪問となったのであろう。けれども、父親とは異なり、直接乃木将軍に親炙《しんしゃ》することはなかった。父親からの「また聞き」にとどまっていたのである。

これとは逆に、幼少時より、直接乃木将軍に親炙していたのが、昭和天皇であった。祖父の明治天皇が乃木を信頼し、最愛の孫、昭和天皇の教育を任せるべく、戦塵いまだ消えぬ乃木に対して学習院院長の職を依頼したのであった。将軍が自決前、尊崇する山鹿素行《やまがそこう》の『中朝事実』を全文書写し、少年裕仁《ひろひと》（昭和天皇）に贈ったことが知られている。

五

昭和天皇はマッカーサー将軍との間に、一種独特の「人間的信頼感」を交わしていた旨、一般に伝えられている。天皇が自己の利害にかえりみず、敗戦国日本の運命を彼に委ねたからであるという。わたしはその詳細の真否を知ることがない。

ないけれども、おそらく両者が「会見」し会った事実は疑えない。そのさいの両者並立した写真が新聞に公表され、青春時代に衝撃を覚えた経験が忘れられないからである。

そのさい、天皇は言うべきであった。

「戦敗国の将兵を処刑することは、わが国の武士道の教えに反しています。」

と。その武士道の生きた鑑《かがみ》として、乃木希典将軍に深い薫陶を受けたこと、その経緯を語るならば、マッカーサー将軍は、興味深く〝耳を傾けた〟ことであろう。

そしてそれをどのように受けとめ、どのように決断したかは当のマッカーサーの、人間としての「力量の問題」だ。わたしなどの関知するところではない。

六

次のように論ずる者、少なしとしない。

「日本の平和条約と独立達成は、極東（東京）裁判受諾の代償である。それゆえ、その極東（東京）裁判に対して今さら〝諾・否〟の論をなすこと、およそ許されざるところである。」

と。またこれに対し、受け入れたのは「裁判」であり、各個の「判決」自体に賛成したわけではない、などとの「弁」をなす者がある。

けれども、わたしの立場は、右のいずれとも異なる。国家は人間の産物であり、人間の方が国家の産物ではない。それゆえ、国家がいかなる「法」を合法としようとも、「条約」という国家間のとりきめが、何を適法としようとも、それは単にその時代の〝あり方〟をしめすにすぎない。悠遠なる人間の歴史の中で、人間の批判をまぬかれることはおよそ不可能なのである。

「事後法」をもととした、戦勝者側の裁判が、人類の名において「合法」とされることはありえない。

もし、昭和天皇が、息をひきとられる前に、

「あれは、わたしの責任だったよ。彼等には申しわけなかった。」

この一語をもたらされたならば、全日本国民の追慕は、今の一万倍を越えたであろう。

七

異色の論文が出た。田母神《たもがみ》俊雄論文である。航空幕僚長の現役中の発表であったこと、関連会社の懸賞論文であったこと等、問題だ。だが今は、ストレートにその真の問題点を批判しよう。

第一は「欧米追随論」である。

「もし日本が侵略国家であったというのならば、当時の列強といわれる国で侵略国家でなかった国はどこかと問いたい。よその国がやったから日本もやってもいいということにはならないが、日本だけが

侵略国家だといわれる筋合いもない。」

わたしたちは青年の頃、為政者や軍部指導者や教育者たちから〝口をそろえて〟言われた。「欧米のアジア侵略は許しがたい。だから、日本は立つ。君たち青年も、そのために血を流してほしい。祖国の、侵略阻止の大義のために。」

それを〝信じ〟て、否、〝信じさせ〟られて戦場に向った同僚たちもいた。その人々が斃れてあと、「あれは、欧米並みの仕業だったのだから。」などと、誰が言えるのか。田母神氏がその頃、まだ生れていなかった（一九四八年、戦後の生まれ）としても、つまらぬ「弁明」や「加勢」は止めてほしい。現在の自衛隊員もまた「死んであと」この類の〝弁明〟を聞かされるのだろうか。笑止だ。

第二は「虐殺否定論」である。

「日本軍の軍紀が他国に比較して如何に厳正であったか多くの外国人の証言もある。我が国が侵略国家だったなどというのは正に濡れ衣である。」

わたしは戦争中（昭和十年代）、学校（広島県十日市小学校）の朝礼で、毎朝右のような訓示を校長から聞かされた。しかし、昼休みには小使室（用務員室）で支那（中国）の戦場から帰ったばかりの小使いさんから、なまなましい経験談を聞かされていた。女性が従わない場合刺し殺す話である。

「そげんなことをしても、わしら、罪にはならん。なんせ、『上官の命《めい》は、朕《ちん》の命と心得《こころえ》よ。』と天皇陛下から言われとんやからのう。戦争て、おもろいでえ。」

みんな息をつめて聞いていた。今朝の校長先生の訓示と、昼休みの小使いさんの話と、どっちが本当で、どっちが建て前か、みんな分っていたのである。

田母神氏は校長先生の側に立つ。しかし、中国には、「忘れえぬ、悲劇伝承」を「口から耳へ」「耳から口へ」伝えられてきた、おびただしい庶民がいる。農民たちの子孫が今も現存しているのである。「事後裁判」の正当化のために〝仮構〟された「南京大虐殺」論と、これとを同一視するのは、いわゆる「味噌とクソ」をごっちゃにするていのものにすぎぬ。わたしたちは常に「事実」を「事実」として冷静に受け止めねばならぬ。それが真の勇気だ。

八

第三は「中国・ソ連側謀《ぼう》略論」だ。

「実は蔣介石はコミンテルンに動かされていた。一九三六年の第二次国共合作によりコミンテルンの手先である毛沢東共産党のゲリラが国民党内に多数入り込んでいた。」

「一九二八年の張作霖列車爆破事件は関東軍の仕業であると長い間言われてきたが、近年ではソ連情報機関の資料が発掘され、すくなくとも日本軍がやったとは断定できなくなった。」

いずれも〝本当〟であろう。中国側も、ソ連側も、工作機関はそれが「本業」なのであるから。それらにいずれも「風馬牛」、無関心だったとしたら、職務怠慢だ。

ドイツ人のソ連側のスパイ、ゾルゲが、日本の尾崎秀実《ほつみ》を通じ、日本国の首相、近衛文麿の側近グループに加わり、日本国家の針路決定（南進論）に工作を加え、これに成功したこと、今は著名である。

しかし、それらの「工作」を見抜けず、それを〝成功〟させたこと、当然一国の統治者の「責任」だ。その「責任」は決して近衛文麿のみにはとどまりえないのである。

たとえば、日露戦争のとき、明石元二郎（大佐）のスパイ工作は有名だ。田母神氏は改めて明石大佐を非難し、旧ロシア帝国の「名誉回復」を志されるのか。見苦しい。このような「弁舌」はおよそ武士道、そして日本道の採るべき道ではないようにわたしには思われるのである。

九

第四は「生体実験事件」である。

満州（東北地方）で、関東軍の「七三一」の石井部隊の行ったところとして著名である。アメリカ軍が、いわゆる「司法取引」を行い、その「実験成果」の引渡しと〝引替え〟に石井四郎氏を「免罪」し、「極東（東京）裁判」で訴追しなかったことも、知られている。

「仄聞」する、この事件が史実であったこと、それをわたしは当事者（管理者）の著述によって知った。それは、当人自身の没後、その著述からではない。当人の没後、その著述が出版されるとき、妻が「あとがき」を書いた。

「本人が死ぬまで、苦にしていたのは、生体実験のことでした。」

と。間接証言ではあるけれど、関係する諸人への「迷惑」などを顧慮して、当人の執筆になかったところ、それを「妻」が代弁したのである。

果して「架空の事実」を、当人の死後、その妻が〝書き加える〟などということがありうるだろうか。わたしは信じない。良心による、人間の内部告発である。

「アジアを救うため」などと称していた日本の軍部の、この行為、それはわたしには許すことができない。その戦いに〝動員〟され、死んでいった「仲間」や親友のためにも、決して許すことができないのである。

「それは、一部に過ぎず、大部分は……」

などと、田母神氏が言うならば、わたしは彼を嘲笑する他はない。

彼にはアメリカの行った「生体実験」、あの原爆投下を難ずる資格がないのである。

十

すでに紙幅はすぎた。余事は後日にゆだね、今は最後の提案を行おう。

東京都の皇居の中、そして、この皇居に至る橋の前に、女人像を建てよ。

「八紘《はっこう》に罪を謝する女人像」

だ。日本の軍隊のために、不慮の死をとげさせられた、すべての男女、大人・子供・動物等に対する〝謝罪〟の像である。皇軍を生んだ「母や娘たち」が天を仰ぎ、地に伏する像である。

木像でもよい、石像でもよい、銅像ももちろん可（よし）だ。日本列島へ来て、この皇居に訪れる人々が、外部からでも必ず目にとめるべき像だ。

戦時中、日本は「八紘一宇《はっこういちう》」を唱えた。世界中が一つの家のように、日本の天皇を中心に「統一」される、との理想をのべた。虚妄だった。それを母たち、娘たちが天上・天下に謝するための像なのである。

靖国神社に己が将兵や「戦犯」をまつること、それは日本の民衆と国家に任せよ。それ以前に、日本の天皇と国家には「なすべきエトス」がある。それが「八紘の女人像」の建設である。

「日本以上に、恥ずべきことをなした国々がある。」

国内の田母神氏や国外の人々が言えば、言うに任せよ。

巨大なる「生体実験」から「目」をそむけ、〝虚構〟の極東（東京）裁判を擁護する、すべての戦勝国をして、自由に擁護せしめよ。それによって彼等は自家の「政治的利益」を守ろうとしているにすぎないのであるから。

わたしたちのなすべきこと、それは自己の「あやまち」を堂々と正面からうけとめ、回避せず、これを心の底からわびる。この一事以外にない。

それがこれからの「日本道」そして「人間道」の未来である。武士道はそれをわたしたちに向って世界の中で確かに教示してくれたのである。

むすび

新渡戸稲造の『武士道』の一節に、わたしには忘れられぬ一個所があった。「第八章　名誉」の冒頭部だ。

「廉恥《れんち》心は少年の教育において養成せらるべき最高の徳の一つであった。『笑われるぞ』『体面を汚《けが》すぞ』『恥ずかしくないか』等は、非を犯せる少年に対して正しき行動を促すための最後の訴えであった。少年の名誉心に訴うることは、あたかも彼が母胎の中から名誉をもって養われていたかのごとく、彼の心情（ハート）の最も敏感なる点に触《ふ》れたのである。けだし名誉は強き家族的自覚と密接に結ばれているが故に、真に出生以前の感化である。」

これを読んで、わたしには思い出す一言があった。土佐（高知県）出身の父から聞いた話だ。二十代半ばだったわたしが問うた。

「約束をまもらない相手がいたら、どうしたらいいのか。」

「笑ってやる。土佐では、そう言うちゅうね。約束を守らんやつは、みんなで〝笑って〟やるんだ。」

奇妙な返事だった。この一言を今回、思い出した。一脈共通する「論理」である。別に、父は『武士道』を読んで、答えたのではない。古くからの農村の「しきたり」を語ったのだった。

思い出す。名古屋の熱田神宮の「笑う祭り」を。夕方になって、日がとっぷりと暮れると、一群の宮司さんたちが神前に集合する。そして闇の中を歩きはじめる。十数分を過ぎ、広い境内の〝はし〟近くに来たとき、一列に並び、いきなり「笑い」はじめる。頭をのけぞらせて、いっせいに笑うのだ。やがて笑い終わると、再び、もと来た道を引きかえす。もとの神前に来て、解散する。何の解説もない。奇妙な神事だった。

同様の神事は、日本列島、各地に存在する。滋賀県では、村の人々が山の上へ集り、いっせいに〝笑って〟散会するのである。高知県の土佐にも、それを〝しめす〟地名が残されている。これに興味をもち、わたしは熱田神宮の神事を「拝観」したのだった。

新渡戸が『武士道』で語ったところ、それがこれらの神事に〝現われた〟のではない。逆だ。江戸時代の『武士道』の淵源は、この日本列島の遠い古《いにし》え、おそらく旧石器・縄文にさかのぼる、人々の神事、人間の「おきて」に胚胎していたのであった。

共同体の中で、「アンチ・ルール」あるいは「アンチ・モラル」が行われる。これに対する〝最高の刑罰は、「笑ってやる」その一事にあった。人々はそれを「最高の恥辱」と考えたのである。それが後世の「武士道」において生きかえったのだった。

敗戦後の一大「?」がある。いわゆる「極東（東京）裁判」だ。

英・米・仏など、主要戦勝国は「キリスト教国」だという。では彼等の尊崇するバイブル、新約聖書には、

「なんじの敵を処刑せよ。」

と書かれているか。イエスは、

「お前の敵を、戦争終結後も、殺せ。」

という「教え」を説いた教祖なのか。わたしには、何回バイブルをくりかえし読んでみても、そのような言明を発見することは、ついにできなかったのである。

日本の「万世一系」論者が、天皇家は女性の「天照大神」の子孫であることを〝淵源〟としていることを忘れて「男系の男子、一貫主義」であるかに〝唱導〟して恥じないのと、同じだ。あまりにも明白な「背反」に対しては、〝気の弱い〟庶民は、言葉を失う。正面から抗議できないのである。そして、

「わたしは貝になりたい。」

などと、気弱げにつぶやく。反対だ。「貝」は「貝」でも、法螺《ほら》貝を鳴らし、天下の背理を地球全体に告げるべきである。

「それは武士道に反する。」

と。「非・キリスト教国」の中国やロシアも、自家の「国益」のために、背理の主要国に「同調」して

いるのにすぎない。醜い。

しかし、わたしたちは決然とこれを「許す」べきだ。千年、万年のちに「復讐する」などというのは、わたしたちの流儀ではない。ただ、この「背理」を、笑って許すのである。

それが狭い、日本列島というフラスコの中で「共存」してきた、私たちの「人間の智慧」だ。日本道である。

地球もまた、そうだった。それが〝無限につづく地平〟と見えていたのは、錯覚だった。別稿（本号「閑中月記」〔第一巻『俾弥呼の真実』第二篇「『週刊朝日』の「邪馬台国」論」〕参照）に述べたように、すでに漢書や三国志が〝予告〟していた通り、地球はアメリカ大陸においてつながっていた。球だったのである。一つの大きなフラスコだ。もちろん、大宇宙の中では、たとえようもない、小さな、フラスコにすぎなかった。いつかは消え去る運命だ。それがたとえ「一億年」「一兆年」といった時間帯でも、大宇宙の中では「一瞬」だ。

その「一瞬」のルールとは、「笑って許す」——この一事以外の「回答」はありえないのではあるまいか。それが人間道だ。

最後に提案する。

皇居の中の女人像は、笑うべきだ。「嘲笑」や「憐憫《れんびん》」や「謎めいた」微笑ではない。さわやかな、人間の笑いで、万代を魅了してほしい。それがわたしの願いだ。水晶のように輝く女人像をわたしは望む。「日本晴れの笑い」だ。それは「人間晴れ」の笑いである。

それはやがて亡び去った地球、消え去った人類の深き名誉を証言するであろう。

武士道の生れた江戸時代、その旧江戸城の中にふさわしい、真の人間道の象徴（シンボル）なのである。

二〇〇八年十二月二十四日　記了

（「学問論」第一二回、『東京古田会ニュース』第一二四号）

天皇陵——歴史的象徴論

天皇陵
未発掘　ヘドロは国民《ひと》の歎きなり
天皇　皇后　聴《き》き入れたまえ

古田武彦

一

三国志の中に名言がある。
「国として亡びざるの国なく、墓として掘られざるの墓なし。」（三国志魏書文帝紀第二、中華書局版八二ページ）
魏の第一代の天子、文帝の詔勅である。「国家」や「陵墓」の相対性、それをこの一言で道破している。言い切っているのだ。見事な、統治者側の思想性がこめられている。もちろん、魏志倭人伝を掉尾《とうび》

（最後）にもつ魏志、その帝紀中の詔勅なのである。

けれども次いで、文帝は前王朝（後漢）の陵墓が荒廃しているのを歎き、「方、百里」（短里）[1]の地に標式を立て、これを〝守護〟すべきを力説している。

今の問題は、「天皇陵」と呼ばれる、わが国の陵墓保全のテーマだ。率直に述べよう。

二

二〇〇七年七月一日、高垣久富さん（七十五歳）は死亡された。前日（六月三十日）の午後〇時四十分頃、天皇陵（仁徳天皇陵）の西側の堀（三重の堀の外側）で釣りをしていて、あやまってすべり落ちた、という。堺市の堺区向陵中町二丁の住民だった。

今年（二〇〇九年）の六月、わたしは久しぶりに仁徳天皇陵をおとずれたとき、堀の底深くへドロの堆積している実情をボランティアの方（近所の住民）からお聞きし、右の不幸な挿話を耳にしたのである。

のちにこれを、宮内庁古市の書陵部管理事務所で確認させていただいた（毎日新聞、二〇〇七年六月三十日夕刊、七月二日朝刊〈関西版二七ページ〉）。

三

連日、死亡記事の掲載される中で、特にこのささやかな一例をとりあげたのは、他ではない。「わたしたち、日本国民は天皇陵の問題に対して、正当に対応してきたか。」この問いに答えるためであった。東京の宮内庁書陵部の方々も、天皇陵各現地の方々も、常に丁重であり、親切だった。研究上、わたしはしばしば書陵部はおとずれることがあったが、いつも、その感を裏切られたことはない。今回も、現地の管理事務所の方々が日常陵墓の整美、整掃に努力しておられる姿を見た。

端的に言おう。敗戦前には、天皇家は明治維新以降、日本列島全土の山林を所有していた。経済力は抜群だったのである。しかし、敗戦後はちがった。一定の「額」が制限され、とても全国の天皇陵の堀まで（ヘドロの海と化せぬよう）力を及ぼす〝能力〟をもってはいないのである。

この点、羽曳野市にある応神天皇陵の実情を知悉される誉田《こんだ》八幡宮の宮司の中盛秀《なかもりひで》さんも、「ヘドロの海」と化している陵墓の堀の現状を証言して下さった。

四

天皇陵問題の本質を見よう。

「外国（中近東やエジプトなど）の王陵は〝祭られていない〟死んだ陵墓である。これに対し、日本の天皇陵は〝祭られている〟生きた陵墓である。」

これが「天皇陵発掘拒否」の理由とされてきたのである。これは正当だったろうか。

わたしは考える。

「明治維新以降、宮内庁が考古学的発掘（石室の内部公開）を拒否してきたのは、正しかった。」

と。なぜか。

それは、西欧社会の中から生み出された、いわゆる『考古学』は、古代・中世等の『王陵の死者』に対する『敬意』や『礼式』をもたなかった。西欧はキリスト教（単一）社会であったから、「前、キリスト教」の多神教（ゲルマン等）の巫女《みこ》や王者に対する「敬意」など、本来もっていなかったからである（中世から近世に至る「魔女裁判」が著名）。古代の王墓とはしょせん「魔女のかたわれ（残党）」と見なされていたのである。そのため、「宝探し」のように、墓をあばき、発掘後は遺跡を〝放置〟し、〝観光対象〟とし、一切「死者を祭る」ことをしなかったのだ。日本の考古学の先達となったモースが大森貝塚（東京）を発掘したとき、そこに「人食い人種」としての痕跡（人骨）を期待していたこと、著名である（岩波文庫『大森貝塚』）。

以後の考古学者も、この「西欧の考古学の先縦」に倣い、「祭らず」「発掘後の遺跡を放置し」、王者のための「貴重な供え物」を、博物館の「展示物」としたのである。無神論者（たとえば、マルキスト）も、これに〝倣った〟のだ。「裏返しの、キリスト教徒」にすぎなかった。

このような「近代考古学の発掘」を、明治維新以降の宮内庁が拒否したこと、それは正当だ。正しかったのである。

五

このような「近代考古学」と反対の立場に位置する人間がいた。水戸光圀である。

上侍塚・下侍塚（茨城県）の発掘にさいし、丁重な墓前祭を行い、死者の霊に対する行きとどいた告辞をのべている。「死者の霊をさわがす」ことをわび、目的とした「韋提《いで》墓誌」関連の銘板などなかったため、今後「永遠のやすらぎ」を得てほしい、旨、おごそかに報告したのである。

これが真の「発掘」だ。人類普遍の道理に立つ「人間の発掘」なのである。発掘前にも祭らず、発掘後も放置する。そのような「西欧流の近代考古学」は、「学問」に名を借りた、しょせん「魔女のかたわれへの墓あばき」にすぎないのである。

これを明治維新以降の宮内庁が「拒否」してきたこと、それは全く正当だったと言う他はない。

六

しかしながら、日本の立場には明白な矛盾がある。

外国においては、これを「死んだ陵墓」として「西欧考古学の流儀」に同調し、反面、国内の天皇陵に対しては「生きた陵墓」の故に、発掘できない。いつも、宮内庁から拒否されている。

けれども、考古学者も「日本国民の一」であり、新憲法では天皇家を「象徴」とする側に立つ。天皇家は「象徴」となっている存在だ。だから、天皇と日本国民は「象徴する側」と「象徴される側」と表裏一体の関係にある。

しかるに、両者全く「陵墓に対する姿勢」が異なっている。すくなくとも「齟齬（くいちがい）」の存在すること、誰人にも疑いえない。全世界の良識ある人々も、すべて（あるいは多く）そのように〝見なしている〟であろう。

日本国民や天皇家の方々が外国におもむき、この「矛盾」を問われないのは、ただ彼等がわたしたちを〝哀れんで〟問わずにいるだけなのである。天皇家と日本国民の不名誉だ。

七

端的に回答をのべよう。

「天皇陵（仁徳天皇と応神天皇陵）の石室内部を完全発掘し、その内容と経緯を全国民と全世界の人々の前に、逐一完全報告する。」

そして、

「両天皇陵の堀のすべてを浄化し、清掃する。そのため、大和川と大阪湾岸と堀をつなぎ、鮎《あゆ》の成育する環境とする。」

右の費用は、全国民と全世界の人間《ひとびと》から寄付をもとめ、刻々にその金額を透明化し、インターネットで報告するのである。百円以上は、寄付者の人名のみ（金額不記載）。一千万円台、一億円台、一兆円台は、金額と人名（あるいは会社名等）を報告する。

寄付の「直接の対象」は国家とし、国家がこれを宮内庁に向っての「究極寄付」とする（税金はとらない。逆に、寄付の一部〈一割〉を寄付者の「納税額」から免除することも、可）。

以上である。

八

今回の提案の思想的背景をのべよう。

一言にして「歴史的象徴」である。新憲法においてこれを「象徴」としたこと、これを歴史的にさかのぼれば、各代、各時期の国民の祖霊、何千億・何千兆の祖先の「死者を祭る」意義をもつ。それゆえ、日本の全国民の寄付を求める。そしてその「偉業」に賛同する、全世界の人間《ひとびと》の寄付を求めるのである。そのさい、「寄付」「使用」等の各過程を完全透明化して、刻々インターネットで世界に報告すること、これが不可欠だ。

九

右の提案は、最初、今年〔二〇〇九年〕の七月九日、大阪倶楽部で行った。そのときは、「直接の対象」は、「大阪府知事・大阪市長・堺市長・羽曳野市長」だった。けれども、いずれも各府知事・市長から明確な返答はなかった。そこで今回、本番として「国の首相」に対してこの提案をする。

日本の個人は約一四〇〇兆円の金融資産を保有していると言われている（『週刊朝日』二〇〇九年十月二十三日号、一二三ページ）。それらを保有したまま、各自の「死」を迎えるか、それとも、何十兆の「祖先の霊」のために〝手向ける〟か、の選択である。今回の提案を「採る」人々も少なくないのではないか。それが今回の提案だ。当然、多くの人々に「雇用」と「就職」のチャンスをあたえるものだ。今、生きている人々のためにである。

大阪倶楽部の提案のさい、次の点を付加した。

第一、大阪城の地に両天皇陵（仁徳天皇陵・応神天皇陵）に対する「遙拝の場」をもうける。

第二、「天皇陵、問題の研究所」をもうける（大阪府立大学。ただし、建物は不要。人間〈人材〉を各地に）。

第三、奨学金（一名、試験。一名、「くじ」）をもうける。返却不要。各予算とも、すべてこれに準ずる。

右は、国側を「直接対象」とした、今回の場合も、基本において変りはない。以上だ。

十

古代史と天皇陵の関係をのべよう。

第一、考古学者は天皇陵を「天皇名」ではなく、地名で呼ぶことが多い。仁徳天皇陵を大仙古墳（大山古墳）、応神天皇陵を誉田《こんだ》御廟山古墳と言う。当然である。

第二、しかし考古学者は「祭る」対象と考えているわけではない。これに対して宮内庁の場合は「祭る」対象として命名しているのであるから、両者、目的が各個別々なのである。いずれも自然なのである。

第三、考古学者は、「年代」等の推定から「天皇名」が天皇陵と一致していない可能性を指摘する。これは当然だ。国外の王陵（中近東やエジプト等）も「被葬者の名」は判らないのが一般である。また、その「名当て」クイズが考古学の任務ではない。

第四、箸墓の年代が「七十五年」さかのぼったとされる結果、以後の天皇陵も「年代」が上昇し、「継体から敏達に至る、天皇陵」も〝武烈以前〟となる可能性が高い。

第五、一方、真の「継体以降」の陵墓は、「巨大古墳（「方円墳」いわゆる「前方後円墳」）」ではなく、継体天皇の故地、北陸（福井県等）に多い「小円墳や方墳」であると思われる。

第六、仁徳天皇陵と応神天皇陵に関しては（考古学上の「通説」に反し）天皇名と対応している可能性

が高い（大阪倶楽部「講演要旨」〈二〇〇九年八月号掲載〉参照）。

第七、「継体天皇」以降の系譜に立つ、現代の天皇家は、「神武天皇～（武烈天皇）以前」の「前、王朝の陵墓」を祭りつづけてきた。見事である。「歴史的象徴」の立場と見なすことができよう。

第八、この立場は、歴史上の真実を「阻止」したり、「隠す」ものでは全くない。いわく「九州王朝」、いわく「被差別部落の成立」等、その他いずれのテーマに対しても、真実を真実として探究する道である。

第九、この点、明治維新のあと、明治憲法の主柱となった「天皇は神聖にして侵す可からず」の立場とは、逆だ。「近畿天皇家一元主義」以外を「歴史に非ず」と見なしてきた、教育界・学界、そして国家の根本方針が今回「チェインジ」さるべきだ。明治憲法の中で〝育て〟られた、天皇陵「発掘拒否」の陋習は、今排棄さるべきである。先人の言のように、変化することによって、永続するものが輝きを増すのであるから。

十一

最後に要約しよう（補足をふくむ）。

一に、天皇陵（仁徳天皇陵、応神天皇陵）を完全（石室）発掘をする。

二に、これを全国民と全世界の人間《ひとびと》の寄付によって行い、その全実情をインターネットで世界に報告する。

三に、同時に、両天皇陵の堀を清浄化し、大和川、淀川等の全河川を浄め、何よりも両天皇陵を「発掘以前」より、何十層倍も、荘厳化し、整美化する（他の奈良県、大阪府等の天皇陵も、後日、これに準ずる）。

四に、日本の考古学者は、外国（中近東・エジプト等）の王墓発掘にさいし、発掘の「直前」と「直後」の五分間、「死者に告げる、丁重な礼式」を行う（「水戸光圀の儀礼」《Mito Time》と名付ける）。

なお、最後に一言する。わたし自身はこの提案によって、金輪際《こんりんざい》何の利得をうることも、一切ない。

二〇〇九年十月二十日　稿了

（『学問論』第一七回、『東京古田会ニュース』第一二九号）

注

（1）魏・西晋朝の短里（一里＝七五〜六メートル）。歩は里の三百分の一。百歩は約二五メートル（『「邪馬台国」はなかった』等、参照）。

「史料批判」の史料批判

一

「九州王朝説は史料批判がなされていないので、学界では認めていない。」

インターネットにそう出ていると、水野孝夫さん（「古田史学の会」代表）に教えられて、驚いた。ファックスしてもらうと、確かに焦点はそのようだ。(1)

わたしが驚いたのは、当然だ。なぜなら、わたしの数多くの論文や講演の題目の中に、一番よく使う言葉、それがこの「史料批判」の四字である。「九州王朝の史料批判」「大化改新の史料批判」「邪馬台国の史料批判」等々、文中でも頻出する。わたしの講演を聞いた人々には「周知」のところだ。それなのに、古田の九州王朝説には、史料批判がない。だから、学界は〝相手にしていない〟それが当然だといわんばかりの、この「口振り」は何だろう。わたしは思わず〝考え〟こんだ。

二

しかし、考えてみれば、答は簡単だ。「史料批判」という言葉は同一でも、その〝なかみ〟は全く逆。正反対の内容を指しているのである。

わたしにとって、「九州王朝」の実体は、はじめから明晰だった。まだ「邪馬壹国」（「邪馬台国」に当る、原文表記）なるものがどこにあるか。わたし自身にも、全く不明だった時点（東大の『史学雑誌』七八―九に論文「邪馬壹国」が掲載された頃、昭和四十四年）でも、すでに「九州王朝」の存在は「自明」だった。例の「日出ずる処の天子」が九州の一角にいること、全く疑っていなかったのである。

なぜなら、右の「名文句」の直前に「阿蘇山あり。その石、故《こ》なくして天に接する者、云々」の真実（リアル）な状況描写がある。中国人ならではの達文だ。「故なくして」というのは〝古い石ではなく、絶えず新しい石を噴《ふ》き上げている〟というのだ。実景を「見ず」して、書ける文章ではない。

その上、「大和三山」も、「瀬戸内海」も、ここには出ていない。もちろん「古事記」や「日本書紀」が出来るのは、この「名文句」の出てくる『隋書』の成立（七世紀前半）より、ずっとあとだ。『隋書』の読者が〝読んで〟いる可能性など「〇（ゼロ）」だ。

だとすれば、『隋書』の読者にとって、（もちろん、その著者たちにも）この「日出ずる処の天子」という「名文句」（彼等から見れば、「迷文句」）を書いてきた人物、その「多利思北孤（タリシホコ）」という王者（俀〈タイ〉国の王、男性。雞弥〈キミ〉という妻あり）は、「阿蘇山下の王者」だ。以上のような理解は、わたしにとって、最初から「自明」だったのである。

とすれば、その「同時代」（七世紀前半）を推古天皇という「女性」を王者とする時代として〃描いて〃いる、古事記や日本書紀の記述は〃あやしい〃。だから、その史料性格を疑うべきだ。――これがわたしの史料批判の筋道なのである。

「古事記・日本書紀は、ありのままの真実を書いたのではなく、大和朝廷（近畿天皇家）中心の、歴史像を再構築して作られた『王家用の歴史書』ではないか。」

この「問い」は、当時より、現在まで一貫して全く変化するところがない。

三

しかし、わたし以外の「すべての学者たち」は、わたしとはちがう立場に立つ。

すなわち、古事記・日本書紀の叙述を、日本の歴史の「大動脈」として、先ず確立し、それに反する「外国の歴史書」を疑う。あるいは「否定」したり、あるいは「手直し」しようとするのだ。

「日本の王者が〃女性〃だというと、馬鹿にされると思って『男性』だと偽って、うまく、だましてやったのだ。」

文化勲章を受章した、日本の著名の学者の「学説」である。

「『タリシホコ』というのは、『太子』を意味する言葉を、中国側が聞きちがえたのだろう。」

実際は、「聖徳太子」のことを、向う（中国側）がうっかり〃思いちがって〃書いたのだという。これも、著名の学者の「学説」である。

これらが、あのインターネットの「書き手」の使った用語、彼等流の「史料批判」なのである。その

ような「史料批判」の用法から見れば、

「古田の九州王朝説には、史料批判がない。」

ということになろう。おそらく、この「書き手」は、先のような、著名の学者たちの「弟子」や「孫弟子」などに当る人々なのではあるまいか。名前は「インターネット」ながら、その実体は「旧態ネット」なのである。

インターネットを使うには、「批判の目」の有無が肝心。インターネットの「はじまる」頃、そう思っていた。その通りだったようだ。

四

もう一歩、踏み込んでみよう。

右の「名文句」は「その国書にいわく」として書かれている。国書には、さし出し人、当人の「自署名」が不可欠だ。それが「多利思北孤（タリシホコ）」だった。そう見なす他はない。その、もっとも「正式の自署名」が古事記・日本書紀に、一切姿を現わしていない。やはり、これは〝変〟だ。疑うべきである。これがわたしの史料批判の立場だ。

何がどうあろうとも、「男性」（タリシホコ）と「女性」が同一人であるはずはないのである。世界中のすべての大人がそして日本のすべての子供や青少年が「うなずく」立場ではないだろうか。

それを何とか「同一人」として〝言いつくろう〟こと、これが明治維新から現在まで、一貫した、いわゆる「史料批判」の立場だ。「学界」とその系列の「インターネット」流の用語法なのである。

五

では、古事記や日本書紀の語るところは、すべて「否（ノウ）」か。とんでもない。そこには、争うべからざる、歴史の真実が語られているのだ。

その点、わたしは「戦後の定説」となり、今は「学界の常識」とされている、津田左右吉の「造作説」に対して、残念ながらやはり「諾（イエス）」ということができないのである。今、その一例をあげよう。

「造作説」はいう。初代の神武天皇のあと、二代（綏靖《すいぜい》）から九代（開化）まで、ほとんど説話がない。そして第十代の崇神天皇を「初国知らしし御真木（みまき）の天皇」という。こちらの方が「真の初代」だ。

だからそれ以前の「第一代〜第九代の九人の天皇」は実在に非ず。後代（六世紀前半）の大和朝廷（近畿天皇家）の歴史官僚による「造作」すなわち〝つくりごと〟にすぎない、と。こういうのが、「学界」通有の「史料批判」の立場なのである。

しかし、私の判断では〝逆〟だ。

もし「造作説」がほんとうなら、第二代から第九代までの説話を作ればいい。「造作」するのは、わけもないことだ。それを「職」とする、六世紀の歴史官僚なら一週間か一月も、かからないことだ。だのに、それが「ない」。この「ない」ことの意味こそ、絶大だ。彼等、六世紀の歴史官僚が「造作」などしていない、そのまぎれもない、動かせぬ「証拠」なのである。

六

では、なぜ「ない」のか。「あった」ものが〝削られ〟たのだ。なぜか。崇神天皇を「初国知らす」とする立場、すなわち「崇神の立場」から、その「利益」のために〝削除〟された。わたしには、そう見えるのである。

なぜか。それは古事記の第九代開化天皇の項に記せられた、次の一節がキイ・ポイントだ。

「又庶母伊迦賀色許賣（イカガシコメ）命を娶して、生みませる御子、御真木入日子（ミマキイリヒコ）印恵（イニヱ）の命（下略）」

崇神の父親、開化天皇（第九代）は、先代（第八代）の孝元天皇の第二妃伊迦賀色許賣を「自分の妃の一人」として、この崇神天皇を生ませたというのである。いわば「不倫の子」だ。

その崇神は「正系」の建波邇安（タケハニヤス）王を殺した。河内（大阪府）出身の王子である。山代（京都府）の在住だった。

「山代国に在る我が庶兄建波邇安（タケハニヤス）」

と崇神天皇がのべている通りだ。その戦勝地名を「くそばかま」（屎の衣）とか「はうりき」（殺した）とか、汚れた意味などに〝こじつけ〟ている。「楠葉（現在〈くずは←くすば〉←日本書紀〈樟葉《くすば》〉、古事記〈久須婆《くすば》〉←屎褌《くそばかま》）」（大阪府枚方市）、「祝園（現在〈ほうその←はふりその〉←日本書紀〈羽振苑《はふりその》〉、古事記〈波布理曾能《はふりその》〉）」（京都府相楽郡精華町）など、関西の人間には、今も「周知」の地名だ。〝いわれゆかしき〟地名である。

それを、無理に〝悪態じみた、こじつけ〟ハッキリいえば、「難《なん》くせ」をつけているのだ。なぜか。当然「正系」の「タケハニヤス」を〝いやしめる〟ためだ。大和近辺の地名の〝すべて〟に対して、このような「きたない手口」はしめされていないのであるから。

この「タケハニヤス」は、自己の「正統性」を〝誇って〟いたはずだ。すなわち、はなやかな「第二代〜九代」の説話を「みずからの飾り」としていたはずだ。それを崇神は〝削った〟のである。「政治的削除」だ。

七

このように見てみると、初代、神武天皇の巻のもつ「独特の意味」が明らかになる。

神武の長子は、「当芸志美美（タギシミミ）命」だった。母は九州（阿多）の阿比良比売（アビラヒメ）である。大和（奈良県）に来てあと、三島の溝咋（みぞくひ、大阪府）の女、勢夜陀多良比売（セヤダタラヒメ）の娘、伊須気余理比売（イスケヨリヒメ）を新たな妃（第二妃）とした。第二代の綏靖天皇は第三子だった。

問題は、そのあとに生じた。神武の死後、「タギシミミ」は、父親の神武天皇の第二妃、「イスケヨリヒメ」を自分の「妃」とした。

「其の庶兄当芸志美美（タギシミミ）命、其の嫡后（オホキサキ）伊須気余理比売（イスケヨリヒメ）を娶《めと》せし時」

とある通りだ。その「正系」の長子の「タギシミミ」を母親（第二妃）の第三子だった「神沼河耳（カムヌナカワミミ）命」（綏靖天皇）が殺し、みずから「天皇」となったのである。

これを「歴史の貴重な先例」とし、第十代の崇神は自己の「即位」を、あえて〝正当化〟したのだ。「造作」どころか、必要不可欠の「先例」として、ここに語り〝残され〟ているのだ。

なぜ、これほどの「すさまじい説話」「不倫の正統化、説話」をはるか後代の「六世紀前半」の天皇官僚（史官）が「造作」する必要があろうか。第一、「造作」して、果して許されるのか。わたしには、津田左右吉の「造作説」の根本に対してハッキリと「否（ノウ）」と言う他はないのである。これがわたし自身の史料批判の立場だ。

八

だが、現在の「学界」はちがう。明治維新から敗戦までの「万世一系」主義、敗戦から現在までの、津田左右吉の「造作説」、いずれも、歴史の真実を「回避」し、それをもって〝公的〟な「史料批判」と自称してきたのではあるまいか。論文集とか、教科書とか、インターネットとか、そんな「手段」や「道具（ツール）」だけの問題ではない。

「真の学問とは、人間にとって、何か。」

常に、それが今も問われつづけているのではあるまいか。

注

（1）「九州王朝説」出典、フリー百科事典『ウィキペディア（Wikipedia）』。

二〇一一年四月二十日　記了

（「学問論」第一二六回、『東京古田会ニュース』第一三八号）

一問一答

問　崇神天皇の活躍期について『俾弥呼』では「欠落の三十一年間」（二六六〈西晋の泰始二年〉〜二九七〈陳寿の死〉）の間がしめされていたが、今回の学問論では「二二五年から二八〇年（呉の滅亡）まで」があげられていた。この〝くいちがいは〟はなぜか。

答　もっともな「問いかけ」です。しかしこれは「対象」とした事件の選び方、そしてそれに対する「光のあて方」によるものです。実態のちがいはありません。

たとえば、崇神天皇の活躍期を泰始二年（二六六）以後とした場合も、この年に〝生まれ〟て、この年に〝活躍しはじめた〟わけでは全くないこと、当然です。

これを、「古墳時代の始まり」が、四世紀初頭とされていたのに、「五〇年ないし一〇〇年」さかのぼることとなった「C14」の成果と〝対応〟させて、かりに「七五年前後」前の時点、つまり「二二五年」あたりを崇神天皇の「生まれた年」として「仮説」してみただけのことです。要は、

第一　崇神天皇のことが倭人伝に出て来ないのは「泰始二年以降の倭国記事が出現していない」からである。

第二　古事記（と日本書紀）の示すところによれば、崇神天皇の活躍は、「三世紀の前半の後半から三世紀末近くまで」の間の一時期であったもの、と考えられる。

これがわたしの立場です。

二〇一一年十二月三十日　記了

（「閑中月記」第七五回、『東京古田会ニュース』第一四二号）

第四篇　倭人も海を渡る

佐原レジメ

一

二月二十一日、鶯が鳴いた。まだ寒の中、お水取り（三月十二日）はずっと先なのに、もう冬は終わったらしい。

その日、京都の「花の家」で上岡龍太郎さんと対談した。ここは嵐山に近い天竜寺、豪商角倉了以《すみのくらりょうい》の邸宅だが、今は公立学校共済の宿舎になっている。午前十一時から六時間半の楽しい一刻だった。

上岡さんがある学者にわたしの学説についての評価をたずねると、いわく、「あれはエンターテイメントですよ。」と。

なるほど。今、日本列島各地で「聖徳太子展」が行われている。けれども、かつてわたしは法華義疏の顕微鏡撮影を行い、その第一巻冒頭部に、鋭い刃物での「切り取り」があることを発見し、その写真とともに報告した。[1]「原所蔵者の名」のあるべき位置だ。

以来、十四年、どの学者も、一切これを不問に付してきている。もちろん、右の「聖徳太子展」でも、一言もこれに触れない。従って、同所における、聖徳太子関係の諸書籍販売にも、一切その気《け》はない（古田武彦『古代は沈黙せず』駸々堂出版、『聖徳太子論争』『法隆寺論争』〈共著〉新泉社、等）。

故、坂本太郎さんのすぐれた学者的良心のおかげでなしえた、本邦唯一の科学調査とその詳細な報告論文も、一個の「エンターテイメント」と「歪称」するとは。坂本さんの〝後を継ぐ〟学者たちも、堕ちたものである。

二

考古学者の佐原真氏は、批判というより「中傷」に近い文章を公表された。昨年（二〇〇一年一～五月）である。

はじめ、一月の特別シンポジウム「前期旧石器問題を考える」のレジメ冒頭に掲載されている、佐原氏の「学問の客観性」という一文を見て、わたしはわが目を疑った。なぜなら、論旨あまりにも粗慢、しかも外国の名誉ある考古学者、メガーズ・エヴァンズ博士（スミソニアン博物館）に対し、『捏造』に接近」という〝きめつけ〟を以て文を結んでいる。とても「批判」とは呼べず、「中傷」に類するものであった。第一、「前期旧石器」をテーマとし、例の藤村新一氏による不幸なる「捏造」事件を主題とするこの特別シンポジウムで、なぜ、あのメガーズ・エヴァンズ説を〝血祭〟にあげる必要があるのか。わたしには、皆目不審だった。

しかし、わたしは考えた。「来月（二月）下旬に上野で行われるという、氏単独の講演会では、もっと詳説されるだろう。」と。今まで接していた氏の論稿が（わたしの立説とは見解を異にしていても）、それとして筋の通った論述をしめしていたことを知っていたからである。が、その期待は裏切られた。聴講者からお聞きすると、右のレジメと同趣旨の反復にすぎなかった。

それでもわたしは、さらに待った。右の特別シンポジウムを主催された春成秀爾《はるなりひでじ》研究室（国立歴史民俗博物館）にお聞きすると、その時の詳報が学生社から出版されるとのことだったからである。五月末、公刊された『検証　日本の前期旧石器』がこれだった。

一読して再び失望した。レジメが再録された他、格別の「付加」も、「詳説」も、一切存在しなかったからである。(2)

三

氏のレジメの中に、わたしの名前が出ている。それはメガーズ・エヴァンズ説への「賛同者」としてであり、主たる批判（及び「中傷」）の対象は、無論両氏である。そこでわたしはこのレジメの全文訳をメガーズ氏へ送った。藤沢徹氏（別学部ながら、メガーズ氏と〝同窓〟。ペンシルバニア大学）による正確な翻訳である（エヴァンズ氏は、一九八一年逝去）。

これに対するメガーズ氏のお答えは峻厳であった。このような文言に対しては「言葉なし」。〝no word〟の一言以外にない、と。氏の裂帛《れっぱく》の息づかいが深くこめられていた。

代って今、わたしが佐原氏の批判（乃至「中傷」）に対して的確に答えたいと思う。

四

氏はわたしの訳著『倭人も太平洋を渡った』（創世記、一九七七年刊。のち八幡書店）をあげられた。この本の中に、メガーズ・エヴァンズ氏による一文が収録されている。

「縄文とバルディビアとの関係――わたしたちの『日本‐エクアドル』古代交流説に対する、マラーの評価について〈古田武彦の求めに応じて〉」

右の表題にも表現されているように、これは『訳著』者たるわたしの要請に応じて送られてきた好個の論文であった。その詳細は同論文中に明白であるが、今はその一点のみあげてみよう。

「他にも、切実な要因がある。それは、エクアドル（や新世界の他の場所）には先祖（文化的先行物）が欠如している。これとまさに対照的に、日本では、まことに長い、〝発達の連続〟が存在する。だのにエクアドルにはない、ということの事実だ。」（三二三ページ）

右の趣意を改めて箇条書きしてみよう。

（その一）エクアドルと日本列島との間に、同時期（縄文中期を中心とする）において、共通の〝複合したデザイン〟や〝製作手法〟がある。

（その二）日本の場合、右の時期以前に、数千年の「縄文の伝統」があった。しかし、エクアドルにはそれが欠如している。

（その三）従って「日本→エクアドル」間の伝播と理解せざるをえない。

以上だ。これはメガーズ・エヴァンズ説における「論証の骨格」であるから、さらに両氏の解説に耳を傾けてみよう。

「エクアドル海岸の〝もっとも早い〟時期の壺は、すでに〝十分に発達し切った〟ものだ。日本の縄文時代には、単純な飾りをもった円錐形の容器から、さまざまの多様な装飾をもった、おびただしいはちや広いびんに至るまで、その長い前進過程が見られる。それがバルディビアの遺跡には欠けているのだ。」（三二二ページ）

両氏の立つ論理性は明白だ。だから、両氏の立説を非とする論者は、右の一点に対する批判が不可避である。しかし、佐原氏のレジメにはその一点が全く欠如している。それゆえ到底、学問的批判とは呼びえないのである。

念のために言えば、かりにエクアドルのバルディビア周辺の遺跡から、両氏調査のバルディビア遺跡出土土器より、さらに古い若干の土器群が発見されたとしても、それを以て右の両氏の立説への反論とすることは全く不可能である（実は、それら〝より古い土器群の出土〟こそ、わたしの立論のキイ・ポイントをなしている(3)）。

なぜなら、両氏の指摘するところは、「縄文中期前後」に至る、それ以前の長大なる縄文文明（土器）発達史の存在、それ自身にあるからだ。今問題の、日本列島における「縄文中期前後」の土器群は、そのように長大な、数千年にわたる「文明発達史」なしには成立しえない。これが両氏の根本をなす歴史認識だ。だから、近年になって若干の「先行土器群」がエクアドル等から発掘されたとしても、それを以て「両氏の立説をくつがえす」に足ると思う論者があれば、まさに蟷螂の斧を以て人間の巨大鉄斧と〝見まがう〟類の浅識ではあるまいか。

ローマは一日にして成らず。この著者の金言こそ、両氏の歴史認識の根底をなし、佐原氏の学的素養において深く欠如したところだ。遺憾ながら、わたしにはそのように見える。

五

次に、佐原氏の両氏説に対する論難点を列挙してこれを点検してみよう。

その一は、両氏の著述(4)における縄文土器の掲示（写真）が、日本列島各地（関東地方早期の田戸《たど》下層式・近畿地方前期の北白川下層式等）の土器片に及び、これらをエクアドルの土器片と比較している点に対する論難だ。なぜなら、肝心の類似対象たる「九州の出水式」（鹿児島県）の土器とは「無関係」だから、というのである。

けれどもこれは、いわゆる「第一読者」の問題に関する、佐原氏の錯認だ。氏の通例の論文・著書の場合〝想定されている読者〟は日本人、それも考古学に関心ある学者もしくは知識層であろう。彼等を「対象」とする場合鹿児島県と関東・近畿とは別地域、別出土領域であること、周知である。

しかし、両氏著の場合、主たる対象は日本人ではない。アメリカの知識層を、主たる「第一読者」としている。その人々にとって「日本列島の全体像と出土分布図」は決して〝周知〟ではない。従って両氏が、その全体的出土分布を列挙し、その中の「九州の出水式」（鹿児島県）等を特定していること、その用意はきわめて周到なのである。何の他奇もない。

その上、もう一つの注意すべき点がある。この狭い日本列島中において、その一局部の関東や近畿や九州の各縄文土器が相互に全く「無関係」に成立し、発達した、などと言いうるであろうか。考えられない。

先述の「数千年にわたる縄文伝統」の中において、右の各領域の各土器間に〝交渉〟や〝伝播〟のない方が不思議なのである。

日本列島全体は、アメリカの一州たるカリフォルニアの広さに類同している。この明白な一事を、佐原氏は看過されたようである。

六

その二は、部分と全体の関係である。佐原氏は言われる。「破片ではよく似ている縄紋土器とバルディビア土器も、完全な形でくらべると、一方は深く、他方は浅いという根本的な差をもっている。」と。

この問題は次のようだ。
①片のデザインの〝複合的類似〟があったとしても、
②土器全体の形体が〝異なっている〟から、
③両者（エクアドルの出土土器と縄文式土器）の間に、関係はない。
右の立場である。しかし、ここには「伝播の論理」に関する根本の欠如がある。すなわち「AとB」の間の伝播に関し、（1）AとBと「全同」（全面の一致）、（2）AとBと「非、全同」（＝部分類似）という、二つのケースの存在すること、自明である。

一般に（1）のケースは少なく、（2）のケースが通例である。

たとえば、鹿児島県広田（種子島）の貝製装身具（弥生期）は中国の古代銅器や隷《れい》書（「山」）の伝播物として知られているが、材質・形状とも、全く両者（中国と広田）異質である。

また近畿周辺の後期銅鐸は、中国や韓国の馬鐸や木鐸・金鐸類とは形状や大きさを異にしているが、これも伝播関係を疑う人はいない（これらを日本側の「中国とは無関係の独自文明」とは見なさない）。

以上、もし佐原氏が「土器形状の差異」を以て両者（エクアドルと日本）の「全同」を否定されるならば、よい。わたしも、賛成の側に立つ。しかしながら、そこから「飛躍」し、両者の「無関係」を説き、両者間の「伝播（部分伝播）の否定論」へと一気に奔り去られるならば、失礼ながら、わたしはその「論理の粗慢」と「論証の荒廃」を厳しく指摘せざるをえない。学問に非ざる、思いこみによる「飛躍」の立論以外の何物でもないからである。

七

その三は、土偶の有無問題である。わたしが三十余年前、はじめて両氏にお便りしたとき、直ちに御返便があり、その中の中心課題はこの土偶（バルディビア遺跡出土）が日本列島から出土していないか、否か。それを問うてこられたのである。

わたしは御返事した。「出土していません。」と。しかし「日本人に似た（Japanese like）顔です。[5]」と。

この最初の応酬は、今考えるときわめて〝示唆的〟だった。

（甲）「A（エクアドル）」と「B（日本）」は「全同」ではない。

（乙）しかし、「A」は〝日本人に似た〟（あるいは〝日本人好み〟）の顔をしている。

この二点だ。ことに一九八〇年（昭和五十五）以降、ブラジルの寄生虫学者アラウージョ・フェレイラの相継ぐ共同研究は証明した。三六一〇～三四四〇年前（C14）のミイラ内の糞石から、アジア（なかんずく日本列島）のベンチュウ卵・コウチュウ卵が発見された。

両氏は温度の問題から「ベーリング海峡通過」は不可能。代ってメガーズ・エヴァンズ説による海上ルート（暖流）を可能なルートとして肯定している。

さらに一九九四年、田島和雄氏（愛知県がんセンター）によるＨＴＬＶ（ウイルス）及び遺伝子の研究が発表されはじめ、次々と「南米のインディオ～日本列島住民（太平洋岸）」の同一人種性が報告されてきた。氏は現在のところ、通説（ベーリング海峡通過）によって解説しておられるようであるが、氏の方法の場合寄生虫問題とは異なり「伝播ルート」とは直接の関係がない。

要するに、すでに右のような自然科学的諸成果が逐次出現し、学術論文として世界の学界に流布しているのであるから、今やあの「日本人に似た」顔の問題も、単なる一個人（たとえば、わたし）の〝直観〟のみのテーマではなくなってきているのではあるまいか。

すなわち、今やメガーズ・エヴァンズ（エストラダ）説はすでに世界において孤立してはいないのである。このような学的状況下で、佐原氏が両氏説を「中傷」するに〝いそぎすぎる〟理由、それがわたしには不可解である。

八

わたしは提案したい。佐原氏は国立歴史民俗博物館長としての在任中メガーズ博士をお招きし、率直に「異見」を戦わすべきでなかったかと。博士のお人柄からも、もし氏が十二分に学問的なる「礼」をもって招聘されるならば、欣然としてそれに応ぜられるであろう。もちろんすでに御高齢であるけれども、今はまだ十分に御健在である。あの昨年の「九・一一」後、一ヶ月の頃のわたしへの御連絡（藤沢氏を通じて。メール）では、まさにそうであった。お互い残された時間はすでに少ない。佐原氏のあのような「無礼」のままでは、わたしたち日本国（国税の）納税者として、心外である。「国費の用い方」にふさわしくない。日本人として恥ずかしいのである。そのように率直にここに申させていただきたい。かつてわたしたちはメガーズさんをお招きした。一九九五年の秋である。それは『海の古代史』（原書房）の一冊として結実した。貴重な成果を得たのである。しかし佐原氏はこれについても、全く言及も引用もされていない。失礼ながら、不勉強である。館長の繁務を解かれたあと、往年の研究者としての面目を復活される日に期待したい。

九

本稿を書き始めたとき、それは二月半ばだった。今は三月中旬に入り、ようやく終筆に至った。若干の雑務と共に新たな研究課題の思わざる急展開による、うれしい「中断」だった。昨年の一月からの、念願のテーマに今回挑戦した。なお論じたい諸点があるけれど、次回への楽しみとしよう。竹林の道を歩きゆくとき、いよいよ鶯たちの声しきり。花の寺の桜も、近い。

注

（1）古田『古代は沈黙せず』（駸々堂出版、一九八八年刊。撮影は中村卓造助教授〈当時〉）。

（2） 今回のレジメは、二十四年前（一九七七年）における、佐原氏のエッセイ（「エクアドルには渡らなかった縄文土器」『東アジアの古代文化』一九五〇年）と同主旨の〝復元〟である。ために、右の二十四年の間における種々の参照文献を看過されている。たとえば、一九八〇年以降の数々のアラウージョ・フェレイラ論文（寄生虫）、一九八三年の西藤清秀論文（関西大学、今回の壺形の異同を論ずる）と右に対するわたしの反論（注（2）の著書所収。一九八五年）、一九九一年の影井昇論文（「太平洋を渡ったモンゴロイド――コウチュウ感染から見る人の移動」『アニマ』平凡社、二二九号）、そしてわたしの『古代史を疑う』（一九八五）『海の古代史』（一九九六）、『失われた日本』（一九九八）、「学問の未来」（昭和薬科大学、一九九六）、『古代史の未来』（明石書店、一九九八）、そして『「邪馬台国」はなかった』増補版の補章、二十年の応答（朝日文庫、一九九二年）、等である。未見という遺漏は、誰人にもありうることであるけれど、他を、ことに他国（アメリカ合衆国）の代表的な博物館（スミソニアン）の誇る学者（メガーズ・エヴァンズ氏）に対して、日本を代表する博物館（国立歴史民俗博物館）の館長たる佐原氏が、〝中傷的言辞〟を公表する場合、もう少し慎重な「検索」と「調査」を望むこと、果たして過ぎたる要望であろうか。二十四年前のエッセイの「語り口」と「主意」を漫然と「再録」するとは、あまりにも不用意。そのようにみなすのは、わたしのみではあるまい。

（3） この点、年来のわたしの主張点であり、講演会等でもくりかえし論述してきた。これらの点、たとえば、『古代史を疑う』（駸々堂、一九八五年刊）〈その九〉参照。

（4） 『エクアドル沿岸部の早期形成時代』（メガーズ・エヴァンズ・エストラダ著。スミソニアン人類学コントリビューション一号）。

（5） エクアドルのバルディビア遺跡出土の線刻石と日本の上黒岩（愛媛県）出土の線刻石（女神石）との関係（類似性と年代の不一致）について、興味深い問題が存在するのであるけれども、別述する。

二〇〇二年三月十二日　記了

（「閑中月記」第一七回、『東京古田会ニュース』第八四号）

奴隷神――続・佐原レジメ

一

前回〔「佐原レジメ」〕論述したように、エクアドルのバルディビア遺跡出土の遺物中、きわめて興味深いもの、それは「土偶」だ。

わたしがエヴァンズさんに対して"Japanese like"（〝日本人好みの〟また〝日本人に似た〟）とご返事した、あの土偶である。最近リマ（ペルー）から大量出土したインカ帝国の土偶（副葬品の陶器）とは、明らかにちがう（図A、参照）。

こちらはわたしたちには〝なじみ深い〟人相なのである。

「バルディビアと縄文土器の（複合したデザインの）類似など、ただの偶然にすぎない。」

と称してきた、日本の考古学者たちにとって、何とも〝居心地の悪い〟この面貌《つらつき》だった。

そこへもってきて、アラウージョ・フェレイラ論文がしめしたように、南米の古代ミイラ（三六一〇～三四四〇年前）の糞石の中に〝化石化〟されていた寄生虫（ベンチュウ卵・コウチュウ卵）は東アジア、

図A

図B

Betty J. Meggers, Clifford Evans, and Emilio Estrada, *Early Formative Period of Coastal Ecuador,* Smithsonian Institution, 1965 より。

なかんずく日本列島の中に多い寄生虫だったのである。

「あの顔で、うんちには同じ寄生虫。」となればもう〝偶然の一致〟や〝偶然の類似〟視して、すませられるものではない。その上、〝駄目押し〟するように、ウイルス（HTLV）と遺伝子の一致を報告する田島論文が現われたのだ。

だが、この「土偶」問題こそ、佐原レジメにとって、最大の〝嘲笑〟の的《まと》となっている。

「バルディビア文化には沢山の土偶があります。これをなんとか縄紋土偶と結びつけたいところですけれど九州では出水式土器の時期にはまだ土偶は出現していません。そこでメガーズさんは愛媛県上黒岩の縄紋草創期の扁平な川原石に人の姿を彫りこんだ礫偶《れきぐう》をとりあげ、作りがわるいと人造品かどうかわからないから出水式の人形はみのがしているだろう、と論じています。そこまでいう！」

前回にも、明記したように、バルディビア（式）の土偶が〝日本列島から出土していない〟こと、この事実に疑いはない。

けれども、右の文章が、学者には珍しい「！」で結ばれているのを見ると、わたしは、正直言って、自分の方が「恥ずかしく」なる。なぜなら、故エヴァンズ博士、現メガーズ博士との、度重なる文通や（メガーズ博士との）交流の中で、お二方とも、実に冷静な、そして良心的な学者としての筆致とお人柄をもっておられること、幸にも熟知しているからである。典型的な、アングロサクソンの生み出した、上質の学問的研究者だ（メガーズさんは、ドイツ系）。

それを知るだけに、わたしには何とも〝恥ずかしい〟のである。

佐原さんは、（わたしより）お若い、戦後育ちの方だから、御存知あるまいけれど、戦争中の新聞や雑誌に現われた（充ちていた）、アメリカ人（の能力）軽視、アメリカ（文化）罵倒の文章の「語調」を、なぜかわたしはこれを見て思い出さざるをえなかったのである。それらの〝威丈高な〟せりふが、果して理性的だったかどうか、今は世界の人々の周知するところとなっている。

二

エストラダ・メガーズ・エヴァンズ報告書『エクアドル沿岸部の早期形成時代』（一九六五年、スミソニアン博物館）にしめされた、上黒岩の礫偶（女神石）とバルディビア礫偶との対比表はきわめて興味深い〝対照〟をしめしている（図B参照）。問題点を列述してみよう。

（一）両者は基本的に〝共通〟している。それは共に「石面に刻された、数多くの縦線」だからである。「線刻石」だ。

（二）従って、もし（「思考実験」として許容されたい）、このバルディビア礫偶が日本列島内（たとえば、高知県など）から出土したとすれば、これを「上黒岩との交流（伝播）」として考察の対象としない考古学者はいないであろう。

（三）この問題の、「第一の難問（関所）」は、〝空間的距離の広大（もしくは「過大」）〟である。

（四）けれども、人種的に〝日本列島と南米〟との一致性が証明された。

（五）その上、アラウージョ・フェレイラ論証によれば、（寄生虫の場合）「ベーリング海峡経由」は不可能であり、黒潮経由（エストラダ・メガーズ・エヴァンズ説）による他はない（古田説も、同じ）。

（六）ウイルス、遺伝子の一致も、田島論証のしめすごとくである。

（七）右の現研究状況からすれば、〝空間的な過大〟を理由にして、両地の礫偶を「考察対象」とせずに来た、日本の考古学界の態度は、遺憾ながら、不当と言わざるをえない。

以上が前段のテーマだ。

三

後段に入ろう。

第一のテーマは、上黒岩の地理的位置である。普通、愛媛県といえば、瀬戸内海に面している。しかし、この上黒岩（美川村）を流れる川（久万川）は、面河《おもご》川と合流し、やがて仁淀《によど》川として土佐湾に流れこんでいる。すなわち、この上黒岩の流域は、地形上、〝土佐〟側に属しているのである（明治維新以前は土佐藩）。

地形だけではない。上黒岩のある久万《くま》川の下流に、小黒川、藤黒川、黒川があり、土佐湾の沖合には、あの黒潮が流れている。この「黒」は〝black〟の意味ではない。〝神聖な〟という意味の古代日本語だ。(1)

すなわち、言語・地名上においても、この上黒岩は「黒潮の流域」にある。

そしてその黒潮の終着点は、エクアドル・ペルーの沖合だ（同地点で、北上する、フンボルト大寒流と衝突）。すなわち「上黒岩〜黒潮〜エクアドル」は、地理的に、同一線上にある。この問題だ。

四

第二のテーマは「岩壁線刻」の問題だ。上黒岩と中黒岩の中間点、諸川（露峰川・久万川・有枝川・直瀬川・面河川）の合流するところ、そこには岩壁群が存在する。その岩壁群には、無数の縦線が刻されている。もちろん、〝人間の手〟ではなく、〝大自然の手〟によるものだ。地殻変動のさいの、造物主の妙手による。

わたしは、再度にわたり、現地をおとずれたさい、これを見、これを「黒岩」（神聖なる岩）の由来として認識した（第一回、単独の研究調査）。右は、第二回（朝日トラベル）の訪問のさいも、この点を強調してきた（講演等）。

今、問題の線刻石（女神石）は、右（黒岩）のミニチュア、それを〝模した〟ものである。わたしは、そう考えた。

その「女神石」という〝学術上の命名〟が、あまりにも〝華々しいネーミング〟であったため、かえってその「実体」が見失われてきたけれども、「黒」（神聖な）の本質は、（一部のものに〝発見〟された）「乳房」などではなく、「全体」としての「無数の縦線」にこそ存在したのではあるまいか。

すなわち、地上の「神聖なる岩壁（黒岩）」を〝模し〟て、河原の自然石に〝類似の縦線〟を刻し、〝神聖の供物（ミニチュア）〟としたのであろう。

それを供え、祭る人もまた、植物繊維を以て、身に「神聖なる縦線」の〝神衣〟をまとっていたものと思われる。

その中心をなすもの、それは当然（縄文期であるから）「女性」だ。縄文は、女神中心、女神の時代だったからである。

右のような、時代的背景、そして信仰的内実が、あの「礫偶」（線刻石）として表現されている。

わたしは、そのように考えた。このような理解に立つとき、同類の「無数の縦線」を刻印した「バルディビアの線刻石」は、興味深い。

「上黒岩の地の、信仰と伝統をうけつぐもの、その発展形（石の整形、その他）」ではないか、という、あまりにも興味深い、問題提起が、今後「考察」されねばならないであろう。

五

第三のテーマは「時間の間隔」だ。

上黒岩とバルディビアとの間には、「長大な時間の壁」が存荘している。

上黒岩（九層）――一二、一六五±六〇〇年ＢＰ（Before Phgsics の略で西暦一九五〇年を基準とする。実年代は表示された年代から一九五〇年を差引くことになる）、バルディビア――六〇〇〇～三〇〇〇年前（縄文中期、前後）(2)。この両者の時間の落差は、あまりにも大きい。この事実を〝無視〟乃至〝軽視〟して、両者の関係を「直結」させること、それは不可能である。問題点を列記しよう。

〈その一〉

前回にふれた、鹿児島県広田（種子島）の例がしめしているように、

殷・周の銅器――縄文（後・晩）期

広田の貝製装身具——弥生期

両者、時期を異にしているけれど、その間のデザイン（饕餮《とうてつ》文と隷書〈「山」〉）の伝播に関して、異論はない。

この場合両者の間に存在すべき〝ミッシング・リング〟（失われた結合帯）を前提としていること、当然である。

〈その二〉

もちろん、今の問題である「上黒岩〜バルディビア」の場合、その「時間の壁」は、右のケースとは比較すべくもないほど、長大である。けれども、次の一点が注目されよう。それは、

「縄文早期においても、縄文前・中期においても、変わらず、黒潮という一大潮流は、日本列島の岸辺から、エクアドルの沿岸部へ流れつづけていた。」

という事実である。

とすれば、かりに「縄文中期」前後に、両地の〝交流〟乃至〝伝播〟が存在したとすれば、「縄文早期」においても、同じ問題（〝交流〟や〝伝播〟）が存在したとしても、不思議ではない。——このテーマである。

一言にしてこれを言えば、「伝播の多時性」の問題だ。

もちろん、これは「理解」にすぎず、出土事実の「年代表示」そのものではない。それゆえ、この点、あくまで「未来への課題」であるにとどまるであろう。決して両者の「直結」を断言できるていの問題ではないのである。

上黒岩の「礫偶」（女神岩）は「九層」すなわち、最古層にのみ出土し、「八層」以降には、全く出現

しない。著名の事実である。

では、この「九層の縄文人」は、一体どこへ消えたのか。これが、もっとも興味深い、考古学上の今後の課題なのではあるまいか。

六

第四のテーマは「縄文殺人」である。

従来の考古学界において「有力」だったのは、次の命題だった。

「人間と人間との間の戦い、すなわち戦争は、弥生時代以降であり、縄文時代にはいまだ存在しなかった。」

と。この命題の主唱者乃至力説者が、他ならぬ佐原氏その人であること、学界周知である(3)。

これに対し、最近、高知県の土佐市の居徳《いとく》遺跡から、数体の縄文人骨が〝武器〟によって殺傷された形で出土し、天下の注目を引いた。

これに対し、「縄文に殺人乃至戦闘があった」証しと見なした多くの学者のコメントに対し、佐原氏は「反対」もしくは「慎重」説をのべられたようである(4)。

もちろん、いまだ正規の報告書も出ているわけではないから、「断言」はできない。佐原氏が、その自説を「守る」ために、容易に屈せられぬこと、学者として当然だ。むしろ、その面からの他説への「反論」それが今後にのぞまれよう。学問の進展のために有益である。

けれども、今は、わたしの立場から、この問題を俯瞰してみよう。

第一、わたしはすでに早くより「縄文殺人」乃至「縄文戦争」の存在を〝主張〟し、その立場から、諸現象を解説してきた。

第二、今、その一例をあげれば、信州の和田峠を中心とする「黒曜石と海産物(貝等)などとの交換」という著名の〝商業行為〟も、その前提として、信州側の〝軍事力〟の存在が必須である。なぜなら、もしそれが存在しないなら、関東や東海の縄文人は〝交易〟などせずとも、〝みずから黒曜石を発掘する〟であろう。「交易」の必要性など、存在しないのである。

第三、同じく、出雲の隠岐島(島後)の黒曜石の場合、本土(出雲)との間に、海上の〝軍事力〟が必須である。「海人《あま》族」だ。対馬海流流域の、この「海人族」こそ、弥生以後の軍事・政治関係のキイ・ワードをにぎった(天照大神たち)。

第四、従って、従来すでに少なからず「発掘」されていた「鏃《やじり》などの刺傷をうけた縄文人骨」も、当然「人間、対人間」のトラブルの結果と見なすべき可能性が高い(今問題の「上黒岩、四層」からも、出土)。

第五、従来は、一九二〇年代(昭和初期)以来のマルキシズムの影響(というより、日本人による〝当てはめ〟)により、

(A)縄文時代——原始共産制(戦争なし)

(B)弥生時代——搾取と階級対立と国家の成立(戦争始まる)

と解されてきた。イデオロギー優先の立場だった。そしてそのイデオロギーの立場から、各地に少なからぬ「縄文人の(鏃等による)刺傷」の事例を以て「あやまって人間に当たったもの」と解説してきた(各地の博物館)。しかし「刺傷」という物理的事実からは「あやまって」か、「ねらって」か、判断でき

るはずはない。すべて「イデオロギー優先」の解釈であった。

第六、今の問題に関して言えば、上黒岩、「九層」の縄文人が、突如〝消えた〟こと、「八層」以降に、その継承文化、信仰（「女神石」等）を見ないこと、これらの事実は、或は「八層」以降の縄文人によって〝追い出された〟という可能性も無視できないであろう。「上黒岩〜中黒岩〜（藤黒川・小黒川・黒川）〜黒潮」のルートである。

もちろん、何等「断言」の許されるような状況ではない。そのことを十分に「認識」した上で、「未来の課題」へと、わたしたちは立ち向かわなければならないであろう。逆に「それはありえない。」という権威的断言を以て若き研究者の研究の将来をはばむこと、それは決して許されうるところではない。

七

今年の四月二十三日、驚くべき報に接した(5)。フランス南西部の遺跡で発見された、約三万六千年前のネアンデルタール人の頭がい骨の化石に「仲間から武器（なたなど）で襲われたと思われる傷跡」があり、「同種間によるいさかい」の可能性が考えられるという（二十三日付の『米科学アカデミー紀要』掲載）。

まだ、その詳細な論文は未見だから、確定的なことは言えない。またこの人種は、現代人とは〝直結〟しない、という。そのような状況認識を知悉した上で、わたし自身の「私見」では、格別不思議とは思えない。なぜなら、「他の動物は襲っても、人間同士は襲い合わない。」というのは「自然状態」と言うより、むしろ、高度な「人間の倫理」にもとづくもの。わたしにはそのように思われるからである。

しょせん、人間が手にした「武器」とは、諸刃の剣なのである。

昨今、中近東における、諸民族、国家間の死闘が伝えられぬ日とてない。国際連合などの手も、その成果をあげかねている。「人間と人間の闘争」だ。このような「性《さが》」は果して〝近年の創造〟だろうか。わたしには、それこそ何万年もの「伝統」をもっているように思われる。人間という生物はいまだ凶暴な「動物」の域を出ぬまま、いたずらに「武器の性能」を精緻にし、そして巨大化したのではないか。

それだけではない。各種族が各自の「動物的闘争本能」を、おのが「神」の名において美化し、合理化し、神聖化しているのである。

まさに、「神」は〝人間の奴隷〟、そして〝欲望の奴隷〟なのである。言うなれば、「奴隷神」だ。わたしたちが、このような「奴隷神」のすべてに対して、「否（ノン）」の一語を発する日、それは果して、いつ来るのであろうか。わたしはその日を見たいと思う。

注
（1）黒森・黒石（青森県）等、日本列島各地に〝Black〟に非ざる「黒」地名は多い。「くら」（祭りの場）と同類語か。
（2）エヴァンズ氏等の使用する「縄文中期」は、日本の考古学の使用例より、はるかに〝広い〟用法である（メガーズ氏による）。
（3）『人類にとって戦いとは』（全五巻、国立歴史民俗博物館、春成秀爾他監修、東洋書林、一九九三〜二〇〇二年刊）参照。
（4）二〇〇二年三月二十日、各紙。
（5）読売、産経等、各紙。

二〇〇二年五月六日　記了

（「閑中月記」第一八回、『東京古田会ニュース』第八五号）

スミソニアン

一

スミソニアンへ飛んだ。成田空港ホテルで夜ふかししたけれど、無事起床。一路十三時間、目指すワシントンD・Cへ到着。早速研究所の収蔵庫へ向った。二月六日の午後だった。

迎えてくださったのは、メガーズ博士（エヴァンズ夫人）。白髪のノーブルな顔立ち。すらりとした痩身は全く変わりがない。にこやかにわたしたち十五名を迎え入れて下さった。

南米エクアドルのバルディビア出土の土器・土偶が数多くの箱に入れられ、机の上に置かれていた。博士は飽くことなく、それぞれの土器の特徴を説明される。わたしは用意してきた接写用のデジカメで、それぞれの特徴をもつ土器・土偶を撮影した。

次の日は通訳して下さるはずの飯塚文枝さんが若い眼でカメラを操作し、わたしはもっぱら助手役だった。

二

次の日の午後、今回の旅行のハイライトをなす講演会が行われた。先ず、メガーズ博士。スライドを使っての的確な説明。さすがだ。次いで、わたし。

講演原稿はすでにパソコンで用意し、藤沢徹さんを通じて、飯塚さんの手もとに渡されていたから、講演者としては楽だった。飯塚さんの通訳も、よどみがなかったけれど、一回だけ、わたしの「話す」前に、次の個所の英訳が流れる、というハプニング。でも、研究所側の人々は無論、気付かない。御愛嬌だった。

三

メガーズ博士とわたしの講演は、光と影の中にあった。「光」とは、既に三十八年前、スミソニアンから当報告書（『エクアドル沿岸部の早期形成時代――バルディビアとマチャリーラ』メガーズ・エヴァンズ・エストラダ著、一九六五年刊）(1)が出されてから、次々とその創見は〝裏付け〟られた。

その一は、古代寄生虫。三六一〇～三四四〇年前のミイラ（南米）の糞石中の寄生虫（コウチュウ）がアジア、ことに日本列島に多いものの化石であったことが判明（コウチュウは摂氏二十二度以下では生存不可能のため、ベーリング海峡通過は不可能。メガーズ等の学説〈黒潮経由〉によってのみ可能――ブラジルの研究チームによる報告）。

その二は、ウイルス（HTLV・I型）と遺伝子。日本列島の太平洋岸や九州に多いウイルス（及び遺伝子）が南米の「インディオ」に存在することが判明。「共通の祖先」をもつことが確認された（田島和雄氏）。これは中国・朝鮮半島・太平洋上の人々では検出されなかったものである。

以上の事実によって、従来の（アメリカや日本の）考古学者のように、日本列島（縄文）と南米（エクアドルのバルディビア）の土器の模様デザインの「複合した共通性」に対し、

「単なる偶然の類似にすぎず。」

と一笑に付してきたこと、そのように安直な「批判」もしくは中傷は、今や研究史上、不可能な段階に入っているのである。

四

「影」について語ろう。

次の日（二月八日）、メガーズ博士とレストランで語った。藤沢徹さん、力石巌さん等と一緒だった。博士は言われる。

「わたしたちの学説に反対した学者が、その論文で、エヴァンズ（メガーズ博士の夫君、共同研究者）は生前、すでに『縄文のエクアドルへの伝播』という学説を捨てていた、と述べているんですよ。」

「だって、そんなことは、メガーズさんが一番よく知っておられることじゃないですか。」

と、わたし。

「もちろん、です。とんでもないことですよ。」

メガーズさんは、手をひろげてきっぱり否定される。当然だ。わたしは、エヴァンズさんとくりかえし文通をつづけていたけれど、終始一貫、氏のみずからの学説に対する信念に変わることはなかった。

――それなのに、なぜ。

帰り道に考えた。「なぜ、その学者は分りきった『反事実』を主張するのだろうか。」

「肝心の、妻であり、共同研究者であるメガーズ博士からの『反論』が出ることは、分りきっているのに。」

等々。その答えは、次のようだった。

「その学者は、当然、当人（エヴァンズ博士）の妻のメガーズ博士の『ノー』の反論を〝予想〟している。」

では、なぜ。

「それに対して、彼等は言うつもりだ。『当人の妻、つまり〝身内〟の反論は採用できない。』裁判でも、知られた慣例だ。」

その上、

「メガーズ博士は、自分の〝頑なな立場〟を守るため、〝亡き夫〟を利用しているだけだ。」

と。つまり、すでにメガーズ・エヴァンズ・エストラダ学説は、破綻しつつある。否すでに破綻しているのだ。そのように攻撃するつもりなのではあるまいか。「再・反論」の〝手口〟を用意して、待ちかまえているのである。

ワシントンD・Cは「弁護士の町」だという。でたらめに石を投げたら、何回目にかは弁護士に当る、という。交通事故でもあったら、多くの弁護士が駆けつける、とも言う。その「弁護士の論法」が、学問の世界をも〝侵して〟いるようである。わたしはそう考えた。

メガーズさんの「絶望」した口ぶりが、印象的だった。それは先述のような、「論証自体の確実性」の成立と、いわば「両立」している。否、むしろ、正攻法では反論できない、と当惑している「旧来の学界ボスたち」の〝手先〟が、右のような〝偽論法〟を考え出したのではあるまいか。ぶざまとしか言いようがない。誹謗と中傷の手法である。これが「影」だ。

日本の考古学界の「ボス」たちとその手法は果たしていかん（「閑中月記」第一七回〔「佐原レジメ」〕、一八回〔「奴隷神——続・佐原レジメ」〕参照）。

五

わたしは必ずしも「予定原稿」通りには語らなかった。中でも、重要な一点、それは「恐怖の記憶」問題だ。

前日（二月六日）、飯塚さんと打ち合わせしているうちに、次の疑問を聞いた。

「硫黄島の鬼界ヶ島爆発は、年代が少しちがうんですよね。」

わたしは直ちに了解した。

その仔細をのべよう。「火山爆発」問題は、メガーズ学説に対する〝劇的証明〟となった。かつて江坂輝弥氏がメガーズ説に反論された。「南米エクアドルのバルディビア出土土器が、九州の土器のデザインと似ているというけれど、それは有明海周辺が中心だ。鹿児島県の大部分や宮崎県の土器とは似ていない。もし『漂流による伝播』とすれば、説明できない。」と。

結局、いわゆる「エヴァンズ（メガーズ）学説」は、一個の「夢」にすぎない。――そう断ぜられたのであった。まことに道理ある指摘だった。

しかし、右の「火山爆発」問題は、それに対する、見事な「反証」となった。鬼界ヶ島の大爆発は、鹿児島県の大部分（有明海沿岸部を除く）や宮崎県の人々を、ほぼ「全滅」に近い打撃を与えた。それに対し、熊本県の大部分や鹿児島県の西北部といった有明海沿岸部の場合、壊滅した人々と共に、（西の海へ）脱出した人々があった。いわゆる「半死半生」の状態である（東方は、爆風の方向）。

以上の状況は、メガーズ学説の「指摘」と見事に一致したのである（関東でも、富士山・箱根山の爆発に関して、同一の現象が観察される）。

これによって、メガーズ学説にとっての「最大の弱点」と見えたものが、一転して「最大の強味」へと一変したのであった。

この前に（一九九五年）メガーズ博士がわたしに告げられた。

「火山のことを調べて下さい。」

この一言が、見事な収穫を生んだのであった。

六

けれども、ここに一つの問題があった。

問題の鬼界ヶ島爆発は、六四〇〇〇年前だ。だが、バルディビア遺跡の年代は縄文中期（五〇〇〇〜四〇〇〇年前）を中心として前期・後期に及ぶ――メガーズ博士の報告の「中期」は、日本の考古学編年の「縄文中期」より、〝長い〟前期・後期をふくむ時間帯を指す。――メガーズ博士による。しかし、鬼界ヶ島爆発は、バルディビア土器の年代より、もっと〝古い〟。これが飯塚さんの指摘だ。そしてまた、これはかねてよりの、わたしにとっての問題点だった。共感した。

そして翌朝、わたしの頭脳にひらめいた。開聞岳の爆発（池田カルデラ）だ。鹿児島県の薩摩半島の先端、指宿《いぶすき》の近く池田カルデラ（池田湖）の問題である。時期は五五〇〇ＢＰ。ちょうど、バルディビア遺跡の時期、または「直前」ともいうべき時期に当っている。

もちろん、あの鬼界ヶ島爆発のスケールには及ばないけれど、広大な池田湖が形成された爆発であるだけに、決して「狭小な爆発」ではない。

問題は、五五〇〇ＢＰ時点における、「かつての鬼界ヶ島爆発」の影響だ。その圧倒的な大爆発と大被害の記憶は、現地周辺に残り、今回（五五〇〇ＢＰ）の爆発のさい、人々の脱出を誘ったのではないか。

このテーマを、わたしは「恐怖の記憶」という用語を使って（アドリブとして）語ったのである（開聞岳の爆発自体は、予定原稿に記録していた）。

七

今回のわたしの最大の収穫、それは先述の飯塚文枝さんとお会いしたことだった。小・中・高は東京都出身。アメリカのミシガン大学（考古学）に学び（四年間）、コスタリカ（中米）で発掘に従事。ペルー人の考古学者の推薦によってメガーズ博士に師事された。（メール交信の後）直接言われたのは最近。

――メガーズ博士には、たのもしき後継者の出現として、深い感銘をうけた。ワシントン州立大学（海洋学）の大学院にすすまれる希望をもっておられるようであった。近年、若い研究者の躍進のめざましさに驚かされる。

八

孔子は論語の中で、

「後生畏る可し。」（子罕第九）

と述べた。周知の一語である。

彼は門弟の中に、自己以上の逸材を見出した。たとえば、顔回だ。著名の若者である。

「子曰く、賢なる哉、回也《や》。一箪の食《し》、一瓢の飲、陋巷《ろうこう》に在り。人、其の憂に堪えず。回也《や》其の楽しみを改めず。賢なる哉、回也《や》。」（雍也第六）

右の「陋巷」がキイ・ワードだ。従来は「狭い路地の暮し」と訳されている。が、「陋宗」（ろうそう。卑しい血筋の人）という言葉があるように、彼が「陋巷に住んでいた。」ということは、すなわち彼が「卑しい血筋の人」だったことをしめすのではないか。

昨年、中国へ行き、曲阜に至った。その「陋巷街」を見るためである。顔回廟に接してあり、今も、一歩裏通りに入れば、まことに〝貧しい〟家並が連なっていた（顔回当時からあるとされる「井戸」は、顔回廟の中にあった）。

まかりまちがっても、士大夫の身分の人が、自分の「趣味」で、この「陋巷」に住む、などということとは、わたしには考えられない。孔子が右の発言を行ったとき、曲阜の人たる孔子自身、そのような顔回の身分を熟知していた。周辺の門人たちもまた、それは周知のところだった。そう考えてはいけないだろうか。わたしにはそうとしか、考えられない。

もちろん、奴隷ではなく、自由民だったと思われるけれど、士大夫には及びもつかぬ「下層・被差別の人」だったのではないか。

だからこそ、孔子は言った。

「いかなる下層・被差別の人であっても、学問によって、人は向上する。人間の理想たる『仁』を抱く人、真の『君子』になりうる。それが学問の道だ。顔回は、わたしからその道を聞き、その道を楽しみ、全く疑うことがない日々を送っている。」

そのような顔回を絶讃した孔子その人もまた「賤民」の出身であった。〔第一篇「顔回」参照〕

九

今、わたしの学問的探究心は、ウラジオストクへと向っている。燃え上る好奇心をおさえきれないのである。

前回〔第五篇「出雲とウラジオストク」〕、述べたように、「国引き神話」の「北門」の国は、ウラジオストクだった。現地からの隠岐島の黒曜石の鏃の大量出土がこれを証明したのである。

この「北門」は中心国名だ。ロシア（ウラジオストク）から北朝鮮（ムスタン岬）にまたがっている。

では、その内部や周辺の「中・小地名」（大字《あざ》・小字）は、いかに。「北門」と同類の「日本語地名」が現存するのではないか。

ちょうど、「江戸」が「東京」という中心地名に変えられても「新宿・渋谷・浅草・大手門」など、すべて「江戸以前」の地名のままだ。

アメリカでも、「ワシントンD・C」などはもちろん英語だけれど「ユタ州・ミシシッピ川」など、「コロンブス以前」の現地語の遺存しているものは少なくない。新征服者は、すべての「中・小地名」を自分流儀に言い換えるほど「勤勉」ではない。第一、それでは、旧住民との〝折り合い〟もつかないであろう。イングランドにも、「ノルマン・コンケスト」以前の地名は少なくない。

すなわち、ロシア語で「東方を征服せよ」との新中心地名「ウラジオストク」の内部や周辺には、旧来の「日本語地名」がなお残存しているのではないか。――この疑問だ。

同じ問題を、わたしは南米のエクアドルにも「発見」している。その地は、他日、日本人の研究調査団を迎えることであろう。あの飯塚文枝さんたちだ。

けれども、今は今、わたしの目はしっかりと、あのウラジオストクへと向っているのである。

注

（1） Early formative period of coastal Ecuador: the Valdivia and Machalilla phases. Smithsonian Contrib. Anthr., Vol. 1, 1965.

二〇〇三年三月八日　記了

（「閑中月記」第二三回、『東京古田会ニュース』第九〇号）

第五篇　歴史は足で知るべし

文殊の旅

一

犬も歩けば棒にあたる。今回の旅は棒だらけだった。それもすばらしい、日本の古代史の中にそそり立つ秘密の棒、また地中裏深くひそむ謎の棒、それらに次々とぶつかった。すばらしい収穫の果実、鈴なりの秋の旅となったのである。

当初は、そんなつもりではなかった。前号（『東京古田会ニュース』第八一号）に掲載されていた「丹後・但馬・若狭古代史の旅」の企画（第一面）を見てわたしは担当の高木博さんに連絡した。

「初日（十一月九日、金曜日）のお昼休み、大江あたりでお目にかかりましょう。皆さんに御挨拶するためです。」

同じ京都府、言うなれば〝御近所〟だ。だから、お会いして、もし時間があれば、このあたりのお話でも。そう思ったのである。もちろん、わたしの頭には、翌日行かれる籠《この》神社のことがあった。『古代史の十字路——万葉批判』（東洋書林）の第二章で扱った。万葉集冒頭の、いわゆる「雄略の歌」が実は、籠神社を「作歌場所」とする大己牟遅《おほなむち》の命の歌ではないか、という従来の万葉学〝未想到〟のテーマである。その舞台だった。この神社にまつわる、種々の貴重な研究経験があった。そのお話でも、と思ったのである。

二

数日して高木さんから御連絡があった。

「第一日に、大江から城崎までバスに同乗していただけないでしょうか。そこで一泊して籠神社まで御一緒していただけませんか。」

わたしは躊躇した。その金曜日（第一日）・土曜日（第二日）は、原稿執筆などの予定があったからである。しかし、熟慮の末、承諾した。籠神社で、有名な伝来系図や前漢式鏡・後漢式鏡を拝見できるためには、旧知の私が同道した方が妥当、そのように判断したからである。

けれども、事態はさらに転回した。当日も迫った或る日、再び高木さんから要請が来た。

「全行程、御一緒いただけないでしょうか。」

それは、同行されることになった西村俊一さんからの御要請だという。わたしは三考した後、結局承諾した。あの『「邪馬台国」はなかった』刊行三十周年の記念の会のさい、午前中の対話などで散々御苦労をおかけしていたからである。

三

ひょうたんから駒のたとえのように、ほとんど他動的にはじまった旅だったけれど、幸運の女神の指図だったようである。天気も、連日ほぼ好天に恵まれた。夜中には雨が激しかったこともあったけれど。

以下、それぞれの棒について項目を分けてのべよう。

第一、「気（け）の神」について。

わたしは今まで、くりかえし述べてきた。

「古事記・日本書紀には、二種類の神様がいる。一つは『神』。〝か〟は〝神聖な〟という接頭語〝み〟は女神ら『イザナギ・イザナミ』の『ミ』だ。縄文は女神中心の時代である。本来の神の呼称は『み』である。

もう一つは『ち』。〝あしなづち・てなづち・やまたのおろち・おほなむち〟の〝ち〟だ。『み』の世界と『ち』の世界と、二種類の神話世界・言語世界・文明圏が同じ記紀の中に含まれている。」

先輩（東北大学、日本思想史科）の梅沢伊勢三さんの学説をもとにしたわたしの考え方である。講演会などでも、しばしば語ってきた。

しかし、この二つだけではなかった。三つ目に「気（け）」があった。〝気多神社・気比神宮・おばけ・気配〟などの「気（け）」である。北部九州にも、芥屋（けや）の大門がある。福岡県の糸島郡（志摩町）だ。そのすぐ南の桜谷神社の祭神、「苔牟須売《こけむすめ》の命」も、この「気（け）」の女神である。

あの「君が代」の歌は、もちろん、本来天皇家の歌ではない。九州王朝（倭国）の歌だ。この問題は、すでに何回も書いた。論じた。〝知らぬ顔〟をしているのは、政治家や政治家風の学者たちだけだ。けれども、ここにはさらに深い、歴史の「奥の間」があった。そこには「み」や「ち」の神とはまた別の「気（け）の神」がひかえていたのであった。

四

第二は、網野の銚子山古墳に上り風荒き日本海を眼下にした見事な展望をあとにしつつ、下る途次、突然脳裏にひらめくものがあった。

〝「え（い）こぢなやつ」という「ち」は、例の神を意味する「ち」ではないか。〟津軽（青森県）で、鎌田武志さんから聞いたことがある。当地では、親が子供を叱るとき、

「このつぼけ」

という。〝親の言うことを聞かぬやつ〟〝頭のめぐりの悪いやつ〟〝にぶいやつ〟等々、複雑なニュアンスをもつ。そのように叱られた経験のある人は少なくない、とのこと。

もちろん、「つぼけ」は先住民の呼称だ。あの「東日流外三郡誌」中にくりかえし出現している。最初の「あそべ族」、次いで「つぼけ族」。その支配を〝滅ぼし〟たのが安日彦・長髄彦である。その「つぼけ」は、二十一世紀の現在でも、罵倒語として使われている。歴史は生きている、のだ。

同じく、この「えこぢ」というのも、もしかすると「ち」の神の一類の名ではないか。「こぢ」は、あの「苔牟須売」の「こけ」と同じような呼称。「え」は〝愛《え》〟の類か。「い」なら、通例の接頭語だ。

〝保守的に、旧来の習慣を改めないやつ〟という、侮蔑語ではないか。例の「おばけ」や「たわけ」もまた、「気（け）」の神に対する侮蔑語という可能性もあろう。

わたしたちは「神（かみ）の時代」に生きている。それゆえ「ち」の時代の呼称や「け」の時代の呼称は、今も〝否定的〟な形で生き残っているのかもしれない。

「〝小さな大発見〟がありました。」

古墳からの道を下り終ると、そこに先着していた方々に早速お話した。もちろん、「断言」ではなく、一つのささやかな試案としてであったけれど。

五

第三は、〝大きな大発見〟だった。敦賀の気比《けひ》神宮の対岸、常《つね》の宮に参ったときである。

はじめは「とこのみや」かと思ったけれど、宮司さんにうかがうと、そうではなかった。「つね」である。ここは敦賀湾の北岸だから、「津根」の意であろう。そばに「常神岬《つねがみ》」もあった。

その境内の石垣の中に、やや度はずれて大きな石を数個並置したところがある。

「これは巨石遺構か何かの残欠を再利用したものじゃないかな。」

わたしはつぶやき、一緒にいた方々に話しかけた。思えば、これが〝序曲〟だった。

六

境内を巡り終えて出てきたとき、先に駐車場のところへ行っていた人々から声がかかった。

「こっち、こっち。こっちへ来て下さい。」

「振り向いちゃいけませんよ。振り向かずに、こっちです。」

何か、妙な具合だけれど、いわれるままに進んだ。そして駐車場のところで振りかえると、見事。

この「常の宮」の背後の山、グリーン深き奥山、頂上部がやや平坦な、霊妙な形の山列の上腹部に、白く、飛び出したような三列石だ。見事としか言いようのない、あまりにも明々白々の姿がクッキリと目の中に飛びこんできたのである。

あの土佐清水（高知県）の巨石遺構を研究調査したとき、その原点は「唐人岩」だった。これも、見事だった。海上からも、輝く灯台のように陽光や月光をうけて反射していた。その仮説を実験し、記録した。

けれども、あの「唐人岩」それ自身は三列石ではなかった。他に、三列石が何箇所か、あった。たとえば、パシフィック－ホテル脇にも、その一つがあり、わたしはそれらを各々調査し、記録した。

また雷山（福岡県）の頂上にも、その平坦部に、ややはなれながら、並んでそれがあった。旧石器・縄文にさかのぼる、本来の祭祀対象であろう。また三笠山（宝満山、福岡県）の頂上にも、それがあった。江戸時代以前に、その一つが下の谷へと落下した、という（貝原益軒）。

その他、各地にわたしは各種の三列石を見てきた。日本の文化財行政は〝金に目がくらんで〟この種の古代祭祀対象には〝金も目もかけず〟に、荒廃にまかせている。その弊を重ねて指摘しつづけてきた。そういうわたしだったけれど、今はじめて見た。その三列石の典型的な姿を。この三列石直下の「常の宮」は、やはり本来は巨石信仰の祭りの場だった。あの上腹部の三列石と対応していたのである。

それだけではない。敦賀湾をはさんでの対岸、気比神宮こそ、この三列石に対する〝遙拝所〟だった。「土公（どこう）」と称する「ひもろぎ」の地（気比神宮の境内）に、「天筒の嶺」から、神が天降られたという。その神こそ「三列石」なる神、そして「気（け）の太陽神」そのものだったのであろう。

おそらく「土公」とは、本来、「つちぎみ」だ。「津の『ち』（神）」である。あの「土蜘蛛」と〝蔑書〟された存在、それこそ実は、

「津のち（神）を中心とした、不可思議な（「く」）集落（「も」）。〝藻〟と同じ。）」

の意。バッサリと言えば、縄文人だ。その信仰の聖蹟を、わたしはここに歴々と見たのである。

これが、展開への序幕だった（次回「「荒神」」へ）。

七

筆を一転しよう。前回「第一巻「俾弥呼の真実」第一篇「待望の一書」」からのテーマだ。佐原真氏の「学問の客観性」と題する講述において、その「6」として「研究者が結果を正当づけるため客観性をすてる」の題をあげ、その二例目に「縄文土器が太平洋を渡ってエクアドルの土器を生んだ」という標目のもとに、C・エヴァンズ、B・J・メガーズ夫妻の学説をあげ、

「結果的には人びとをだます結果になった、と思います。『捏造』に接近してきています。」

と結論づけている。学問的批判というより、「中傷」や「攻撃」に近い。なぜなら、自己の批判すべき相手に対し、「捏造」といった用語を軽易に使うべきではない。学者のつつしみとして、当然のことだ。もし、あえてこれを〝使わねばならぬ〟とすれば、周到にして十二分の学問的批判を用意すべきこと、当然だ。学者として、誠実ならば、当然至極の義務である。しかし、佐原氏の「批判」は、わずか一ページ分（三十五行）の一文にすぎぬ（その後の、二月末の講演でも、格別の詳論はなかったようである）。

わたしは、佐原氏の右の一文の正確な英訳（藤沢徹氏による）をB・J・メガーズ博士（エヴァンズ夫人）にお送りし、これに対する「反論」を求めた。

これに対する御返事は、ただ一言だった。

"I have no word."

「学問的批判」ならぬ、程度の低い「中傷」などに対しては、「語る」（talk about）言葉はない。そういう、誇り高き、決然たる意思表明のみが明確に記されていたのである。学者として、当然と言えよう。けれどもわたしは、あえて「火中の栗」を拾い、佐原氏の各論点を〝とりあげ〟てみよう。そして克明に、一つひとつこれを検討してみよう。日本の学問の名誉のために、佐原氏の論点が是か、それとも、メガーズさんの学説が是か、機会を見て、冷静に、客観的に、徹底的にこれを検証してみたい。

八

丹後の旅に出る前、すでに或る方(1)から、一文をいただいていた。そこには、次のような趣意がふくまれていた。

〝つちぐも」の「つ」は「双（ふた）つ神」をしめし、「ち」は「ひとり神」をしめす。「血」に通ずる言葉ではないか。〟

と。

面白い御意見だ。ことに、「ち」（神）と「血」が同一だとすれば、わたしたちの基本的な身体語が、「神以前からの言語」にもとづくこととなろう。重大なテーマだ。そして日本の言語や文明のあり方を考える上で、あまりにも重要な問題だ。なぜなら、わたしたちの現代生活の只中にも、縄文語が生き生きと、今に生きつづけていることとなるからである。

だが、「つ」の件は「?」だ。この方は、「対馬（つしま）」を例にあげているが、この島を〝二つの島〟の意にとるのは、韓国側の研究者の一説にすぎぬように思われる。あの島は、決して〝二つの島〟ではない。〝あそう湾〟という「津」の囲まれた地峡をもつ「一つの島」だ。釜山など、朝鮮半島側の漁人たちも、その事実を知らなかった、などということは全くありえないのである。しかも、その朝鮮半島の南岸部は「倭地」だったのであるから、なおさらのことだ。

では、「対馬」という漢字表記の意義は何か。これは馬韓に対する島の意義ではないか。わたしの倭人伝研究の初期、尾崎雄二郎氏（京都大学教授）からお聞きしたアイデアだが、それ以来、わたしはそう考えている。

もちろん、日本語としては、「津島」だ。それを右のような表意で〝しめした〟もの、それが「対馬」なのである。

三国志の倭人伝に関しては、

（A）対海国（紹熙本）

の双方があり、版本の古さでは、（B）が一応早いけれど、北宋本の復元本である（A）の方が、実質上、古型をしめす。わたしはそう考えている。

ともあれ、「ことば」や「地名」の分析は、一度はじめるとやめられない。未開の光芒たる大地である。諸氏の活躍と再批判に待ちたい。

九

過日、斎藤栄氏の推理小説『邪馬台国殺人旅情』（祥伝社〈ノン・ポシェット〉）を偶然手にした。旅行社の企画として、講師（古代史の学者）を中心に十人余の参加者と共に、推理を楽しみながら、九州の候補地を巡る、という趣向だ。

出発点は、博多そして〝推理の終着点〟も博多つまり、わたしの立場だ。だが、その旅行の途次、次々と殺人がおこり、少ない人数の中で、バタバタと死んでゆく。いささか辟易した。けれども、このような旅行は面白いな、と思いつつ、読み終わった。

今回の旅は、三人寄れば、文殊の知恵。まさに文字通り「文殊の旅」となった。しかも、誰一人「殺人」の犠牲とはならずに。めでたかった。その上、まだまだ書き尽くせぬ、多大の収穫と共に。

来年二月初旬の「神武の来た道」熊野（和歌山県）の火祭から吉野の秘境（奈良県）への旅が待ちどおしい。

注

（1）飯岡由紀雄氏。

二〇〇一年十一月十五日　記了

（「閑中月記」第一五回、『東京古田会ニュース』第八二号）

荒神

一

垣根に椿の花が満開である。竹の林の間を抜ける冬の風に耐えて、いのちを目いっぱいにふくらませている。もう、春は近い。そんな思いにさえさそわれる。

歌集が送られてきた。平石真理さん。東京の方だが、穂積生萩《なまはぎ》さん（『私の折口信夫』中公文庫の著者）と一緒に京都に来られた時、お会いした。穂積家所蔵の折口信夫書蹟展が北白川の京都造形芸術大学で行われたときである。

そのときは、折口信夫の〝女性の愛弟子〟として著名な生萩さんに連れ添う、つつましやかな「つき人」といった印象だった。生萩さんの主宰する同人誌『火の群れ』には、一日、部屋の中で一緒に暮らす蠅の姿が丹念に愛情をこめて歌われていた。楚々とした、そのたたずまいにも似つかわしく思われた。

しかし、それは錯覚だった。うわべにすぎなかった。今回の歌集『どすこい菫』(1)には冒頭に、

海賊の血潮はたぎる　太平洋　裸一貫祖父は越えけり

紀の国（和歌山県）の御出身である。

情強き紀州女の血の潮逆まく海を叱りて立てり

圧巻は「逆まけ逆まけ」の題のもと、「大逆事件に処刑されし十二人の一人、大石誠之助を憶う」という序辞のもと、列示された歌だ。

慕わしや貧者に厚き誠之助　南紀に焼ける墓石を抱けば
黒潮よ逆まけ逆まけ熊野灘　大逆罪の墓標逆まけ
小さなる墓石の撰文やさしかり　心こめけん堺利彦
平成に天皇元首の声高ら　誠之助の墓朽ちゆくのみぞ
反逆は紀州の血なり　平石真理　大石誠之助　処刑されんとも

部屋の隅に生きつづける小さな蠅のいのちに愛惜の念をこめる作者の心の耳は、遠く深い故郷の熊野灘のとどろきをひとときも忘れたことがないようである。

二

時の重なりを貫く人間の声、それをわたしに感じさせた、もう一つの歌。それは斎藤史さんの歌集『ひたくれなゐ』の中にあった。

かなしみの遠景に今も雪降るに鍔下げてゆくわが夏帽子

これだけ読んだのでは、意味不明だ。だが、そこには消せぬ歴史の記憶があった。

俵万智さんの解説がある。

「伝記的なことを知ってしまうと、もうそのこと抜きには読みにくくなってしまう歌というのがある。この一首もそういう作品の一つだ。しかし、人がいつまでも心に持ち続けている原風景というものの切なさを、言い当てた一首でもある。心のどこかに、常に雪が降っている（中略）『伝記的なこと』というのはこの歌の場合二・二六事件である。

作者の父、斎藤瀏は、この事件に連座し刑を受けた軍人だった。幼な友達であった中尉は処刑された。生涯忘れることのできない雪の降るかなしみの遠景とは具体的にそのことであると考えられる。」（『言葉の虫めがね』角川文庫）

今、夏の強い日射しの下を歩く作者には片時も忘れることのできぬ『歴史の風景』があったのである。この「鍔《つば》」は誰のものだったのか。

斎藤史さんはすでに老齢。お元気で長野在住との旨、聞いた（昨年秋）。人間とは、歴史という名の「守護霊」の下に、生きつづける存在なのかもしれない。

三

前回にのべた但馬、丹後、若狭の旅。実りの多い旅だった。その一つが「気（け）の神」の発見だった。気多、気比、豊受、芥屋（けや）、苔牟須売（こけむすめ）、津保化（つぼけ）など。お化け、たわけ、もののけも、同類。「気の神」を蔑称に用いたものだ。「君が代」の歌の最後の崇敬対象、それは「つぼけ」と同族の「気の神」、苔牟須売命だったのである。

気多大社の中でさらに「発見」があった。わたしが椎内の中のトイレに行ったとき、そのそばに「角鹿（つぬが）神社」があった。日本書紀の垂仁紀に出てくる「都怒我阿羅斯等（つぬがあらしと）」が祭神だ。

加羅の王の子で〈亦の名〉を「于斯岐阿利叱智干岐（うしきありしちかんき）」。「干岐」は韓国側の称号である。二つの〈呼び名〉は、一種の「神仏習合」だ。日本側の「A（〜斯等）」を韓国側の「B（〜干岐）」と等号で〈結んだ〉のである。従来、わたしは「A」を七字で通して訓み、覚えてきていた。「長たらしい名前だ。」と思っていたのである。

しかし、今回知った。先頭の「都怒我（角鹿）」は地名だったのである。でなければ、七字の中、先頭の三字だけ〈切り採って〉神社名にできるわけがない。天照大神を祭る神社を「あまて神社」などとは略して言うことなどありえないのと同じだ。

だから「つぬが」は「津野が」。「が」は〈ありか〉の「か」の濁音だ。

ここ気比大社はまさに敦賀湾の「津」に面している。ではつづく「あらしと」はいかに。この旅行に御一緒下さった西村俊一さんから貴重なお話を聞いた。車中である。

佐賀県の鹿島市に近い西村家では、家の中の神棚に「荒神（こうじん、あらがみ）」が祭られている。近所の各家とも、同じだ。これに対し、近くの丘に「天神様」は祀られてはいるけれど、誰もかえりみない、と。これは、同じ佐賀県でも、吉野ヶ里の北隣にある「於保（おほ）家」とは、逆だ。ここでは、入口に「荒神尊」の低い石柱があるけれど、これは〝下足番の頭〟といったてい。本家本元では「天神」が祭られているのである。

「わたしの家はよそから来た者です」そう言っておられた御当主（わたしと同年）の言葉が思い出された。中世の城のような、威容ある杜全体が「お家」であった。「来た」時間帯は、あの「天孫降臨」の頃のようであった。これに対し、西村家は在地の「荒神族」であり、「天孫族」ではなかった。わたしは改めて「あら神」が今も〝生きて〟いることを知ったのである。

四

この旅行中、わたしは語った。「イザナギ、イザナミ」の「イサナ（勇魚）」は鯨である。「勇魚取り」と言う枕詞は万葉集などで著名だが、五島列島近辺では今でも「イサナ祭」が行われている。「ゴンドウ鯨」が祭神である。

エジプトで、大自然の代表をナイル川と見なし、そこに棲息する鰐を以て、大自然のシンボルとした。

それ故、鰐のミイラ（家族）が神とされていたのである。

同様に、日本では、黒潮を大自然の代表と見なし、そこに棲息する鯨を以て、大自然のシンボルとした。それ故、その「男（ギ）、女（ミ）」形を、天地造成期の主神とする神話が語られているのだ（「国生み神話」）。

以上、長い間の「?」だったが、何年か前、「イサナ祭」の存在にふれて、確信した。

五

次は荒神。「あら」は近海の大魚である。日本列島各水域に棲息するけれど、フィリピンにもその存在が伝えられているから、やはりその間には「黒潮」の存在があろう。

「荒神（こうじん）を中国の庚申信仰」からの伝播として説く民俗学関係の諸書があること、周知のところだ。だが、肝心のその信仰の「中国における伝播と分布図」をしめしたものを見ない（「かまどの神」の存在との「習合」も周知の通りである）。

これに対して、「荒神信仰」は日本列島各地に分布している。「習合」の歴史的背景はいかに。やはり、日本という海中の列島の中での分布、その一点にこそ注目すべきであろう。海洋信仰の中の「近海派」である。

これに対して、いわば「遠海派」というべきもの、それが先述の「イザナギ、イザナミ信仰」なのではあるまいか。「アラ神」に対して尊敬語を付したもの、それが「東日流外三郡誌」の中の主神「アラハバキ神」である。波場（はば）は、広い敷地、祭の場をしめす用語であろう。「キ」は〝柵〟である。

「阿麻氏留（あまてる）神」（対馬小船越）に対して尊敬語を付して「天照大神」という壮重な神名が成立したのと、同一だ。

日本列島の人類は、旧石器から縄文へ（当初は「近海」が漁場だった。やがて徐々に「遠海」を漁場としはじめた）、やはりそれが〝大勢〟とすれば、次のようにいえるのではあるまいか。「アラハバキ神は古く、アマテラス神は新しい。」と。いいかえれば、「アラハバキ神を主神とする「東日流外三郡誌」（の実質内容・原型）が古く、アマテラス神を主神とする古事記、日本書紀は新しい。」のである。

従来の「定説派」の人々、戦前と戦後の「皇国史学」のわくの中にいる人々にとっては、いかに驚天動地のテーマであろう。しかし、この日本列島における、大局的な神観の発展は右のようだった。わたしにはそのように考えられたのである。

六

右のような立場から見れば、今問題の「都怒我阿羅斯等《つぬがあらしと》」についても、「語幹」をなすところ、これもまた「アラ神」であろうことが容易に知られよう。「し」は地形名詞「ちくし（筑紫）」、「こし（越）」「しなの（信濃）」など、多く現われるところだ。「と」は「戸」である。すなわち「あらしと神」は「荒神」の一表現だったのである。そしてそれは「角鹿」（＝津野我）における土地神とされていた。わたしは気比大社の境内で一行の方々に向かって、右のように語ったのである。

七

そのとき、重大な発展があった。

「現人（あらひと）神もありますね。」

福永晋三さんだった。私は言った。

「その通りです。それは面白いテーマですね。帰ったら、早速立ち入ってしらべてみましょう。」

調べてみた。その要点は、次のようだった。

第一、古事記には出ていない。

第二、日本書紀では、「天皇の称号」としては、景行紀のみである。

第三、天皇ではなく、一事（言）主神の「自称」としては雄略紀に出てくる。

第四、万葉集では巻六の一例である。

住吉大社（大阪市住吉区住吉町）の祭神である底筒男命、中筒男命、表筒男命の三神の称号である。

右について、略述しよう。

八

万葉集の例は次のようだ。

「大君の　命恐み　さし並ぶ　土佐の（岩波古典文学大系本以外では「土佐の」の言葉が出てこない）国に

出ますや　わが背の君を　懸けまくも　ゆゆし恐《かしこ》し　住吉の　現人神《あらひとがみ》　舟の舳《へ》に　領《うしは》き給ひ　着き給はむ（下略）」（巻六・一〇二〇、一〇二一）（ただし「大君」は「王」。「現人神」の原文は「荒人神」）

この三神が「アラ神」とされているのは、きわめて分かり易い。右の三神はいずれも「近海」の表現だからである。右にのべた、わたしの理解を〝裏づける〟用例と言えよう。

博多にも、住吉神社があり、中枢的な伝統の名社であるが、ここでも祭神は右の三神だ。すなわち「アラ神」なのである。「ヒト」は「日戸」、例の「人」は当て字にすぎない。

九

右は「荒人神」と書かれ、いわば「アラ神」の第一次用法である。これに対し、雄略紀の場合「現人神」と書かれ、いわば第二次用法をしめす。〝人間の形を採って〟「現われた神」の意だ。「長（たけたか）き人、對へて曰く『現人（あらひと）之神ぞ。先づ王《きみ》の諱を称《なの》れ（下略）』」（雄略紀「四年春二月、天皇、葛城山に射猟したまふ」の項）

この著名の一節は、古事記にも同類の説話が載せられているけれど、右の「現人之神」の一語はない。雄略紀中の、この一語「現人神」の淵源は、当然「アラ日戸神」である。この「アラ」を〝現れる〟意に解した上での、換骨奪胎型なのである。

十

これらに対し、記紀中、唯一の天皇をしめす〝現人神〟との事例が、日本書紀の景行紀のものなのだ。その特徴を列記しよう。

（A）倭建命（日本武尊）の『東北遠征』説話中の一説であるが、古事記の倭建命説話は〝関東止まり〟であり、「東北遠征」自体が存在しない。不審だ。

（B）ここに記せられた「荒人神」という称号は、「景行紀、以前」に全く出現しない。神代紀にも、神武紀にも、それ以降にも、全く出現しないのである。

（C）それなのにこの景行紀では、倭建命が「我は、荒人神の子」と名乗ると、現地「東北地方」の蝦夷等が、いきなり平服する、というのはいかにも、奇怪至極である。

（D）日本書紀の「日本武尊説話」は『各地の「現地伝承」を取り、それを「換骨奪胎」し、それを〈はめこんで〉、』造作されている（この点は古事記も同類）。

（E）ここに、この「東北遠征」説話の後に現われる、有名な「吾妻はや」の説話は北群馬の「吾妻川、吾妻神社、吾妻町、吾嬬（字）」という「吾妻密集地」における縄文神話からの換骨奪胎である。

右の当地で「碓氷峠《うすい》」と言われているのは、現在の鳥居峠で、信州（縄文の黒曜石の中心域）へ向うさい、ふりかえってその眼下に「吾妻比売」の里に別れるときの、熱い感慨の言葉の、それがこの「吾妻はや」の嘆きの歌だったのである。

この視点からは、何の矛盾も存在しない。日本書紀のような形では、「現在の碓氷峠（旧碓氷峠はやや北側）からは、「東京湾や浦賀水道が見えない。」「日本武尊にとって『我が妻』は弟橘姫に限らない（多妻）。」「左手（下方）に吾妻、密集地帯を見つつ、右手（東南方）に向って『吾妻はや』と言う、ちぐはぐさ」といった諸矛盾をさけることができないのである（この問題は『神の運命』明石書店刊、参照）。

（F）以上の史料状況から見ると、今問題の「東北遠征」も同じだ。東北地方の現地説話を探り、ここにはめこんでいる。そういう可能性が強いのである。

（G）その現地説話とは、何か。それには次の「条件」が必要だ。

（i）その地（東北）は「日高見国」とよばれていた。

（ii）その地方の主神もしくは「威力ある神」として周知のもの、それは「荒人神」だ（「原文は「荒」）。すなわち、「アラ神」に「日」と「戸」を付したもの、それがこの「荒人神」だ（人は当て字）。

（iii）現地（東北）の人々にとっては、その「アラ神」は周知の〈征服神〉であった。その現地の人々とは、あの「阿曽部族」や「津保化族」とよばれた人々なのである。そして彼等にとっての〈征服神〉、それは他でもない、あの「アラハバキ神」であった。

以上によって、わたしたちは知る。「日本書紀のうしろには、「東日流外三郡誌」（の実質内容――原伝承）がある。」と。

この外三郡誌の目次を一読すれば、一目瞭然。そこには「日高見国」すなわち北上川流域が重要なそのジャンルをなしていること、あまりにも明白である。

いわゆる「偽書説」派の人々がこの三郡誌を〈恐れ〉、深く〈忌ん〉できたこと、それはまことに偶然ではなかったのである。

注

（1）ながらみ書房（電話〇三―三二三四―二九二六）、二〇〇一年十二月刊。

二〇〇二年一月十二日　記了

（「閑中月記」第一六回、『東京古田会ニュース』第八三号）

補

四月二十六日、訃報があった。斎藤史《ふみ》さんである。九十三歳。お会いしたことはなかったけれど、その痛切な調べに引かれていた。

過日、隣町（長岡京市）の図書館で、御本人自選の歌集に触れ、（1）早速当書肆に送付を依頼した。到着後、お礼の電話したとき、

「今朝、四時、お亡くなりになりました。」

との声を聞いた。悲縁である。

冬、二・二六事件新資料発見の報あり
何が出るとも勝者の資料　弁護人なき敗者に残る記録とてなし
歴史とてわれらが読みしおほかたも　つねに勝者の側の文字か（昭和六十三年）

この昭和十一年の事件は斎藤作品の原点をなす。身近の人々が、或は処刑され、或は生涯不遇となられたからである。その事件が暗霧のように全作品の背後におかれている。鑑賞者、周知のところだ。

だが、右の二首の歌うところ、古事記・日本書紀という、近畿天皇家〝作成の資料〟の真相をうがつものである

こと、果して作者は知っておられたか。おそらく「否」であろう。(2)

「詩人は、みずからのべるところの真実を知らない」と言われているように。

右の両古典は、白村江の敗戦のさいの中心王朝、倭国（九州王朝）の〝存在〟を消し去っている。「勝者」たる大唐（北朝系）の意を迎えるため、かつて南朝に帰服し（倭の五王）、やがて南朝の滅亡と共に、みずから「日出ずる処の天子」を名乗った「倭国」（九州王朝）という「敗者」を、歴史から消し去った。

代ってみずから「万世一系」めいた〝偽称〟を行った。それが両古典の、になった使命である。

二首は、見事にそのような歴史の真相を突いた。


七月十二日、処刑帰土。わが友らが父と、わが父とは旧友なり。わが友らと我とも幼時より共に学び遊び、廿年の友情最後まで変わらざりき。

北蝦夷の古きアイヌのたたかひの矢の根など愛する少年なりき（昭和十一年）

四年後の歌
いふほどもなきいのちなれども生き堪えて誠実《まこと》なりしと肯《うべな》はれたき（昭和十五年）

補注
（1）『齋藤史歌集　改訂版』（齋藤史自選、不識文庫、二〇〇一年刊）。
（2）壬申の乱における「勝者」は唐、「敗者」は倭国（九州王朝）、近畿天皇家（倭国の分派）は、唐への協力勢力。

二〇〇二年五月六日　記了

（「閑中月記」第一八回、『東京古田会ニュース』第八五号）

出雲とウラジオストク

一

偶然と必然の神は姉妹である。いわゆる異卵性双生児のように表裏している。

わたしが、こんな〝とてつもない〟想念にとりつかれたのは、昨年来の研究経験からだった。ことは十九年前（一九八四年）にさかのぼる。御存知、「国引き神話」。出雲風土記だ。

一に、志羅紀の三崎。韓国の慶州近辺である。

二に、北門の佐伎《さき》の国。北朝鮮のムスタン岬。

三に、北門の良波《よなみ》の国。ロシアのウラジオストクである。

四に、高志の都都《つつ》の三崎。能登半島だ。

従来は、二を大社町鷺浦、三を八束郡島根村農波（原文改定）のように考えてきた（いずれも、岩波古典文学大系）。しかし、出雲の一部を「引き寄せ」て、大出雲が出来上がるはずはない。蛸の足喰いだ。

わたしはこれを「否」とした。対岸の沿海州にこれを求めたのである。縄文における「出雲〜ウラジオストク」間の交流。その焦点は、もちろん黒曜石だ。

二

一九八七年七月、黒曜石、鏃を求めてわたしはウラジオストクに渡り、その翌年五月、その答を得た（十日。早稲田大学実験室講演ノヴォシビスクのワシリエフスキー氏）。

それはズバリ、氏の持参された七十数個の黒曜石の鏃（ウラジオストク周辺、約一〇〇キロの五十数個の遺跡出土）の約五〇パーセントが当の出雲の隠岐島の黒曜石だった（四〇パーセントが津軽海峡圏。函館の北の赤井川産。一〇パーセントは不明）。

わたしの立場、わたしの論理による、この縄文神話の仮説はやはり正しかった。正確に立証されたのであった。

三

今回の研究世界はここからはじまった。今度の問題は、出雲弁だ。

「ズーズー弁」と呼ばれる特異の「発声法」は、津軽を含む東北地方と茨城県近辺、そして遠く離れて、あの出雲で行われている。有名な、松本清張の『砂の器』の舞台となった。

「では、なぜ。ウラジオストク出土の黒曜石の鏃の〝九〇パーセント〟が『ズーズー弁地帯の出土』なのか。」

これが問いの核心だ。不可避の「スフィンクスの問い」だったのである。さまざまの思考実験の末、わたしはようやく辿り着いた。

ウラジオストクにいた靺鞨《まっかつ》族、彼等は「ズーズー弁」だった。〝ズーズー靺鞨〟だ。彼等は二手に分れた。一方は、ストレートに海を渡り、やがて「出雲人」となった。他方は大きく迂回し、ベーリング海峡からカリフォルニア方面へと南下し、熱帯に渡り、やがて大きくターンしてアラスカ南西海岸よりカムチャツカ海流に拠り、筏に乗って津軽の下北半島に到着した。これが津軽人、やがて東北地方とその周辺人となった。この潮流を『親潮』(先祖の来た潮流)と呼ぶ。

前者は、出雲の「国引き神話」の語るところ、後者は「東日流外三郡誌《つがるそと》」の語るところ、「津保化族」の伝来伝承である。

これが、わたしの新たな仮説、思考実験の到着点だった。「思考の筏」はここに漂着したのである。次に待っているのは、もちろん、その検証だ。その研究時間帯が昨年来から今年にかけて徐々にその幕があげられたのであった。

四

必然の航路は、偶然の案内人によって導かれた。

昨年の六月、わたしの住む向日市の隣町長岡京市の講演で知り合った大学院生、その人はロシア語に強く、ウラジオストクが研究対象の方だった。その三ヶ月あと、「発見」した、わたしの「ズーズー弁探究」にとって、無二の導き手となった。

次に、その七月、京大の図書館で偶然お会いした、ロシアの留学生。その九月に留学が終わり、今はウラジオストクの極東大学へ帰られた。美しい日本語の使い手だった。

さらにその十月、京都駅近くの京都キャンパスプラザで行われた「北東アジアの労働事情」のシンポジウム。藤本和貴夫さんのお世話で加えていただき、多くのロシアの学者と知り合った。その過半はウラジオストクの方だった。この時期にこの会合のあること、わたしにとっては、直前まで知らなかった。全くの偶然だ。

そしてこの十二月六日。千葉大学の荻原教授の研究室にうかがったとき、机上におかれていた新装の書物。それはウラジオストクの現地語の辞書だった。それをもたらしたのは、前日（五日）、この荻原研究室に訪れたロシアの学者。この辞書の著者だった。彼がはじめて持参し、彼から贈呈されたものだったのである。

そしてその日、わたしは一枚の地図を持って、京都からの新幹線に乗っていた。この前日、京都のナウカ（ロシア関係の書店）から連絡があった。一ヶ月近く前に注文していた「沿海州の地図」がやっと到着したと言う。わたしは予定を変更し、河原町に出かけて行き、その地図を手にした。

その地図を荻原さんにお見せして、一つの質問を発した。そのとき、わたしの研究生活は明白に一つの転機を迎えた。新たな展開を、広大な展開世界を眼前に見はるかすこととなったのである。

それらはすべて、あまりにも偶然だった。その累積だった。だが、そのすべては一つの必然の世界へと、わたしを次々に、確かに導いたように思われる。

やはり、偶然と必然はその誕生地を同じくする、同じ母胎からの異型の双生児なのであろうか。

補

年時、日時の件、平田英子さんの、当時の正確な記録による。感謝する。

二〇〇三年一月七日　大善寺玉垂宮の鬼夜の早朝に記す。

（「閑中月記」第二二回、『東京古田会ニュース』第八九号、原題「ウラジオストク」）

ロシア

一

ロシアから帰ってきた。九月二十三日の昼である。ウラジオストクの空港を出たのが午後二時四十分頃。関西空港に着いたのも、同時刻だった。もちろん、時差「二時間」のいたずらである。

九月二日からの三週間、まことに実り多い日々だった。今年の三月以降、日に月にこの時を待ち望んでいたのであるけれど、これほどの収穫があろうとは。望外のことだった。各会の方々や関連の多くの人々のおかげだった。わたし一人の探究を、孤独で辿る。その覚悟だっただけに、言葉の尽くしようもない。

それらの収穫はもちろん、一過性のものではない。むしろ真の収穫はこれからだ。持ち帰った数々の地図や資料類、それらと取り組む日々が楽しみである。願わくは、その生命がわたしの中に残されていますように。

否、たとえわたしが中途に斃れても、必ず若い人々がこれを受け継いでくださるであろう。そういう望みを託し得る人々に、日本側でもロシア側でも、めぐり会うことができたのである。

これを幸いと言わずして、何と言えよう。帰り来たった洛西の竹林に、今日も竹葉が舞い、庭の一角の金木犀の香りが部屋の中に流れこんでくる朝夕の中にわたしは居る。

二

ウラジオストク行きの一つの目標は、極東大学の日本語研究室への訪問にあった。そこでわたしの研究目的を明らかにすると共に、今後の御協力をお願いするためであった。すぐ、どうこうというよりも、将来への学問上の提携の礎石の一つ、それを得たいと思ったからだ。

出発に先立ち、「九月中は、研究所（アカデミー）も、大学も休暇中」との情報に接していただけに、不安があったけれど、杞憂だった。日本語研究室の主任教授ウェリンツカヤ・エレーナ教授にお会いした。にこやかな、学者としての風格豊かな女性である。すでに、ウラジオストクへ来た翌日、九月三日、ロシア科学アカデミー極東支部極東諸民族歴史・考古民族学研究所主催、第一九回シンポジウム第一日、わたしの発表を、教授は聞いておられた。

「古代日本とウラジオストクの交流について――地名と言語考古学」である。わたしは大会の第一発表者であったが、わたしの発表要旨（日本語）を全員に配布した上、丹念なロシア語の通訳が、クルラーポフ・ワレリー助教授によってなされたから、同教授も、よく了解しておられた。

話題が種々に及び、ひとくぎりしたところで、教授は切り出された。

「貴方は、伊勢神宮の成立についてどのように考えておられますか。」

と。ロシアの極東の中心都市の一つである、このウラジオストクの一画であるだけに、驚いた。驚いたけれども、考えてみれば不自然ではなかった。

お渡ししたわたしの名刺（の裏側）には、

Study-Ancient Japan, History of Thought

とあった。

無論、役職名（元、昭和薬科大学教授など）は一切なし。その代わりの〝自己紹介〟だったのである。教授はそれを見た。だから、短刀直入、右の質問となったのである。

それは、わたしにとっても「年来のテーマ」だった。二十代の終り、信州から出てきて神戸に住んでいた頃、折しも続日本紀研究会の草創期、大阪で行われた会合に参加した。直木孝次郎さん、井上薫さんのコンビに田中卓《たかし》さんが加わり、岸俊男さんも時に参加された。若手では、吉田晶さんとわたし。ほぼ同年だった。

議論は烈しかった。特に、津田史学の立場に立つ直木さんと平泉澄《きよし》の系流たる田中さんの「対立」は烈《はげ》しかった。もちろん、学問上の対立であるけれど、双方とも、三十代（半ばと後半）の〝若手〟だったから、時には〝つかみかからん〟ばかりの勢いだった。一番若い吉田さんとわたしが「止め男」の役である。

中でも、もっとも印象に残っているのが「伊勢神宮の成立」問題だった。直木さんは当然、「日本書紀（垂仁紀）の伊勢遷宮」否定論。その史的実態を天武天皇の時代（七世紀後半）に求める立場である。これに対して田中さん。これまた当然、右の記事に対する肯定論者である。もちろん、戦前の「皇国史観」の論者のように〝単純〟なものではないけれど、本質的には、これを認める、というより、「尊崇」する立場だ。後年、皇學館大学の学長を二期つとめられたのも、〝ふさわしい〟研究経歴の持ち主である。

当然、両者の立場には、本質的に「妥協」しえないものがあったのであろう。一番末輩の私たちには、口をはさむ余地、否、力量は無かった。

その際、ひとり考えたこと、それは、「〝内宮と外宮の併立〟について、その成立経緯を明らかにしなければ、この問題（「伊勢神宮の成立」）は解けない。」この一点だった。

この疑問が私にとって〝解けた〟のは、朝日トラベルの講師として京都府の舞鶴近く（正確には、宮津湾のそば）の籠《この》神社を訪れたときだった。

この神社は「元伊勢」と呼ばれていた（同地近辺に、他にもあり）。その祭神は「天照大神」と共に、豊受大神だった。その奥宮には「陰陽神」をしめす、陰石と陽石の一対が奉置されていた。同時に、巨大な女陰石。これらはいずれも、旧石器、縄文にさかのぼる信仰対象だ。そしてこれが「万物産出の源泉」と考えられていたのである。すなわち「五穀豊穣」という、弥生以降的表現を「神徳」とした「豊受大神」の本来の姿だ。

今は「料理の神」とされている「豊受大神」こそ、本来の「縄文の女神」なのではあるまいか。

以上の思惟は、すでに単独で訪れていたときに得ていたものだった。ところがそのとき（団体の講師）、新たに気づいたこと、それは伊勢（三重県）の「二見ヶ浦」との関連だった。

「あれは、海洋民にとっての『陰陽石』だ。」

それが、稲妻のようにひらめいたのは、同地（籠神社の宮津）を発とうとして、バスの上り口に足をかけた瞬間だった。

「二見」とは〝二柱の神〟の意味だったから、それが陸地へと上陸した。すなわち「内宮と外宮」となったのである。

以上が「大和からの、天照大神奉祭地の移転」以前の、伊勢の地の状況であった。私はそう考えた。

以上は、すでに何回も、講演会などで話し、かつ文章に書いたところだ。これらの経緯を、エレーナ教授にお話しする時間が無かった。そこで、「日本へ帰って、一ヶ月以内に、書いてお送りします。」とお約束したのである。

ところが、宿所（サーシャさん宅）に帰って考えているうちに、気持ちが変わった。「今、書いて、今度うかがったとき、お渡ししよう。」

そう決心した。二週間の日程をギッシリつめこむことをせず、ゆったりとしておいた。それが役立った。三日あと、再び日本語研究室へおうかがいしたとき、私の小論文をお渡しした。

「――極東国立総合大学　東洋学部ウェリンツカヤ・エレーナ教授のお求めに応じて――

伊勢神宮の成立」

二〇〇字詰、約六十枚の原稿だった。教授は、とても喜んでくださった。

今回、十月十九日の日本思想史学会の報告（筑波大学、二〇〇三年度大会）の参考資料として参加者に配布する予定である。

三

ロシア行きの直前、思わぬ「天恵」をうけた。八月下旬、医者から「顔面神経痛」の診断を受けた。幸い、ＭＲＩの検査でも、頭脳そのものには何等の障害は無かった。むしろ従前にも増して壮快だ。だが、これを私は「天からの警告」とし、その〝恵み〟と考える。すでに老年。余年は知れている。その間、もっとも本質的な研究、根源的な勉学をなすべし、と。このような〝天からの告知〟なのではあるまいか。

多くの方々にご迷惑をおかけすることであろうけれど、竹林の間、私の孤立の探究をお見守りいただければ、これ以上の幸せはない。

二〇〇三年十月十二日　記了

（「閑中月記」第二六回、『東京古田会ニュース』第九三号）

福音

一

私はバイブルに夢中である。昨年（二〇〇三）の秋から今年（二〇〇四）にかけて、連日連夜、関連の情報、多くの史料に囲まれている。楽しい。

それも、周知の「旧・新約聖書」と呼ばれる、あのバイブルではない。ローマ法王のカトリックからも、ルッターやカルビンのプロテスタントからも、英国王の英国教会からも、もちろんアメリカ合衆国のピューリタンからも「正統」と見なされてなかった福音書だ。名づけて『トマスによる福音書』。これである。

いわゆるバイブルには、四種類の福音書が収録されている。マルコ、マタイ、ルカの三福音書。共観福音書と呼ばれる。イエスが没したのは、西暦三〇年頃だ。その一世紀の中葉から後半にかけて、この期間に成立したとされている。これに対して、やや遅れ、一世紀末近くに成立をしたとされているのがヨハネ福音書である。先の共観福音書とは、一味違っている。最初から「キリストの救済理念」で一貫されているのである。

これらの四福音書が、いわゆる「正統の福音書」だった。人類周知の書である。この四福音書をふくむ「新約のバイブル」のギリシャ語版、それは私の久しく「愛蔵」してきた本である。

しかし、今回の「第五の福音書」と呼ばれる、この本は違った。「コプト語」である。その「コプト語のトマス福音書」は、京都大学の図書館にあった。コプト語と英語の対照本である。首尾よく、入手できた。もちろん、コピーだ。

だが、肝心の「コプト語」を読むには、是非とも「辞書」と「文法書」がほしかった。一刻も早く、手に入れたかったのである。私は渇望していた。

二

今年の二月二十一日、土曜日の夜、午後十時半、突如「福音」がおとずれた。私が大阪の喜村稔さんのもとへお電話したときである。

その日の夕方近く、私は京都の丸善に訪れた。コプト語の文法書や辞書を入手する為である。店員さんがインターネットで検索して下さったところ、文法書は二万円前後、辞書は八千円近くとのこと。もし今、注文しても、一〜二ヶ月先になるという。ちょっと考えた。今の私の「短兵、急」な探求意欲に間に合いそうもない。もちろん、お金の問題もあった。

そして夜、もしやと思い、先日（二月十九日、木曜日）はじめてお電話したばかりの喜村さんにお電話した。「明日（二十二日、日曜日）どちらへでも、お伺いいたしますから、コプト語の文法書と辞書を拝見できませんか。」とお願いしたのである。

するど、「見るだけでいいのですか。」と言われる。

「いや、二〜三日お借りできれば最高なのですが。」

「それなら、文法書はコピーしたのをもってます。前に使ってたものです。それで良かったら、お送りします。」

「えっ、それは有難い。言いようがありません。」

「辞書の方は、月曜日（二十三日）になって、青焼きしてお送りします。」

「最高です。本当に…。」

「では。」

まだお会いしたこともない方だった。わずか二日前に、初めてお電話し、これからコプト語をやりたいので、大先輩としてよろしく、とご挨拶したばかりであった。

十九日の午前十一時、関西学院大学の宮谷宣史《よしちか》教授の所へお伺いして、研究の先達として御紹介頂いたのだった。その夜にご挨拶のお電話をさし上げていたのである。奇縁だ。

今、七十歳になったばかり、定年退職で会社を退き、「研究生活」に入られたようである。ギリシャ語なども、やられたとのこと。こよなき同行である。

わたしも青年時代、大学（東北大学）でギリシャ語の単位だけはとった。八年前、昭和薬科大学を定年退職するとき、イリヤッド、オデッセイのホメロスや、プラトン全集のギリシャ語版を、大学の方々や会（読者の会）の方々から贈呈され、それらは机上に「鎮座」している。だが、〝忙しくて〟時間がなかった。喜村さんと語り合う日を楽しみにしていた。そして今日。人生には思いがけない日がある。ご親切が心に沁みた。

三

縁の始まり、それは昨年の九月末、ロシアへの三週間の研究旅行から帰り、荒井献《ささぐ》さんの『新約聖書の女性観』（岩波セミナーブックス二七）を読み始めたことだった。旅行前に買ったものだ。

その中で、この『トマスによる福音書』に初めて遭遇したのである。一九四五年、つまり、敗戦の年に、エジプトのナイル川の中流、ナグ・ハマディ村の墓地で出土したという。パピルスの冊子がつぼに入れられていたのである。

けれども、私は今までこの文書のことを知らなかった。この、ナグ・ハマディ村の発見の翌年（一九四六年）、クムランの第一洞穴から発見されはじめた「死海文書」については、つとに関心が深かった。深い衝撃を受け、現地へ行きたいと思った。「死海文書」にふれ、直接研究したいと思ったのである。二十代のはじめだった。

しかし、不可能だった。当時は「海外旅行」は許されていなかったのである。そのため、代わって「原初的宗教の成立」に対する探究として、親鸞に〝的〟を向けることとなった。

私の内部には、そのような「研究動機」が内在していた。もちろん、それが「親鸞」だった点については、すでに何回かのべたことがある。敗戦前と敗戦後と、学者や大人たちの「豹変」ぶりを見て失望した。人間自体に失望しようとした。そして、〝時代の激変〟に対しても、「豹変」せずに立ち向かう、そういう人間の存在の証しを、一人でも確認したかった。その対象が「親鸞」となったのである。

このナグ・ハマディ文書が解読され、世に伝えられはじめた頃、私はすでに親鸞研究に没頭していた（その文書の一部、『真理の福音』の校訂本公刊は一九五六年）。そのためか、私はこの貴重な文書に関する見聞なしに、今日に至っていたのである。

〝うかつ〟なことだったけれど、或る意味では、「幸い」だったかもしれない。なぜなら、荒井さんは、この時期に当文書に関心を持った。そして、一九六〇年西独エルランゲン大学に入学。以来、緻密な研究を継続し、その学問的業績が、著作全十一巻（岩波書店）としてまとめられたのが、一昨年だった。完結し、各図書館に蔵され、配架された時点、それが私にとっての当文書「活眼」の時期だったのである。早速、その各巻を〝読みあさっ〟た。私の身辺に、氏の著述は今、あふれている。もちろん、氏の著述中に引文された、数々の外国学者の著作（翻訳等）も。私にはもっとも〝恵まれた〟理想の研究開始時点だったといえるかもしれない。

荒井さんは、私より四歳くらい下だ。つまり、私が長野県の松本深志高校で教えた人たち（一〜三回生）と、同年代だ。たとえば、今回、惜しまず法華経関係の学問的状況を教示し、多くの史料を提供してくれた丸山孝雄君（元・立正大学仏教学部教授・退職）は、昭和四年生まれ（私より三歳下）であるから、荒井さんとほぼ同年（一年上）である（丸山君は、私と同じ東北大学卒）。

けれども丸山君同様、荒井さんは私にとって敬すべき「先生」となった。昨年の十二月から、今年の一月にかけて、毎日のようにお電話して、教示を乞うた。惜しまず、率直に教示してくださった。そして私の「コプト語、願望」を聞き、青山学院時代の教え子、宮谷教授を紹介してくださったのである。

荒井さんの著述の中には、学問上の精細な研究のほかに、少年時代、牧師だった父親の子供として、戦争中の体験、そして敗戦後の、人々の「転向」の光景描写等があり、私にも、身につまされた。すでに青年期の入り口に立っていた私にとって、その光景は、一段と鮮烈だった、と言えるかもしれない。東北大学の学生時代、国文学科にいた学生H君が東京に向かい、宮城前で「自決」するのではないか、と、心配していた同学年の連中ともども、仙台駅など東西に手わけして〝廻った〟経験もあった。人々の心は乱れ、若者の魂も多くはこごえていたのである。

荒井さんも同時代の若者。その時期の少年だったようである。

四

ほぼ一日おきに「鍼」の医者に通っている。漢方だから、速効というわけにはいかないけれど、体には良いようである。

東京を去ったあと、過密気味だった講演や研究旅行からも、今は遠ざかった。ために、かえって研究それ自身には多くの時間を注ぎ、集中できるようになった。

今年は二月になっても、暖かい日差しがつづいている。私のような老年の身には、ことさら有難い。けれども、それ以上に、人々の暖かい志が、私の朝夕を照らしつづけているのである。感謝したい。

二〇〇四年二月二十三日　記了

（「閑中月記」第二八回、『東京古田会ニュース』第九五号）

コプト語

一

待ちに待った、四月十五日。朝九時過ぎに家を出て、十一時前に目指す西宮の関西学院大学に着いた。十一時十分、コプト語の授業がはじまった。神学部の一室である。

もちろん、わたしはオブザーバー。ハッキリ言えば、〝もぐり〟だ。けれども、担当の宮谷宣史《よしちか》教授から、すでに二月からおすすめをいただいていた。この日が待ちどおしかった。受講者は六人。学生三人、オブザーバー三人。教授の熱の入った講義がはじまった。久しぶりの学生気分が楽しい。

「コプト」とは、エジプトのこと。ギリシャ人が呼ぶ名前だという。アイギプトスがギフトとなり、やがて「コプト」となったとの説。他に、地名の「コプトシ」から来た、との説。七世紀のイスラム時代、エジプト外の人がエジプト人のクリスチャンを「コプト」と呼んだという。

ともあれ、古代エジプト語の最後の段階を「コプト語」と呼ぶのである。時期は、紀元前から二世紀頃、さらに五世紀頃まで、さかんに用いられた。そして十世紀頃から死語化した、とされる。

その中味としては、表記、つまりアルファベットはほとんどギリシャ文字。発音はエジプト語。その中に一部、ギリシャ語の用語が入っている。

以上が、今問題の『トマスによる福音書』が書かれている、その「コプト語」なのである。

宮谷教授は、そのように語った。

二

授業は、かなりのスピードで進んだ。九〇分のうちに、ドイツ語の文法書から採った「字母表」「性―男性と女性」「数―単数形と複数形」「定冠詞―定冠詞の種類と用法」「前置詞」をすませ、さらに「トマス福音書関係文献」として「二次資料」「翻訳（邦訳のみ）」「参考文献」として五枚（A5）のプリントが渡された。かなり詳密な海外資料が紹介されていて、わたしには〝絶好〟という他はない。

さらに、「辞書」六種「文法書」十種が紹介された。至れり、尽くせりである。

そして英語文法書から採った。“Lesson”と“Exercises”が配られ、早速参加者にその解答が求められた。かなり、ハードな進行である。

最後に、教授から「次の時間には、先ず、今日進んだ分に対し、テスト（試験）を行います。」との宣告があった。

三

かつてわたしは、四十歳前後の頃、各国語の語学に〝熱中〟したことがある。京都（市立）の洛陽高校の教師時代だ。正確には、各語学サークルの「企画者」であり、同時に「参加者」だった。同僚の中川曠平さんと共に、ギリシャ語・ラテン語・フランス語・ロシア語・ドイツ語、そして楔形文字などの（教師同士の）学習サークルを企画し、実行したのである。

その方式は、各サークルでまちまちだった。一人の講師による〝授業〟方式（フランス語）、参加者、各自順番の〝訳読〟方式（ドイツ語）など、種々の方式が試みられたけれど、一番「有効」だったのは、毎回、前回の「解説担当者」による、テスト（試験）方式だったように思われる。ラテン語などである。

各参加者は、必死で勉強した。当日（週に一回）が近づくと、学校へ来る途中の市電（当時）でも夢中で勉強し、隣り合わせた同僚も、同じ勉強をしているのを、相互が気がつかない。そういう、ほほえましい状況も、しばしば見られたのであった。

四

わたしにとって、思い出深かったのは、楔形文字だった。当時、日本ではじめて、その楔形文字の（年間）授業が行われた。京大の吉川守講師による。吉川さんは、わたしの（旧制広島高校時代の）恩師、中原与茂九郎《よもくろう》教授の愛弟子だった。

中原先生からお知らせをいただき、早速「受講」を申し出た。吉川さんは「いいですよ、どうぞ。」と、快く御承諾。何も〝手つづき〟はいらなかった。形式上は今回と同じ〝もぐり〟であった。

最初は、二十名前後の学生（京大生）がいた。しかし、毎回減りはじめ、梅雨時になると、「0」となった。すなわち、受講者は、〝もぐり〟のわたし一人。その状態が、夏前も、秋になっても、つづいた。けれども、十二月頃になると、ぽつぽつ、学生が「復帰」してきた。一月には、かなりの、元通りに近い〝数〟となったのである。結局、全時間、皆出席は、わたし一人だった。それも、そのはず、わたしには〝休め〟ない理由があった。

なぜなら、講義のあった翌週、洛陽高校では、今度はこのわたしが「講師」となって、同僚の「参加者」たちに対して「講義」を行わねばならなかったからである。

これも、一年間、遅怠なくつづけられた。そのために、わたしの作った多くの資料（ガリ版刷り）は、今も、貴重な〝思い出草〟となっている。

この場合も、一番〝得をした〟のは、他でもない、このわたしだったであろう。

五

四月二十二日、それは〝待望〟の、テスト（試験）の日だった。さすが、前日は、夜半の十二時半過ぎ（当日）まで勉強した。いわゆる〝試験勉強〟だ。その上、朝は、五時前に目が覚めて、また復習した。〝みっともない〟目に会いたくなかったからであろう。

だが、結果は、意外だった。テスト（試験）はなかったのである。それどころか、「授業」そのものが〝消滅〟した。成り立ちえなくなったのだった。

宮谷さんが述べられたところによると、前回出席の学生三人のうち、二人は大学院生（男性）。学部の学生は一人。女性の方だった。

ところが、その学部の学生が「履修とどけ」を提出しなかった。「単位取得」を放棄したのである。この授業は、「学部の学生」用の〝単位〟として設定されたものだったために、その「学部の学生」が「とどけ」をしなかったため、「授業」として〝成立〟できない。そういう状況となったのである。

このようにして「コプト語」の授業は、〝雲散霧消〟することとなった。残念だ。だが、わたしにとって、この授業経験はあまりにも貴重だった。

この日（二十二日）も、九〇分。先生は丁寧に「最後の授業」を行われた。テスト（試験）はなかったが、新しい資料が配られた。「ギリシャ語の名詞」「所有代名詞」「名詞の述部を持つ文」「不定冠詞」「関係節」である。

この第二回目の授業の出席者は、二名。大学院の学生（男性）一人と、わたし、だけだった。

だが、わたしの今後の「コプト語研究」にとって、この〝二回の授業〟は、忘る能わざる経験、永く貴重なる「知的財産」となるであろう。

わたしは宮谷教授に厚く感謝したい。

六

幸いにも、もう一つの新しい「授業」がはじまった。当日（二十二日）の午后三時である。

宮谷教授の研究室。参加者は三人。大学院の学生（久下貴司さん）と喜村稔さん。例のまだお会いせぬうちに、コプト語の辞書と文法書を送って下さった、親切な方。大阪ガスの定年退職者だという。もう一人、関西学院大学学生（大学院）の木下理恵さんは、研究発表の準備で、欠席された（喜村・木下さんは、四月十五日の第一回授業に来ておられた）。

この教授をふくめて四人の「時間」は、学校側の「単位」とは関係がなかった。ひたすら、教授の学問上・教育上の意欲に〝先導〟されたものだった。

すでに、この形式の「研究会」は、昨年までに「回」を重ねていた。そして『トマスによる福音書』を、その「コプト語原文」によって、読みすすめ、すでに「九一」に至っていた。全部で「一一四」だから、終りに近づいていたのである。

ベテランの喜村さんが、「九二」と「九三」の「コプト語原文」の解読を行われ、教授がフォローされた。「九三〈イエスが言った〉、『二、聖なるものを犬にやるな。彼らがそれを汚物に投げ入れないためである。二、真珠を豚〔に〕投げてやるな。彼らがそれを〔《欠字》し〕ないためである』」

喜村さんが言った。〝「汚物（「くそ」）」と「真珠」は、コプト語ではありません。ギリシャ語です、〟と。

わたしは聞いた。

〝「真珠」は、分ります。エジプトには、真珠は出ないと思います。やはり、クレタ島など、地中海上の島々から産出するのでしょう。ですから、それが「ギリシャ語」なのは、当然です。

しかし、先の「くそ」の場合は、おかしい。コプト語、つまり、古代エジプト語にも「くそ」という言葉は、ある。知らないけど、わたしはそう思いますが、どうでしょう。〟

〝それは、あると思いますよ。〟と、宮谷教授。

この日は、「時間切れ」（五時）で、そこで終ったけれど、真の問題は「そこから」始まった。

家に帰ってから、古代エジプト語（ヒエログリフ）が専門の木下さん（奈良県在住）にファックスでお聞きすると、早速、ファックスでお答え下さった。

excrement h・s ヘス

これが古代エジプト語の「くそ」だった。だが、『トマスによる福音書』は、この用語を使わなかった。代ってここでは「ギリシャ語」を用いていたのである。なぜか。

「コプト語」幼稚園生のわたしは、はやくも、従来の『トマスによる福音書』上の、一大難問に遭遇した。おそらく「イエスの真の歴史像」を探る上で、〝未曽有〟の新問題に対面した。わたしは、そのように、ことを〝直感〟したのであった。

この「くそ」の問題の蔵する謎は、何か。わたしは原文によって「トマス福音書探求」を目指したこと、その幸運を深く痛感せざるをえなかった。まさにわたしは今、「正しい道」を歩みはじめたのである。

次回「「訪れ」」は、この問題を静かに深く突きつめてみたい。

二〇〇四年四月三十日　記了

（「閑中月記」第二九回、『東京古田会ニュース』第九六号）

訪れ

一

昨日（六月九日）、珍しい便り（ファックス）が外国から来た。ロシアのウラジオストク在住の方、ゲナディ・エスリコフさんからである。

この方は昨年（二〇〇三）の九月、極東大学の日本語研究室でお会いした方だ。主任教授のエレーナ・ウェリンツカヤさんの友人、大学時代の同級生だという。同じく近隣の大学の担当の学者であった。日本語が堪能である。話がはずんだ。

エレーナさんは、中年女性の魅力十分の、ゆったりした学者だが、エスリコフさんの方は、歳と共にいよいよ好奇心旺盛タイプの研究者らしかった。私の記憶に誤りがなければ、黒龍江流域や、シベリア各地に分布する「岩画」の解読にも、なみなみならぬ興味をおもちのようであった。

今回のお便りには、自分の論文（大学――ユニバーシティ・コンファレンス）を送る、とある。楽しみである。

昨年の三週間のロシア研究旅行の余波というより、これは情報の広がりの、一つの手応えであろう。

二

エスリコフさんの便りの中に、今年の三月、エレーナさんが日本に来られたこと、そして私と話したこと、それにふれてあった。エレーナさんからお聞きになったのであろう。その通りだ。

確か、三月二十二日の午後だった。京都市内のホテル、コープ・イン京都でお会いした。柳馬場、蛸薬師。錦市場から上がっていったところである。

半年前に、ウラジオストクでお会いした時と同じ、温顔で迎えてくださった。伊勢神宮へ行かれたあとで、お疲れのことと思われたけれど、お元気だった。

四方八方《よもやま》の話の後、私が今『トマスによる福音書』に熱中している、と言うと、途端に態度が変わった。研究者としての強い関心を示されたのである。

「トマスというのは、十二使徒の一人ですか。」

と、いきなり質問があった。その後、私がこの「福音書」の出土状況（一九四五、エジプト・ナグ・ハマディ村出土）や、そこに発見された「かめ」の中から五十数個のパピルス文書が出てきたこと、それぞれを冊子に閉じる際、領収書（の廃物再利用）が用いられていたため、その「年月日」が知られたこと、それが三世紀（ＡＤ）であり、この冊子成立の下限であることと、パピルス文書自体の中味の成立は、二世紀半ば、或いは二世紀初頭との説があること（荒井献氏等）、けれども私には、もっと早い成立、即ち「一世紀前半」に、その「中味」は成立していると思われることなどを語った。エレーナ教授は、時々適切な質問をはさみながら、熱心に聞いておられた。

更に私は、そのときすでに到達していた「中味」に関する「私の論証」を語った。たとえば、「女を男に変え、天国に入れる」テーマ（トマスによる福音書一一四〈講談社学術文庫、二八六ページ〉）、「王や〝高官〟（占領軍側）への批判」のテーマ（前掲福音書七八〈講談社学術文庫、二四一ページ〉〈同九八〈同二六三ページ〉も関連）についても、私の論証を詳しく語った（これらのテーマについては『東京古田会ニュース』第九五号及び九八号を参照）。

いずれも、エレーナさんは、〝あいづち〟を打ちつつ聞き入られ〝ご挨拶〟のつもりが、瞬く間に三〜四時間が過ぎていた。彼女が「聞き上手」だったせいだけではない。私の語る内容そのものに、強い関心をもたれたからだった。彼女はかねてから、バイブルに強い学問的関心を持っていたからである。

昨年の九月、初めてお会いしたとき、思いもかけぬ〝情報〟に接した。「ソフィア、天照、姉妹説」だ。

三

ソフィアは、ロシアに伝えられた、「祖神」としての女神の名である。ロシアの人々には著名の神である。そのソフィアは、

「イエス・キリストの妻である。」

という、私たちには〝仰天〟するような話があるという。「ある」どころか、それはロシアのキリスト教徒（の一派）にとって、重要な基本信仰となっているという。すなわち「キリスト夫妻」が〝信仰対

象〟なのである。当然、ロシア正教だ。

モスクワには「ソフィア教会」が堂々と存在し、かなりの信者組織を持っているというのである。そのソフィアには、「妹」がある。それが「天照大神」だというのだ。わが国の〝主神〟とされている神である。

エレーナさんは、かねてからこれに対して深い学問的関心をもっておられた。その結果が、今回の「伊勢神宮、訪問」となったのであろう。

四

私にも当然、関心があった。日本思想史の研究者として「習合」の問題は、避けて通れない。古事記・日本書紀の神々には、多くの「異名」がある。たとえば、「大己牟遅神《オオナムチ》」と「大国主命」。ひとつの神は「A」と「B」、二つの名がある時は「それが本来別神であった証拠」そう考えてきた。

「神々習合」である。

「天照大神」と「大日如来」とが、同一存在。これは中世の〝有名な〟「神仏習合」だ。

この用語を〝もと〟にして、「神々習合」という用語を創案し、講述した。三十年近く前、大阪の朝日カルチャーの連続講義のときだった。

だから、この「習合」という考えには、馴れていた。そしてきわめて重要だと考えていた。今回の「トマスによる福音書」の場合も、私がこの福音書に注目した、最初のテーマ「女を男に変えて天国に救済する」(一—四)の問題にも、この「習合」の問題が深く秘められている。私はそう考えてきた。しかし、ロシアにおける「ソフィアと天照大神との習合」など、そのときは全く知らなかった。昨年の九月、教授の研究室でお聞きしたのがはじめてだった。だからこそ今回、彼女は日本に来て、あの「伊勢神宮」を目指されたのである。

五

エレーナさんにお会いしてから、約二ヶ月、五月二十日に関西学院大学で、第三回の「トマスによる福音書」の研究会があった。

宮谷宣史教授を中心に、ベテランの喜村稔さん、ヒエログリフ(古代エジプト語)専門の木下理恵さん、そして「コプト語」幼稚園生の私の四人である。午前十時半からだった。

冒頭から、前回に話題となった、「くそ」の問題になった。精《くわ》しく、各国語の「くそ」を調べてこられた喜村さんの「講説」を、あとの三人がお聞きした。

喜村さんによれば、ヨーロッパ系の各言語では、「人間のくそ」と「動物のくそ」とで、「言葉」が違う、という。英・独・仏・ギリシャ語・ラテン語などである。

ところが、日本語や中国語では、その「区別」がない。古代エジプト語でも、おそらくないのではないか。

「そこで、ここでは〝動物のくそ〟をしめす言葉のある、ギリシャ語を使ったのではないか。」

これが、今の時点における、喜村さんのアイディアのようだった。木下さんも、「確かに、ヒエログリフには、見当たりませんね。」と、辞書をめくりながら、言われた。「コプト語」幼稚園児の私など「拝聴」する以外になかった。

〝騎馬民族系の場合と、農耕民族系の場合と、ちがうのかもしれませんね。〟

そういった話題も出た。だが、いずれにせよ、ことはいまだ「探索中」。断定とすべきではない。それがこういった自由な「研究会」の楽しさだった。その雰囲気を伝えるだけ、失礼ながら、そのための一文。ご容赦ください。

六

私には、別の観点があった。

確かに「トマスによる福音書」には、その大部分は、「コプト語」、つまり「古代エジプト語」だが、その中に一部分〝点々と〟ギリシャ語の用語が〝混ぜ〟られている。

そのこと自体、別段〝異様〟とは言えないであろう。なぜなら、私たちの日本文の場合でも、その中に「漢語」や「英語」その他の外国語が〝挿入〟され、〝混ぜ〟られていること、きわめて〝ありふれた〟ことだからである。

だが、この福音書の場合、別の「要素」を私は感じとっていた。古代エジプトにも、「動物」はいた。当然、その「ふん」もあった。それを指す言葉も、存在した。

もし、「人間」のそれと、「動物」のそれを〝区別した〟にせよ〝区別しなかった〟にせよ、それを指す言葉の存在したこと自体は、疑えない。ならば、それを使えば、いい。なのになぜ〝わざわざ〟「外国語」であるギリシャ語を使わねばならなかったのか。——私の思考は、そのように進行した。その帰結は、「不在のキリスト（Ⅲ）」そして、それ以降に書かせていただくこととする。

七

あの三月二十二日の夕方、エレーナ教授とお別れした後、京都郊外にある自宅へと急いだ。そして二つの資料を手にして、引き返した。

（1）『トマスによる福音書』（荒井献、講談社学術文庫）

（2）*The Gospel According to Thomas* (coptic text established and translated) by A. Guillaumont, Henri Charles Puech, G. Quispel, Walter Till and Yassah Abdel Masih. (H. B. Leiden, E. J. Brill, New York, Harper & Brothers)

右の（1）も（2）も幸いに余分があった。

特に（2）には、左側に「コプト語」の原文があり、右側の「英語」には、「ギリシャ語」の部分は、英語の次に、当のギリシャ語が括弧の中に記されていた。有難い本だ。

この二冊を〝送る〟ことを教授に約束した。喜ばれた。だが、彼女には夜は夜で、京都市内を〝案内〟してもらう、他の約束があった。私は「ホテルのフロントに届けておく」ことを約した。

翌朝、ホテルへ電話した。すでに早く、帰国の途に着かれたけれど、「昨日のおあずかり物は、確かに本人にお渡ししました。」との返事を、フロントで聞いた。早春の京都のさわやかな朝だった。

二〇〇四年六月十日　記了

（「閑中月記」第三〇回、『東京古田会ニュース』第九七号）

ウラジオストクの黒曜石

一

第三回目のウラジオストク行。それはすばらしい研究成果となった。今年六月二十六日から七月一日に至る、極東大学訪問だった。

思えば、第一回目は、一九八七年の七月下旬から八月中旬にかけて。同地で行われた学会シンポジウムに参加すると共に、「出雲〜ウラジオストク」間の黒曜石の交流を探るためだった。

有名な出雲風土記中の「国引き神話」を以て、従来説の〝出雲内部と東西（越と新羅）〟という交流説を排し、出雲外部の北朝鮮と沿海州（及び越・新羅）との交流を語る「縄文神話」と見なした。そしてその「物的証拠」を求めてウラジオストク行を志したのである。

その「成果」は、いちはやく、翌年の五月に〝達せられた〟かに見えた。ソ連の二人の学者（ノヴォシビスク。ルスラン・S・ワシリエフスキー氏、アレキサンドル・I・ソロビヨフ氏。ロシア科学アカデミー・シベリア支部、歴史文献哲学研究所）が、黒曜石の鏃、七〇個（ウラジオストク周辺数百キロ内の五十数個の遺跡で出土）をたずさえて来日、立教大学の理学部の鈴木正男教授によってこれに対する測定が行われた。それによると、その五〇パーセントが「出雲の隠岐島の黒曜石」、四〇パーセントが（最初は男鹿半島と判定）北海道の赤井川産出であるとされた。この講演（ワシリエフスキー氏）を聞いたわたしは、自分の「予測」の適中したことを喜び、各所にこれを記したこと、周知のごとくである。

しかし、後述するように、この「鈴木判定」は正しくなかった。方法上のあやまりを含んでいたのであった。

二

第二回目は、二〇〇三年の九月、約三週間、ウラジオストクに滞在した。その間、（「東京古田会」「多元的古代研究会」等の）会の皆さん方と共に、ハバロフスク州へ行き、日本人と酷似したナナイ族の拠点をたずねた。またソビエッカヤ・ガバニーからオロチスカヤに向い、貴重なオロチ語（ロシア語対照）の簡易辞典を入手したこと、『なかった――真実の歴史学』の創刊号連載のしめす通りだ。

だが、わたしにとってもっとも「念願の資料」それはウラジオストク周辺出土の黒曜石製品の「実物」であった。それは先述来の、わたしの研究目標のしめすところ、当然である。

その目的は達せられた。極東大学の考古学研究室のアレクサンドル・クルビヤンコ准教授の御好意により、一一点（袋）の資料を当方の希望通り、（研究調査のため）持ち帰ることが許されたのであった。

そのさい、それらの黒曜石の製品（鏃等）は、

「ウラジオストク周辺産出の原石による」

とのことであった。先の「鈴木判定」との間には、（全くの同一物が対象ではないものの）認識の「誤差」の存在することを知ったのであった。

この点、（わたしにとって）最終的に右の「誤差」が〝解消〟したのは、今年（二〇〇六年）の二月中旬であった。

わたしの〝執拗な〟問いかけに対し、鈴木教授は、（口頭――電話による――ながら）これらは、

「ウラジオストク産の原石による」

ものであろう、との御返答をいただいたのであった。

その「誤判定」の根拠は、教授自身の「判定方法」にあったようである。すなわち、問題の資料（X――ロシアのワシリエフスキー氏等のもたらされたもの）に対し、「対象資料α」（α・β…）として選ばれたものは、「日本列島内から産出された黒曜石」のみだったからだ。そのさい、この日本列島以外、たとえばハバロフスク州、沿海州、北朝鮮等から産出した黒曜石などは、鈴木教授にとって検査上の「比較対照データ」となってはいなかったのである。

当時の水準ではこれは、あるいは〝やむをえない〟状況であったかもしれない。なぜなら、この一九八八年以前（「以後」も）の、黒曜石の産地に関する書籍には、沿海州のウラジオストクを「原石の産地」として明記したものが見出せない。あれば、鈴木教授も、それ（X）が、

「ウラジオストク周辺から出土した、黒曜石の製品」

であるから、何より先に「現地」（ウラジオストク周辺）産出の原石を「比較対照」として選ぶ。それを〝逸せ〟られることはなかったであろう。

これは科学検証の「方法」と認識上の基本的な欠落点であった。

三

わたしは二〇〇三年にウラジオストクから帰ってあと、まもなく沼津工業高等専門学校の教授にして、黒曜石研究の専門家、望月明彦教授にその「新鑑定」をお願いしてあった。

ところが、思わぬ事故に出合った。教授が（拠所、移転のさいか）、不幸にも当該資料を紛失されたのであった。

人生には、常に不測の運命が待ちうけているものである。

そのためわたしは、今年の二月、次のように新たな一歩を踏み出した。

第一、望月教授は右の資料につき、くりかえし、問題の資料（古田からあずかったもの）の所在を、自家や研究室等で点検しつづけられたのであるけれども、ついにその所在が「不明」であることを、最終的に確認された。今年の一月から二月はじめにかけてである。

第二、わたしはそのため、二月十八日の古田史学の会において、右の経緯を報告すると共に、次の命題を、新たな「仮説」として提起した。

「もし、ウラジオストク及び白頭山（北朝鮮）において、黒曜石の原石の産出が認められた場合には、

（A）北門の佐伎《さき》の国（北朝鮮）

（B）北門の良波《よなみ》の国（ウラジオストク）

（C）隠岐の島（出雲）

という、『黒曜石（原石）出土の三領域間の交流』という、新たな問題が発生するであろう。」

とのテーマである。
第三、そのため、望月教授御自身にウラジオストクに直接おもむいていただき、
①資料紛失のおわびをしていただく。
②もし、できれば、新たな資料を提供、あるいは提示していただく。
この二点をお願いしたところ、幸いにも教授の御快諾をえたのであった。

四

もちろん、わたし自身も同道したかったのであるけれども、『なかった——真実の歴史学』創刊号の刊行時期（五月）に当り、到底不可能だった。教授の御希望により、時期としてゴールデンウイークにおけるウラジオストク行を望まれたからである。学校の授業との関係だ。それは、やむをえないことだった。
そして五月一日から六日まで、現地へおもむかれた。同僚というより、研究上の先達である高橋富氏と同道された。氏はすでに現地のアカデミーのポポフ教授と旧知の方である上、黒曜石など、地質学の専門家であった。

五

偶然は幸運をともなうものだ。望月教授は、古田会の事務局、そして新東方史学会の事務局長も務め

ている高木博さんのよく御存知の方だった。

静岡の高校時代、望月さんは一年先輩、何かにつけて話し合う、旧知の方だった。その上、高木さんは旅行社（トラベルロード）にお勧めであるから、万事ぬかりなく旅行上の手配をしていただくことができたのである。

だが、あとで知ったことだが、望月教授は年来、腰痛の宿痾《しゅくあ》に悩まされていた。手術すべきか否か、日夜決断を迫られておられたのであった。

五月上旬のウラジオストク行のあと、沼津の教授の研究室へおたずねしたさいも、若干の時間をも、室内のベッドに身を横たえておられた。

その身を押して、敢然とウラジオストク行を果され、専門家の目で、直接「ウラジオストク産の原石と製品」にふれ、そして原石産出（流出）の現場を確認された。それはわが国の黒曜石研究史にとって、画期的な第一歩となったのである[1]。

そして何よりも、極東大学の考古学研究室側が、当方の過失（紛失）を了とせられた上、さらに当方（教授や高橋氏）を黒曜石の原石の産地（流出地）等へ案内の労をとって下さった。心の底から感謝したい。

六

ただ、わたしには心のこりがあった。

その一つは、望月教授の関心が「旧石器時代」にあり、いわゆる「縄文時代」（旧石器の末葉）に対しては、あまり深い関心をもたれなかったこと。

その二つは、そのため、黒曜石の「原石」の産地（流出地）へは直接おもむき、これを確認されたけれども、「製品」ことに「縄文時代」に当る「製品」「鏃等」の産出現地には、（ほとんど）おもむかれなかったこと。

その三つは高橋富氏がポポフ教授より贈られた、模範的な各タイプの「黒曜石の三原石」が空港検査のため、通過できず、極東大学の研究室（そしてアカデミア）に送り返されたこと。

以上の問題点が残されていた。このことを知ったわたしは、心を決し、みずからウラジオストクへおもむき、右の諸点につき、現地でこれを確認したい。そのように決心したのである。

幸いにも、望月教授と高橋氏も、再び同道して下さることとなった。

その詳しい経緯につき、今年の十月一日の、「東京古田会」の講演会（「未踏の歴史学――ウラジオストク報告まで」）で報告させていただきたいと思う。

以上、研究は着実に一歩をすすめた。あの第一回目の「五里霧中」の訪問を思えば、天と地、認識の新世界をわたしの眼前に見たのである。

極東大学の日本語研究室のエレーナ教授の、いつに変らぬ深い御友誼と共に、松本郁子さんの誠実な御協力に対して厚く感謝させていただきたい。

また、昨年九月来の新東方史学会に寄せられた寄付金が、研究の進展に絶大な力を与えて下さったこと、くりかえし感謝の念をおくりたいと思う。

注

（1）京都大学（原子炉実験所）の藁科《わらしな》哲男氏による「ウラジオストクの黒曜石製品」に関する報告がある（日本考古学協会、第七二回総会——二〇〇六年五月二七・二八日、東京学芸大学。九九ページ、参照）。

二〇〇六年九月六日　筆了

（「閑中月記」第四三回、『東京古田会ニュース』第一一〇号、原題「ウラジオストク行」）

編集にあたって

古田武彦と古代史を研究する会 編集担当　平松　健

古田武彦先生の「閑中月記」・「学問論」を本にしようと言う話が持ち上がって、もうかなり時間が経過しました。最初は『百問百答』の形式で、東京古田会自身が発行するという意見が強かったのですが、私は断乎、これを一つの書籍としてまとめることに固執いたしました。その最大の理由は、この内容が、一つの研究グループにとどめるべきものではなく、広く世間に、まさに世界に向かって発信して行くべきものであると考えたからです。しかし、言うは易く、実際に編集を始めると、大変な苦労が待っていました。

編集者としての最大の仕事は、第一に、古田先生の書かれたことを最大限正確に再現すること、そして次に、第一の仕事と密接に関係することですが、古田先生の手法、考え方、むしろ思想そのものを正確に理解することであると考えます。

第一の、膨大な資料を正確にデジタル化することについては、スキャンされた古い資料はありましたが、システムの未発達などのために、正しい文字に転換されていない個所が無数にありました。また、今まで無意識に会報に載せていたものも、国語審議会の定める方法で、新旧漢字、仮名遣い、送り仮名等すべてチェックしてみること、さらに、固有名詞、暦年、引用著書など再点検してみる必要がありました。この点、幸いにして、ミネルヴァ書房には岩崎さん他、優秀な社員がおられて、要所々々を適切にチェックしてくれましたので、非常に助かりました。

それらは基本的な仕事です。編集者に求められる最大の仕事は、第二の古田先生の思想を正確に理解することです。もともとそれは私の能力をはるかに超えることですが、私は少しでもそれに近づくべく、色々の内容を原典にさかのぼって読み返して見るよう努力しました。

古田先生は、藤沢会長の言を待つまでもなく、まさに「知の巨人」です。これらをフォローするためには、簡単には先生の持っておられるすべての蔵書をお借りすることが必要ですが、今でも多忙を極めておられる先生のお手をその都度煩わすわけには行きません。いきおい、国会図書館、大学図書館などを利用しますが、先生のご研究の範囲は、これらでは全く間に合わないことがしばしばです。

本巻一八ページにある『孔門弟子研究』がその例です。新刊・古本はもちろん、国会図書館、大学図書館にもありません。八方手を尽くして探した結果、やっと日本では武蔵大学図書館など三ヶ所にしかないことが分かりました。公共図書館の紹介状をもらって、私立大学の図書館で見せてもらう不便さ、なんとなく古田史学の行く手を誰かが阻んでいるかのような錯覚を覚えました。

自分の能力の無さを痛いほど感じましたのは、本巻九〇ページのアウグスト・ベエク（ドゥーデン・ドイツ語辞典ではベーク）です。今回の「学問論」や『新・古代学』第八集などでは、私には十分理解できないうえ、大学図書館でもうまく発見できないため、インターネット・アマゾン・ドイツで、この原典とされる ENCYKLOPADIE UND METHODOGIE DER PHILOLOGISCHEN WISSENSCHAFTEN, AUGUST BOECKH を注文してみましたら、ケンブリッジの図書館がオンデマンド方式で新刊同様に印刷して送って来てくれました。見ると二冊に分かれた合計九〇〇ページに及ぶ大部の本です。ドイツ語には若干自信のあった自分も、これを研究していたら、後いくら長生きしても足りないと諦めました。それにしても、この難しい本を、古田先生は学生時代から研究しておられたとか。つくづく、自分の無能力を悟らされました。

無能力は努力すれば若干でも補えますが、何ともならないものは無力の方でしょうか。それを身にしみて感じましたのは、第三巻に出て来る「歴史への提言」です。ここで卜部《うらべ》亮吾氏の話が出てきます。同氏は本巻（第二巻）の「卜部日記」にも出てきますが、同氏の隠れた支援のもとに、古田先生が宮内庁書陵部を訪問されるくだりがあります。内容は『古代は沈黙せず』（初版、駸々堂出版、一九八八年六月刊、復刊版、ミネルヴァ書房、二〇一二年一月刊）の冒頭に出て来る「法華義疏」の重要な個所が切り取られている件で、多くの方が読まれたと思います。自分もこの個所をこの際検分しておきたいと思い立ち、十日以上前の事前申請で書陵部を訪問しました。白い手袋をして、ようやく見せてもらったのが、見事にコピーした巻物。開き方にも注意されながら、丹念に調べましたが、切り取られたような個所は全くコピーに現れて来ていません。オリジナルを見せてくれ、許されれば何時でも何処へでも行く、と頼みましたが、一般の人には見せないとの一点張りでした。これほど自分の無力感を味わったことはありません。

このように、色々悪戦苦闘しながら、先生の、いまだに止むことを知らず築かれている高い長い山道を、とぼとぼと懸命に昇ろうとしている自分に今は誇りを持っています。

古田武彦・歴史への探究

〈既刊〉

①俾弥呼《ひみか》の真実

はしがき
第一篇　俾弥呼のふるさと
第二篇　俾弥呼の時代
第三篇　真実を語る遺物・出土物
第四篇　抹消された史実
第五篇　もう一つの消された日本の歴史――和田家文書
編集にあたって
（古田武彦と古代史を研究する会）
人名・事項・地名索引

四六判三七八頁
本体三〇〇〇円

〈既刊〉

②史料批判のまなざし

はしがき
第一篇　東洋に学ぶ
第二篇　西洋に学ぶ
第三篇　史料批判のまなざし
第四篇　倭人も海を渡る
第五篇　歴史は足で知るべし
編集にあたって
（古田武彦と古代史を研究する会）
人名・事項・地名索引

四六判三七二頁
本体三〇〇〇円

〈続刊〉

③現代を読み解く歴史観

はしがき
第一篇　現代を読み解く歴史観
第二篇　明治の陰謀
第三篇　永遠平和のために
編集にあたって
（古田武彦と古代史を研究する会）
人名・事項・地名索引

＊二〇一三年四月刊行予定

◉ミネルヴァ書房

刊行のことば――「古田武彦・古代史コレクション」に寄せて

いま、なぜ古田武彦なのか――

古田武彦の古代史探究への歩みは、論文「邪馬壹国」(『史学雑誌』七八巻九号、一九六九年)から始まった。その後の『「邪馬台国」はなかった』(一九七一年)『失われた九州王朝』(一九七三年)『盗まれた神話』(一九七五年)の初期三部作と併せ、当時の「邪馬台国論争」に大きな一石を投じた。〈今まで「邪馬台国」という言葉を聞いてきた人よ。この本を読んだあとは、「邪馬一国」と書いてほしい。しゃべってほしい。…〉(『「邪馬台国」はなかった』文庫版によせて)という言葉が象徴するように、氏の理論の眼目「邪馬一国論」はそれまでの定説を根底からくつがえすものであった。

しかも、女王の都するところ「博多湾岸と周辺部」という、近畿説・九州説いずれの立場にもなかった所在地は、学界のみならず、一般の多くの古代史ファンにも新鮮な驚きと強烈な衝撃を与えたのである。

こうして古田説の登場によって、それまでの邪馬台国論争は、新たな段階に入ったかに思われた。古田説とは、(1)従来の古代史学の方法論のあやうさへの問い、(2)定説をめぐるタブーへのあくなき挑戦、(3)真実に対する真摯な取り組み、(4)大胆な仮説とその論証の手堅さ、を中核とし、我田引水と牽強付会に終始する従来の学説と無縁であることは、今日まで続々と発表されてきた諸著作をひもとけば明らかであろう。古田氏によって、邪馬台国「論争」は乗り越えられたのである。しかし、氏の提起する根元的な問いかけの数々に、学界はまともに応えてきたとはいいがたい。

われわれは、改めて問う。古田氏を抜きにして、論争は成立しうるのか。今までの、古田説があたかも存在しないかのような学界のあり方や論争の進め方は、科学としての古代史を標榜する限り公正ではなかろう。

ここにわれわれは、古田史学のこれまでの諸成果を「古田武彦・古代史コレクション」として順次復刊刊行し、大方の読者にその正否をゆだねたいと思う。そして名実ともに大いなる「論争」が起こりきたらんことを切望する次第である。

二〇一〇年一月

ミネルヴァ書房

古田武彦・歴史への探究②
史料批判のまなざし

2013年4月15日　初版第1刷発行　〈検印省略〉

定価はカバーに
表示しています

著　者　古　田　武　彦
発行者　杉　田　啓　三
印刷者　江　戸　宏　介

発行所　株式会社　ミネルヴァ書房
607-8494　京都市山科区日ノ岡堤谷町1
電話代表 (075)581-5191
振替口座 01020-0-8076

共同印刷工業・兼文堂

ISBN978-4-623-06493-9
Printed in Japan

《著者紹介》

古田武彦（ふるた・たけひこ）

1926年　福島県生まれ。

旧制広島高校を経て，東北大学法文学部日本思想史科において村岡典嗣に学ぶ。

長野県立松本深志高校教諭，神戸森高校講師，神戸市立湊川高校，京都市立洛陽高校教諭を経て，

1980年　龍谷大学講師。

1984～96年　昭和薬科大学教授。

著　作　『「邪馬台国」はなかった――解読された倭人伝の謎』朝日新聞社，1971年（朝日文庫，1992年）。

『失われた九州王朝――天皇家以前の古代史』朝日新聞社，1973年（朝日文庫，1993年）。

『盗まれた神話――記・紀の秘密』朝日新聞社，1975年（朝日文庫，1993年）（角川文庫，所収）。

『古田武彦著作集　親鸞・思想史研究編』全3巻，明石書店，2002年。

『古田武彦・古代史コレクション』ミネルヴァ書房，2010年～。

『俾弥呼――鬼道に事え，見る有る者少なし』ミネルヴァ書房，2011年，ほか多数。

《編者紹介》

古田武彦と古代史を研究する会（略称・東京古田会）

1982年　発足。初代会長西谷日出夫（1982～83年），二代会長山本真之助（1984～93年），三代会長藤沢徹（1993年～現在）。

主な活動　会報隔月発行（1985年に第1号，2013年1月現在第148号）。
研究会（月1回）・読書会（月1回）・研修旅行（年2回程度）。
ホームページ：http://tokyo-furutakai.jp/

書籍発行等　『まぼろしの祝詞誕生』編集（新泉社，1988年）。

十周年記念論文集『神武歌謡は生きかえった』編集（新泉社，1992年）。

『古田武彦と「百問百答」』編集・発行（2006年）。

『東京古田会ニュース』第1号から第125号までDVDとして収録頒布（2009年）。

人名索引

あ 行

か　行

さ　行

た　行

な　行

は　行

ま　行

や　行

ら　行

わ　行

事項索引

さ 行

た 行

な 行

地名索引

あ 行

か 行

さ 行

た・な行

は 行

や・ら・わ行